고고학과 인류학을 통해 본 '사람다움'

THE ARCHAEOLOGY OF PERSONHOOD: An Anthropological Approach
by Chris Fowler
First published in English in 2004
by Routledge, a member of the Taylor & Francis Group
Copyright © 2004 by Chris Fowler
Korean translation copyright © 2018 by Seo Kyung Publishing Co.

고고학과 인류학을 통해 본 '사람다움'

크리스 파울러(Chris Fowler) 지음

우정연 옮김

서경문화사

_ 역자의 글

　21세기 사회에서 통용되는 '개인', '사람', '사람다움'에 대한 개념은 근대 서구, 보다 구체적으로는 18세기 서구 자유주의 철학에서 비롯된 것으로서 근대 이전의 사회나 서구와 다른 문화적 전통을 지닌 사회에 곧바로 적용하기에는 근본적인 문제가 있다. 영국에서 21세기를 살아가는 서구인으로서 저자는 현재 통용되는 사람과 사람다움에 대한 개념이 인류사에서 지니는 특수성을 가치 중립적으로 서술하려 노력한다. 저자는 사람다움에 대한 이해가 맥락에 따라 가변적일 수 있음을 강조하며 그러한 차이가 인간의 물질문화와 어떠한 영향을 주고받는지를 비판적으로 고찰하고 해석하고자 한다. 이를 위해 저자는 선사시대 유럽에 대한 고고학적 연구 사례를 철학, 인류학, 사회학, 여성학 분야에서 축적된 연구 성과와 접목해 들어간다. 원저의 책 소개 부분에서 볼 수 있듯이 이 책은 과거와 현재의 사람다움에 대한 이해가 과거와 현재에 대한 해석에 미치는 영향을 본격적으로 다룬 최초의 책으로 평가받고 있다. 이 번역서가 서양 또는 현대의 개인주의 대 동양 또는 과거의 공동체주의라는 이분법적인 틀을 벗어나 개인과 공동체, 개인성과 공동체성, 개인주의와 공동체주의 사이의 가변적인 관계를 문화적, 맥락적으로 이해하여 인간과 사회에 대한 인식의 폭을 넓힐 수 있는 계기가 되기를 바란다.

　국내 독자에게는 매우 생소할 수 있는 주제의 번역서 출판을 흔쾌히 맡아주신 서경출판사 김선경 사장님께 감사드린다. 또 언제나 옆에서 함께 한 철이에게 다시 한번 고맙다는 말을 전한다.

2018년 가을

역자 우 정 연

_ 저자의 글

이 책은 필자가 대학원에서 영국 신석기시대, 특히 만 섬(Isle of Man)의 신석기시대에 대해 연구하던 중에 처음 구상되었다. 과거의 사람다움을 해석하느라 고생하면서 고고학자를 위한, 고고학자에 의한 사람다움에 대한 책이 없다는 것이 의아하게 여겨졌다. 그 이후 사람다움에 대해 다룬 몇 권의 책이 출판되었지만 대개는 세부적이고 맥락적인 연구물로서 인류학적 접근이 깊이 있게 도입되지 않았다. 이 책의 첫 번째 목적은 사람다움 해석을 위한 안내서를 제공하여 고고학적 사고를 풍부하게 할 수 있는 방법을 검토하는 것이다. 이러한 목적으로 유럽 선사고고학에서의 사람다움에 대한 최근의 연구 그리고 이 분야에서 인류학 이론이 지속적으로 담당해 온 역할을 고려하였다.

필자는 2000~2002년 동안 영국 신석기시대와 남부 스칸디나비아 중석기시대-신석기시대에 대한 연구를 진행하면서 사람다움에 대한 이론적 접근 사례를 계속 조사하였다. 이 책은 그러한 연구에 기반하여 이루어졌는데, 신석기시대 물질에 대한 자세한 해석은 이 책에 포함하지 않았다. 이 연구는 레버헐름 트러스트의 지원을 받은 특별연구의 일부로서 맨체스터대학에서 수행되었다. 이러한 지원에 대해 레버헐름 트러스트와 맨체스터대학 미술사와 고고학 학부에게 감사를 표한다. 또 이 연구는 맨체스터대학 동료들의 전문적 지식으로부터 크나큰 도움을 받았다. 이나 버그, 비키 커밍스, 팀 인솔, 시안 존스, 쥴리안 토마스 모두 이 책의 초고를 읽고 의견을 제시하였다. 특히 쥴리안 토마스는 몇 년에 걸쳐 이 연구에 관심을 갖고 기꺼이 조언을 주고 생각을 나누었다. 사라 헨슨과 앤 팽본은 교정을 도와주었고, 비키 커밍스는 도표 준비 과정에서 중요한 조언을 주었다. 이 외에도 이 연구에 대해 토론하고 유익한 제안을 해 준 많은 이들이 있지만, 엘리너 커셀라, 사라 그린, 레슬리 맥페디언, 롭 스미트에게 특히 감사를 전하고자 한다. 맨체스터대학에서 지난 이 년 동안 사람다움과 정체성에 관심이 많은 몇몇 매우 예리한 학생들을 가르친 경험은 이 책의 집필 방향 결정에 큰 도움이 되었다. 아울러 이 책의 제안서에 대해 논평해 준 두 익명의 검토자에게도 감사함을 전한다. 스케이트홈Ⅱ 무덤 21호 사진을 사용하도록 허가해 준 라스 라쏜, 그리고 바타글리아(1990)의 도면 9를 사용하도록 허가해 준 시카고대학 출판사에게도 감사를 표한다.

　보다 개인적으로는 데비, 존, 마가렛 파울러, 벤, 존, 리스, 사라 헨슨의 지원에 감사를 전하고 싶다. 나의 가족 사라 그리고 그녀의 가족 모두 지난 몇 년 동안 이 글을 쓰는 과정을 견디어 냈고 이 책에서 다루어진 여러 주제에 대한 토론에 참여하였다. 이 책을 파울러, 헨슨, 힐튼 가족에게 바친다.

_ 목차

들어가며

우리들 중 대부분이 때때로 과거에 사람들은 어땠을까를 궁금해 한다. 도면 0-1은 세 명이 한 무덤에 묻힌 약 칠천 년 전 덴마크 무덤의 실측도이다. 이 무덤에서 발견된 퇴적물, 시신, 물건, 동물 유체를 어떻게 해석해야 할까? 이 무덤에 묻힌 사람들, 이들을 묻었던 사람들, 매장 행위 그 자체를 어떻게 이해해야 할까? 이들이 중요하다고 여겼던 관계, 이들의 경험과 몸을 형성한 일상적인 활동, 이들이 동물, 장소, 사물, 죽은 이와 관련된 방식을 어떻게 추적해 볼 수 있을까? 이들이 속했던 공동체의 다른 구성원들은 어떠한 사람들이었는지를 어떻게 알 수 있을까? 타인과의 상호작용에서 이들은 어떠한 전략을 사용했을까? 이러한 문제에 답하기 위해서는 사람이다라는 것이 무엇을 의미하는지에 대한 우리의 상식적 이해를 재검토하고 사람다움의 의미에 대한 여러 가능성을 고려하여 현재 우리가 가지고 있는 인식의 폭을 넓힐 필요가 있다. 이를 통해 과거의 사람들은 어떠했는가에 대한 보다 다양한 이해가 가능해질 것이다. 이 책에서는 유럽 선사시대에 대한 기존 연구 사례들을 참조할 것이지만 사람다움이라는 이 책의 연구 주제와 그에 대한 접근 방식은 고고학 분야 전반에 걸쳐 널리 활용될 수 있을 것이다.

몸, 사람, 근대 세계

　　　　　　　현대인들에게 개인성은 매우 중요하여 최근에는 개인성이 개인적인 생활양식의 선택과 경험을 통해 표현된다고 보기도 한다(Giddens 1990, 1991). 현대인들은 각자의 생활방식을 바꿀 수 있는데, 그처럼 변화하는 개인사에 대한 누적적 기록은 기억할 만한 사건과 경험에 대한 소중한 일대기가 될 수 있다. 이러한 일대기라는 것은 각 개인의 개인성 전반을 나타내는 것이 아니라 개인성에 대한 선택적이고 부분적인 기록이다. 개개인의 일대기 기록에서 몸은 중요한 역할을 하는데, 개개인들은 자기 몸의 외형, 움직임, 건강 상태를 지속적으로 살피기 때문이다(Shilling 1993). 여기서 현대 사회에서 새로운 것은 개개인의 몸에 대한 지속적인 관리 자체가 아니라, 그러한 일상적인 관리가 이루어지는 방식, 이를 통해 생겨나는 사람다움에 대한 인식, 개개인의 선택이 내려지는 과정이다. 현대 사회에서 개개인의 몸은 각 개인의 소유물이자 기획이며 일로 이해된다. 개인적인 문제는 각 개인의 성찰적인 행위를 기반으로 한 사적인 문제로 여겨진다. 과거인들의 개인성, 즉 타인에게 자신의 외양을 드러내는 것을 포함한 내적 자아의 사회적 투영을 추적하기 위해 위와 같은 현대적인 특징을 과거인들에게서 찾아보려

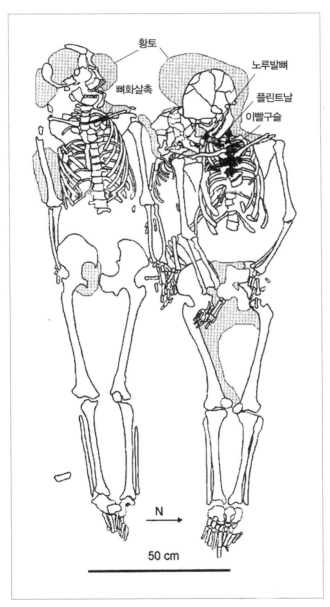

황토
뼈화살촉
노루발뼈
플린트날
이빨구슬

N

50 cm

도면 0-1 베드백 보게박큰 19호 무덤
(Albrethsen and Brinch Petersen 1976 수정)

하기 쉽다. 그러나 개인과 개인성에 대한 위와 같은 개념은 1장에서 살펴볼 것처럼 오랜 역사적 배경을 지니고 근대에 등장한 것이다. 이러한 역사, 즉 사람들을 개체화하고 보다 넓은 공동체와 자연으로부터 외화시킨 대량 생산, 자본주의, 내화된 성찰, 민영화된 문제, 사회적 기술의 세계를 겪은 선사시대 공동체는 많지 않다. 과거 사회의 사람들이 모두 현대인들과 같은 방식으로 개인화되었던 것은 아니고, 과거의 정체성은 일시적이고 맥락적이며 공동체와 관련된 것이었을 수 있다. 사람다움에 대한 과거의 개념은 상당히 맥락적이고 특정한 사건과 상호작용에 관한 정체성 형성으로 이어졌을 수 있다. 이 책에서는 서구 사회에서 간과되거나 찾아볼 수 없고 과거 해석에서 놓치기 쉬운 이러한 특징들을 조명하기 위한 출발점으로 사람다움에 대한 현대의 민족지 연구 성과를 활용할 것이다. 이를 통해 개인성을 보완하거나 상쇄하는 사람다움에 대한 다른 관념이 존재하고, 전체적으로 그러한 관념은 개인에 대한 근대적, 탈근대적 개념과 같지 않음을 보일 것이다. 과거인들에게도 자기 인식은 있었을 것이고, 이 책에서는 그들이 인식하고 있던 다양한 자아의 모습을 연구해 보고자 한다.

과거의 사람들

고고학자들이 과거에 살았던 사람들에 주목하고 선사시대 연구에서 인간의 역할을 본격적으로 고려하기 시작한 것은 최근에 와서의 일이다. 1960년대까지 세계적으로 주요한 고고학 연구 사조였던 문화사적 접근에서는 개인이 아니라 문화, 종족 집단, 또는 인종이 연구 주제였다(Jones 1997: 2장). 과정고고학에서는 인간 문화의 보편적인 법칙 발견에 주력하였고, 사회적 정체성과 신분을 수치화하여 비교할 수 있는 틀을 개발하고자 하였다. 매장 관행 분석(e.g. Saxe 1970; Tainter 1978)에서는 사회학과 사회인류학의 사회적 인격 그리고 사회적 역할(e.g. Goodenough 1969)이라는 개념이 광범위하게 적용되었다. 사회적 정체성이란 샤먼, 사제, 어머니와 같이 사람들이 맡은 역할이고, 사회적 인격이란 특정한 사회적 상호작용에서 남에게 보여 주는 이러한 역할들 간의 조합이다. 개인성은 한 사람의 근저를 이루는 매우 사적이고 고유하며 일관적인 자아정체성(cf. Cohen 1994)과 동일시되었고, 그에 따라 사회적 상호작용이나 사회적 인격과 별개의 것으로서 개인의 타고난 성향과 심리적이고 성격적인 특성의 한 요소로 파악되었다. 사람에 대한 이러한 이해, 즉 일차적으로 개개인으로 존재하는 사람들이 사회적 역할을 맡게 된다는 사고는 18세기 자유주의 철학에서 비롯되었다. 『실종된 사람들(*Missing Persons*)』이라는 책에서 더글라스와 네이(Douglas and Ney 1998)는 이러한 사고에서 어떻게 개인적 욕망이 근원적인 인간 본성으로, 사회는 개개인들의 의지가 생존을 위해 다투는 '장소'로 간주되는지를 보여 준다. 사람에 대한 이처럼 제한적인 시각은 사회에 대한 이해를 빈약하게 할 뿐 아니라 비인간화하는 것이고, 사람들이 가지고 있는 동기 자체가 형성될 때 맥락적 정체성이 담당하는 결정적인 역할을 간과한 것이다. 따라서 사람다움을 고고학적으로 연구하기 위해서는 사회적 상호작용을 통해 생성되는 정체성뿐만이 아니라 사람들을 이끄는 문화적 동기와 그러한 동기를 협상하기 위한 그들의 전략에 주목할 필요가 있다.

　과거를 인간화하고자 하는 연구 사조는 여러 측면에서 탈과정고고학의 전반적인 의제와 통한다. 1970년대 후반부터 고고학자들은 인간의 몸을 문화적으로 특수한 형태의 정치적 협상이자 사회적 논쟁의 '현장'으로 점점 더 강조해 왔다(e.g. Thomas 1991; Yates 1993). 이들은 사람들은 사회적, 정치적, 상징적 상호작용과의 얽힘을 통해 생성된다고 보았다. 맥락적인 사회적 관계, 특히 물질문화 조작을 통한 권력 관계와 정체성 협상이 새롭게 강조되었다(e.g. Shanks and Tilley 1982; Shennan 1982). 당시 탈과정고고학자들은 사회에 대한 여성주의적 또는 마르크스주의적 접근의 영향을 받고, 새롭게 등장한 문화연구와 물질문화연구 분야를 포함하여 인류학과 사회학에서의 새로운 연구경향을 수용하였다(e.g. Barrett 1994; Gero and Conkey 1991; Hebdige 1979; Hodder 1982, 1986; Miller 1987; Shanks and Tilley 1987a, 1987b; Tilley 1990). 이를 통해 문화에 보편적으로 적용되는 법칙을 발견하고자 하는 연구 경향에서 벗어나 문화를 다양한 사회적 방식으로 조작되고 소비되는 것으로 이해하게 되었다. 소비자, 독자, 해설자가 강조되는 가운데 이질적인 사회적 하부 집단 그리고 더 나아가 개개인이 연구 초점이 되었다. 이러한 변화의 한 가지 결과로서 근대적인 개인상이 '고고학적 통념'(Thomas 1996: 63-64)의 일부로 자리잡게 되었다. 이로 인해 사람이다라는 것이 무엇을 의미하는지를 이해하기 위한 여러 가지 방식 대신에 사람에 대한 서구적 관념이 우선시되었다. 이 책에서는 이러한 불균형적인 시각이 고고학에서 논의되어 왔고 논의될 수 있는 방식을 검토할 것이다.

개인을 넘어선 사람다움

이 책에서는 인간, 동물, 사물, 장소를 망라하여 계속되는 사회적 관계의 장에서 어떻게 사람이 등장하는지를 고찰한다. 이를 위해 사람다움에 대한 민족지적 연구 성과를 자세히 검토할 것인데, 이러한 연구 성과는 사람다움에 대한 고고학적 개념화에도 중대한 영향을 미쳤음에도 불구하고 그 핵심적인 세부 내용이 고고학에서 본격적으로 논의된 경우는 드물다. 사람다움을 비롯하여 이 책에서 사용되는 핵심적인 용어들에 대한 정의는 상자 0-1에 제시되어 있다. 사람에 대한 개념, 사람과 사물의 경계 그리고 사람과 사물 및 한 사람과 다른 사람 사이의 상호 침투에 대한 이해는 사회마다 다르다. 어떤 사물은 한 사람의 특징이거나 그 자체로 사람일 수 있다. 동물과 사물, 더 나아가 자연적 현상이 사람일 수도 있다. 단지 사람 같은 것이 아니라 그 자체로 사람과 동일한 사회적, 기술적 세계를 공유하여 실제적으로 사람일 수 있는 것이다. 사람다움에 대한 고고학적 연구란 과거인들이 어떻게 사회적 기술을 통해 사회적 세계와 함께 생성되었는지를 연구하는 것인데, 이를 위해 그들의 일상적 삶을 구조지었던 핵심적인 은유와 원리를 탐색한다. 따라서 이 책에서는 각 맥락에서 사람들이 구성되는 서로 다른 사회적 관행에 초점을 둔다. 신체적, 실질적인 물질의 재분배와 순환이 사람다움의 획득 및 유지에 주요한 특징으로 논의될 것인데, 여기서 사람이란 보다 큰 우주에 내재된 한 사회적 존재이다. 한 공동체 내 사람다움의 상호작용적 생성과, 그들의 삶을 구조짓는 관행에서의 보다 큰 경향을 통해 자신들의 사적인 정체성을 협상하는데 동원되는 여러 전략에 주목할 것이다. 사람다움과 불가분인 연령, 계층, 젠더 모두가 이러한 전략을 마련하는데 일정한 역할을 한다. 지면이 부족하여 유럽 선사시대 사람다움에 대한 기존의 고고학적 해석을 모두 검토하는 대신 최근에 이루어진 대표적인 연구 성과에 주목할 것이다. 이 책의 목적은 기존 연구를 비판하는 것이 아니라, 위와 같은 접근의 전반적인 가능성을 제시하여 이를 과거와 현재의 사람다움에 대한 이론적 논의 안에 두는 것이다.

• 상자 0-1. 주요 용어 정의

사람(person)은 사람으로 개념화되고 취급될 수 있는 존재를 지칭하는데, 그러한 존재는 인간일 수도 있고 아닐 수도 있다. 사람은 여러 측면의 일시적인 결합을 통해 구성되고는 한다. 물리적 몸뿐만이 아니라 마음, 영혼 또는 정신이 그러한 측면이 될 수 있는데, 이로 인해 사람으로 여겨지는 존재에게 일종의 행위 주체성이 있는 것으로 여겨질 수 있다. 정확히 누가 또는 무엇이 사람인가 아닌가는 맥락에 따라 가변적이다.

넓은 의미에서 **사람다움**(personhood)은 특정한 맥락에서 이해되는 사람됨의 존재나 상태를 일컫는다. 사람은 사회적 관행에서 삶과 죽음을 통해 구성, 탈-구성, 유지, 변경될 수 있다. 이는 계속 진행되는 사람다움의 획득 과정이라 할 수 있다. 사람다움은 지속적인 변화를 수반하는 상태로 볼 수 있는 경우가 많고, 사람의 주요한 변환은 삶과 죽음을 통해 이루어진다. 사람은 사람다움의 한 상태나 단계에서 또 다른 상태나 단계로 나아갈 수 있다. 사람다움은 다른 인간들과의 관계뿐만이 아니라 사물, 장소, 동물, 우주의 영적인 특질과의 관계를 통해서도 획득되고 유지된다. 이러한 관계를 통해 이들 중 일부가 사람으로 나타날 수도 있다. 사람다움 및 사람다움이 실현되는 사회적 관행에 대한 사람들 자신의 사회적 해석은 재귀적인 방식으로 그들의 상호작용을 형성하지만 사람다움은 상호적으로 구성된 상태로 남는다.

사람다움의 양태(modes of personhood) 또는 **사람다움의 분야**(fields of personhood)는 어떠한 사회적 맥락에서도 중요한 사람됨에 대한 논리, 그리고 그러한 논리를 지탱하는 관행에서의 특정한 장기적 경향을 기술하기 위해 사용되는 용어이다. 사람다움의 양태를 통해 관계가 취할 형태가 제공된다. 사람들은 이러한 경향과 사람다움에 대한 특정한 개념에 적극적으로 관여하는데, 이때 이들은 상호작용 전략을 추구한다. 이러한 상호작용의 결과로 이들 각각은 특정한 방식으로 구성된다. 아래는 사람다움의 현대적인 양태의 주요한 특징들이다.

(1) **개인성**(individuality)과 **불가분성**(indivisibility): 개인적 고유함을 개인성으로 보는 현대의 일반적 개념에 따르면 개인성은 모든 사람이 지니고 있는 특성이다. 이 책에서 '불가분성'은 단일하고 총체화된, 불가분의 사람됨의 상태를 지칭한다. 불가분성은 사람다움의 현대 서구적 양태를 구성하는 주요한 특징이고, 개인성은 항상적이고 고정된 자아의 핵심을 이룬다.

(2) **개인**(individuals): 물론 통상적인 의미에서 모든 사람은 개인이다. '서구적 개인'이라는 용어는 항상적인 개인성과 지속적인 개인적 정체성이 관계적 정체성보다 강조되는 사람다움을 지칭한다. 모든 사람은 개인성을 지니고 있지만, 그러한 개인성이 띠는 형태, 그러한 개인성을 특징짓는 욕망, 그러한 개인성에 부여되는 가치는 가지각색이다.

(3) **가분적사람**(dividuals)과 **가분성**(dividuality): 사람이 복합적이고 다

중적으로 만들어진 것으로 인식되는 존재 상태이다. 자신의 일부를 다른 이들에게 빚지고 있을 정도로 다른 이들과의 사회적 관계로 구성된 사람들이다. 또한 사람은 마음, 정신, 몸과 같이 상이한 기원을 지닌 다중적인 면모로 구성되는데, 이들 중 일부는 물질적인 몸에 고정되어 있지 않고 특정한 경우 사람의 일부가 되거나 사람으로부터 벗어날 수 있다. 몸 자체도 여러 구성 요소를 지니고 있는데, 이러한 구성 요소들 간 균형의 변화는 그 사람의 성향을 바꿀 수 있다. 상호 작용은 사람의 구성에 개입하여 영향을 미칠 수 있다. 우주의 모든 요소가 가분적 사람들을 통과할 수 있다. 가분적 사람다움의 두 예는 아래와 같다.

- **분할성**(partibility): 가분적 사람의 한 부분이 추출되어 빚진 이에게 주어질 수 있도록 가분적 사람이 재구성되는 존재 상태이다. 자기 자신의 일부는 타자에게서 기원하고 타자에게 속해 있다. 이러한 부분은 물건으로 여겨져 추출될 수 있다. 분할성은 가분성과 더불어 존재하고, 멜라네시아의 여러 맥락에서 사람다움의 주요한 특징이 된다.

- **침투적 사람들**(permeable people)과 **침투성**(permeability): 사람이 가분적이고 그 사람의 내적 구성에 영향을 미치는 특질이 침투할 수 있는 존재 상태이다. 그 사람의 구성 요소는 물건이 아니라 물질의 흐름으로 여겨진다. 침투성은 인도의 여러 맥락에서 사람다움의 주요한 특징이 된다.

사람다움의 이 모든 양태가 구성된 것이지만, 현재로서는 불가분의 개인이 고고학적 통념에 가장 큰 영향을 미치고 있다. 관계적인 사람다움은 특정한 과업에 관여하거나 어떤 사건을 통해 특정한 관점을 얻는 것처럼 세계에 대한 특정한 방식의 개입을 통해 형성된다. 그러한 관계는 사람이 일시적인 형태를 띠게 되는 기반을 제공한다. 이때 사람다움은 맥락적이고 변하는 것이다.

위와 같은 정의는 이후의 장에서 사람다움과 맥락 사이의 관계가 보다 명확해지고 사람다움을 둘러싼 논쟁에 대한 필자의 해석에 따라 검토, 수정, 대체될 것이다. 인류학적 문헌에서와 달리, 이 책에서는 가독성을 높이기 위해 '사람들(persons)'과 '사람들(people)'이 호환적으로 사용된다.

이 책의 구성

1장에서는 개인에 대한 서구적 관념의 역사를 간략히 살펴본 후 유럽인들이 자신들에 대해 항상 지금과 같이 생각했던 것은 아님을 보일 것이다. 2장에서는 멜라네시아와 인도에서의 사람다움에 대한 민족지 연구를 검토하여 사람들은 불가분적일 뿐만이 아니라 침투적이거나 분할적이라는 생각을 살펴본다. 또 사람다움을 종족성, 계층, 연령, 젠더와 비교하여 정체성 형성에서 이들이 서로 교차되는 방식을 설명할 것이다. 3장에서는 거래와 물질 교환이 사람다움의 양태에 미치는 영향에 초점을 둔다. 과거의 물질문화 변동 검토를 통해 사람다움이 어떻게 연구될 수 있는지도 함께 생각해 본다. 4장에서는 매장 관행을 검토하여 사람다움은 일시적이고 변하는 성질을 지녔음을 보인다. 5장에서는 사람다움의 구성에서 물질이 하는 역할, 그리고 인간인 사람과 인간 이외의 사람 사이의 상호연관성을 해석한다. 또 시간의 흐름을 통해 우주를 유지하고 연관성을 형성하는 방식으로서 사람다움에 있어서의 경향성을 살펴볼 것이다. 마지막으로 6장에서는 중석기시대 후반 스칸디나비아 남부에서의 사람다움에 대한 사례 연구를 제시한다.

1장
고고학적 사고에서의 개인

이 장에서는 개인에 대한 역사를 간략히 살펴보아 사람에 대한 한 가지 역사적 개념을 과거 전체에 걸쳐 사람다움을 지칭하기 위해 사용하는 것의 문제점을 밝힐 것이다. 위 역사적 개념에서는 사람을 유사하게 경계 지어진 타자와의 관계에 들어서는 경계 지어지고 불가분적이며 자기-결정적인 사회적 존재로 틀 짓는다. 개인에 대한 이러한 현대적인 개념이 시종일관 고고학적 사고에 영향을 미쳐 왔지만 이세는 바뀌어야 한다. 이 장의 후반부에서는 비-서구적 맥락에서의 사람다움에 대한 민족지적 해석을 개인성에 대한 현대 서구인의 상식과 비교해 본다.

개인을 떠올리며

개인에 대한 지도서: 몸, 마음, 정신

고고학자들은 과거 몸의 잔재나 과거 몸에 대한 묘사를 통해 사람다움에 접근하는 경우가 많다. 그러나 몸이 사람에게 있는 전부는 아니므로 사람의 몸만 연구한다면 사람을 구성하는 다른 면모를 간과하게 된다. 예를 들어 유럽의 철학적, 종교적 사고에서 사람은 일련의 측면으로 구성되는데, 이러한 측면들은 마음, 몸, 정신으로 정의된다. 여러 학자들이 이처럼 상이한 사람의 측면과 그러한 측면들 간의 관계를 정의하고자 했다. 르네 데카르트(1596~1650)는 몸과 마음은 이론적으로 분리 가능하고 마음은 인간을 세계의 다른 존재들과 구분하는 것으로 보았다. 데카르트는 '나는 생각한다, 그래서 나는 존재한다'를 인간 존재에 대한 근본적인 표현이라고 여겼다. 마음은 '이성의 자리'였고, 정신은 영적 가치를 함축한 사람의 지속적인 측면이었으며, 몸은 마음과 정신이 존재하는 물질적 장소였다. 데카르트가 보기에 동물에게는 몸이 있지만 생각하거나 느낄 수 있는 능력이 주어지지 않았고 정신이나 마음이 없어 동물은 사람이 아니었다. 또 데카르트는 정신은 몸의 한 부분이 아니라 마음과 엮인 부분이라고 보았다(Morris 1991: 11). 데카르트에 따르면 사람의 모든 감정적, 감각적 기능은 정신과 분리될 수 있는 몸의 문제였다. 정신은 영원하고 합리적인 것이었다. 마음은 —정신의 한 기능으로서— '인간이 신과 공유하는 특성을 지니고 있는데, 자유, 의지, 의식이 그것이었다'(Bordo 1987: 93). 데카르트는 사람을 복합적인 존재로 보아 사람의 구성을 밝히고자 했다. 그에 따르면, 정신은 신과 영원히 연결되어 있기 때문에 사람의 구성 요소 중 일부는 사람이 아닌 다른 어딘가에서 기원하여 사람에게 침투해 있는 것이었다.

개인, 세계, 사회: 불가분적 개인의 등장

몸을 포함한 세계의 생명 없는 물질로부터 마음을 분리하여 유지하고자 하는 것이 데카르트의 프로젝트였다. 데카르트의 철학은 일반적으로 수용되는 실제에 대한 기술이라기보다는 선언에 가까웠다. 보르도(Bordo 1987: 99)에 따르면 이러한 프로젝트는 18세기 후반 칸트가 『순수 이성 비판』을 썼을 즈음에 달성되었다. 또 보르도는 데카르트의 철학은 16세기 후반에서 17세기 전반의 사회적 추세를 고려하여 이해되어야 하는데, 당시는 사람이 점점 더 자연 세계에서 분리되고 지적 이성과 추상적으로 측정된 세계에 대한 분석이 새롭게 강조되었던 시기라고 한다. 중세에 '개인'이라는 용어는 특정한 장소의 신성함과 같은 속성이 침투되어 있는, 신의 세계와 불가분적인 사람을 가리켰다(Palsson 1996: 65). 영혼처럼 눈에 보이지 않는 세계의 면모와의 접촉은 마음이나 정신과 같은 사람의 일부에 영향을 미쳐 상이한 감각과 관점을 제공할 수 있었다. 르네상스기와 그 이후 개인이라는 단위가 보다 강조되었고, 이제 개인이라는 단위는 세계로부터 보다 완전히 갈라져 나오게 되었지만 내적으로는 갈라질 수 없는 것이 되었다. 점점 더 개인은 나머지 물리적 세계와 뚜렷이 구분되고 통합적 단위로서 더 이상 나눌 수 없는 것으로 여겨졌다. 인간의 마음과 정신은 점점 더 인간의 몸에 담긴 것으로 여겨지게 되었다(중세와 그 이후의 몸과 사람다움에 대해서는 5장에서 다시 논의될 것이다).

개인은 내면화된 의지와 오직 몸 안에만 위치하는 자아에 대한 고유한 의미를 강조하는 역사적 조건을 통해 재정의되고 재생산되었다(Bordo 1987: 4장). 내적인 사고와 개인의 고정되고 항상적인 관점의 고양은 원근법 회화 전통의 발전을 통해 살펴볼 수 있다. 중세 예술품에는 이야기에 등장하는 인물들 사이의 관련성이 중요하게 묘사되고 원근감은 별달리 표현되지 않았다. 그래서 한 작품에 같은 인물이 여러 번 등장하기도 하였다(Bordo 1987: 63). 이를 통해 예술가들은 인물과 세계 사이의 **다중적** 관계를 묘사하고 이야기를 전달할 수 있었다. 15세기부터 원근법, 즉 측정된 시간과 공간에서의 위치라는 개념이 도입되어 장소와 사건에 내재된, 세계에 흡수된 존재의 묘사를 대신하여 한 작품에서는 한 가지 관점만 표현되었다. 초상화, 소설, 태어나고 죽은 날짜 기록, 일기, 묘비, 사적인 방, 조용한 성찰, 과학적 연구, 대량 소비된 개인적 소유물 모두가 중세 이후 개인성에 관한 관념과 경험을 생산케 한 사회적 기술이었다(e.g. Bordo 1987; Deetz 1977; Miller 1987: 161-162). 이 모두는 '자아에 대한 기술'(Foucault 1984; cf. Battaglia 1995: 4-5), 자아의 내면화와 사람의 개체화를 뒷받침한 기술의 구성 요소라 할 수 있다. 마음의 기능과 외적 대상 연구에 초점을 둔 16~17세기의 지식인들은 사물이 존재하는 외적 세계로부터 분리된 사고와 성찰을 위한 '내적 공간'인 마음을 만들어 내었다. 존재를 이해하기 위해 지적 노동이 필요하다는 데카르트의 사고는 세계에 관여하기 위해 물건에 대한 지배보다 물건과 합쳐지는 것, 머리보다 심장에 부호화된 참여적이고 비가부장적인 언어를 이해하는 것이 필요하다는 중세의 세계관과 충돌하였다(Bordo 1987: 9). 중세 후의 상황에서 감각, 몸, 정신은 더 이상 세속적 사건에의 참여와 직접적으로 관련되지 않았고 개인의 의지에 종속되었다. 천재는 더 이상 사람, 장소, 사건에 영향을 미친, 영혼의 방문이나 신의 공현(公現)이 아니라 레오나르도 다 빈치와 같은 특정 개인들이 지닌 특징이었다(Bordo 1987: 53; Wolff 1981). 자아와 같이 세계에 내재되었던 사람다움의 속성은 점차 몸에 담긴 것으로 간주되었다. 중세에는 치유력이 있는 성지나 신성한 장소와 같이 눈에 보이지 않거나 영적인 성질이 장소와 사건에 내재한다고 여겨졌지만, 점차 이러한 능력은 인간의 행위라는 관점에서 파악되었다(5장 참조). 이와 같은 경향은 수잔 보르도(Susan Bordo 1987)가 묘사한 자연으로부터의 '분만의 드라마'에서 사람을 세계로부터 개체화하였다. 생각이 사람의 마음에 자리잡고 마음이 두뇌에 묶이게 된 것은 사람과 세계 사이의 이러한 분리 과정을 통해서였다. 의견의 차이는 주관성의 문제, 즉 사람마다의 스타일과 선택에서 드러나는 주체의 단일성과 변별성 표현의 문제가 되었다. 개인의 성격은 개개인 안에서부터 나타나는 것이지, 예를 들어 개인을 통과하는 체액이 융합된 결과가 아니었다.

사람이 자연 세계, 장소에 엮인 사건, 영향을 미치는 영혼과 조건으로부터 구분될수록 사람은 더욱 더 불가분적인 것이 되었다. 서로 다른 측면으로 구성된 조립식의 사람이라는 개념은 18~19세기 철학적 사고에서 그 중요성을 잃게 되었다. 몸은 점차 철학적 배경의 일부로 물러나 전문화된 의학에 의해 전용되었다. 여성주의 역사학자들이 주장한 것처럼 사람의 지적 능력은 남성화된 반면 자연 그리고 여성적인 속성과 함께 몸은 수동적인 것으로 치부되어 쓸모 없고 불합리한 감정과 동일시되었다 (e.g. Bordo 1987; Braidotti 1991; Hekman 1990; Irigaray 1985). 18~20세기 철학은 공적인 삶, 이성, 자유 의지, 도덕률, 경험적 사실, 신의 존재와 같이 남성화된 측면에 집중하여 사회에서의 개인의 역할에 점점 더 많은 중요성을 부여하였다. 마음의 속성으로 부상하는 개인적 의지의 행사는 사회에서 서로 충돌하는 의지를 어떻게 중재할 것인가 하는 문제와 함께 철학에서 주요한 문제가 되었다. 토마스 홉스(1588~1679)와 쟝-쟈크 루쏘(1712~1778)는 개인을 사회라는 보다 큰 기계를 만든 기본적인 '기계', 또는 자연 상태에서 원래 자유롭다가 사회 규범에 의해 구속되는 존재로 강조하였다(Morris 1991: 14-22; Thomas 2004). 사회 계약은 이처럼 기계적인 사회를 형성함에 있어 개인들 간에 이루어진 일종의 동의로 상정되었다. 사회는 유기체나 기계처럼 기능하는 개인들의 집합체로서 사회 역시 유기체나 기계처럼 작동하는 것으로 여겨졌다(5장 참조). 개인적 몸의 의지에서 기원한 사회적 동기가 모여 사회를 형성한다는 생각은 방법론적 개인주의로 이어질 수 있다. 지암바티스타 비코(1668~1774)와 같은 당시의 학자들은 아이작 뉴턴(1642~1727) 등에 의해 선도된 자연적 법칙 탐구가 인간 본성에 기반한 사회적 법칙 수립으로 이어질 것이라고 믿었다. 초기의 사회과학자들은 개인들은 호혜적으로 행동하여 선은 선으로 대하고, 서로를 동등하게 대하는 것에 동의할 것이라는 원리를 주창하였다. 이는 서구 경제 이론에서 '자유 시장'이라는 개념의 기반을 이루었다(Douglas and Ney 1998). 아담 스미스(1723~1790)는 이를 개개인에게 도움이 되는 것으로 본 반면 칼 마르크스(1818~1883)는 개개인을 노예로 만드는 것으로 보았다(Weiner 1992: 28). 강한 의지와 명료한 이성이 성공적인 개인의 주요한 신조였고 따라서 사회의 주요한 신조이기도 했다. 19세기 사회진화론적인 사고에서 이러한 특징은 올바르고 선량한 사람들에 대한 지표가 되어 이들은 적자생존을 통해 승리할 것이고 가난한 이들은 그러한 특성이 부족하여 그들끼리만 남겨지면 몰락할 것이라고 여겨졌다(Spencer 1857). 이와 같은 관점은 식민주의와 사회적 불평등 정당화에 동원되었다. 그래서 각각의 사람은 자연적으로 주어진 특질로 구성된 것으로 여겨졌고, 20세기가 되면서 '사람', '자아', '몸', '인간'이라는 개념은 서로 거의 같은 것이 되었다.

개인성과 개인주의

이처럼 개인성과 불가분성은 서구 사람다움의 두 주요 속성이다. 역사적으로 서구적 사람다움은 물리적 몸 안에 응축된 것으로 여겨져 왔다. 마음은 몸의 일부인 두뇌에 존재하고, 정신 또는 영혼은 사회가 점점 더 세속화됨에 따라 사람 각각의 본질적인 영적 요소로서의 개인성으로 대체되었다. 개인성은 인간 본성의 토대가 되는 것으로서 사람 각각에게 고정되어 있는 것으로 간주되었다(Cohen 1994). 개인성은 인간 본성의 근본적인 면모로서 개인성이 있고 나서야 '그 다음에' 관계가 형성되는 것으로 여겨진다(Strathern 1992a: 22). 자연과 마찬가지로 개인성은 다양성의 기원으로 이해된다(ibid.). 각기 특유한 개인들에게 필수적인 자기 인식은 각 개인 안에서 생기는 것으로서 어려움이 있더라도 계속해 나가는 의지를 갖게 한다(Cohen 1994). 개인주의는 개인성을 높이 사는 것으로서, 현재의 서구적인 형태에서 개인주의는 개인의 표현, 자율성, 고유함, 자기 결정과 행동의 자유에 가치를 부여한다(Lukes 1973; cf. Cohen 1994). 개인주의가 높이 사는 개인성의 형태는 시간에 따라 변하였다(Strathern

1992a: 1장). 그러나 고정되고 경계 지어진 실체로서의 불가분적인 사람이라는 개념이 확장됨에 따라 개인성이라는 개념도 이에 통합되었다. 여기서 개인성은 경험과 이해의 장소로서의 내적 자아를 지칭한다. 과거의 사람들도 의식적인 자기 인식과 성찰적 행위 주체라는 의미에서의 개인성을 지녔음을 인정하면서, 동시에 그러한 특성이 개인성을 지닌 사람이 불가분적이거나 자기-생성적인 존재로 인지되어야 함을 의미하지는 않음을 유념할 필요가 있다. 한 사람에게 여러 자아를 제공하는 그 사람의 상이한 측면들이 있을 수 있고, 그러한 면모는 특정한 맥락에서만 나타날 수 있다(5장 참조).

구성물로서의 개인

불가분적 개인이라는 현대 서구적 개념은 영향력 있는 구성물인데, 이는 지난 몇 세기 동안 일상적 경험에서 행동으로 옮겨지고 성찰되었으며 수정되었다. 그러나 보다 관계적인 사람다움이 부각되는 경우도 있는데, 개인이 타인에게 진 빚과 다른 이의 행동이 자신에게 미치는 효과, 또는 자기 안의 상반되는 힘, 경험이 사물에 대한 새롭고 기대하지 않은 이해를 가져다 주는 방식을 인지할 때 그러하다. 개인의 불가분성은 구성된 것이지만 현대 서구인의 삶에 배어들어 일상적 활동에서 염두에 두는 중요한 구성물이다(Butler 1993; Fowler 2000; cf. Riches 2000: 670). 20세기 중반부터 서구인들은 성보다는 이름으로 불리게 되었고(Strathern 1992a: 17-18), 이는 개인성 '증가'의 시기였다. 20세기 후반의 개인들은 학교, 직장과 같은 사회적 제도 그리고 소비주의를 통해 개별화되기도 하였다.

서구인들은 학교나 직장을 다니면서 또는 소비를 하면서 각각의 경계와 한계를, 그리고 서로 평등하면서 또한 다르다는 것을 깨닫게 된다. 동시에 불확실한 경계를 지니고 상반되는 욕망에 노출되어 어떤 면에서 현대 서구인들은 분명 동등하지 않다는 것을 깨닫게 되기도 한다. 그러나 대중에게 제시된 사람다움이란 독특하고 뚜렷이 구분되며 자기 충족적이도록 잘 정의된 개인적 정체성의 형태를 띤다. 흔히 변하고 대처적이며 배우는 사람다움이 고정되고 총체화된 개인으로 기획된다(cf. Moore 1994: 35). 불가분성이라는 개념에서처럼 사람의 경계 지어진 단일체가 강조되거나, 개인주의에서처럼 사람 각각을 구성하는 관계와 힘보다 사람 각각의 고유함과 자기 결정성에 가치가 주어지는 방식 외에도 개인이 될 수 있는 방식이 있다. 개인과 개인성에 대한 현대 서구인의 특정한 이해는 현대의 개인주의로 물들어 있고 그에 깊이 연루되어 있다(이러한 얽힘에 관한 고고학적 논쟁에 대해서는 Meskell 1999: 1장; Tarlow 2000; Thomas 2000b 참조).

구성물로서의 개인을 넘어서

고고학적 경로

고고학자들은 여러 방식으로 위와 같은 얽힘을 풀어보고자 시도하였다. 한편으로는 과거의 개인을 연구하고, 적절한 문화적 맥락 속에서 개개인의 삶을 다른 수많은 삶과 비교하여 개개인이 관여한 다중적 관계에 관해 풍부한 설명을 제공할 수 있다(e.g. Hodder 2000; Meskell 1999;

Robb 2002). 어떤 맥락에서는 텍스트나 도면을 통해 사람다움 자체의 형상과 생성을 연구하여 몸, 사람, 사람다움의 영적 또는 정신적 특징에 대한 토착적 이해를 설명하는 것이 가능하다(e.g. Joyce 2000; Meskell 1999: 3장). 이와 함께 또는 선사시대 유럽의 맥락에서와 같이 이를 대신하거나 추구하여 특정한 물질세계에서 사람다움이 구성되는 관행에 있어서의 경향성을 연구하는 것이 가능하다(e.g. Brück 2001a; Chapman 1996, 2000; Dobres 1999; Fowler 2001; Joyce 2000; Thomas 1996). 행동에 있어서의 경향성과 사람다움에 대한 개념에 초점을 둔 접근은 일반적으로 개개인의 삶보다는 과거의 사람다움이 불가분적 사람다움 및 현대의 개인주의와 어떻게 달랐는가에 초점을 두는데, 전자와 후자가 완전히 양립 불가능한 것은 아니다. 이 책의 주제와 직접적으로 관련되는 과거의 경험에 대한 주요 연구 분야 중 하나는 '세계 내 존재'에 대한 연구이다(e.g. Edmonds 1997; Gosden 1994; Thomas 1996; Tilley 1994; cf. Ingold 1993, 2000e). 이러한 접근에서는 인간 경험이 과업과 활동을 통해 다른 사람, 사물, 장소와의 관계에 스며드는 방식에 주목한다. 사람들을 개별화함으로써 작용하는 것이 아닌 사회 관계에서의 문화적 패턴 분석과 함께, 사람들이 상호적으로 생성된 행동 전략 역시 연구의 초점이 되었다(e.g. Chapman 2000). 서구 사회가 개인성을 강조하거나 개인에 대한 개념을 인지한 또는 개인주의의 한 형태를 드러낸 유일한 사회는 아니지만(Bloch 1989: 18), 이러한 특징이 과거의 모든 맥락에서 사람다움에 대한 유일한 또는 우세한 면모였다고 상정해서는 안 된다. 따라서 이 책에서 검토하는 접근들은 과거의 삶에 관련된 요인들을 폭넓게 고려하기 위해 필요한 것 중 일부이다. 블로흐의 말을 바꾸어 표현해, 사람들은 개인일 **뿐**이라고 여긴다면 이는 사람다움에 대한 고고학적 사고에 심각한 한계가 될 것이다. 과거의 사람들에게서 그들의 개인성을 빼앗아서도 안 되지만, 인간 경험에서 개인성이라는 면모를 육성하지 않았던 사람에 대한 개념과 그에 얽힌 사회적 기술이 존재했음을 받아들여야 한다. 개인과 개인성이 작고 때로는 유의미하지 않은 부분을 이루는, 사람다움에 대한 보다 넓은 세계를 보여 주는 민족지 연구를 살펴보자.

민족지적 구성물의 가치

사람다움에 대한 개념은 문화적 맥락에 따라 다른데, 그러한 개념은 사람들의 삶을 형성하는 특정한 관행 및 기술과 밀접한 관련을 지닌다. 민족지학자들에 의하면 현대 서구 문화와 다른 문화적 맥락에서의 사람다움에 대한 개념 중에는 사람을 불가분적인 존재로 개체화하지 않거나 개인성을 장려하지 않는 개념들도 많다. 대신 사람다움이 관계적이어서 관계가 그에 관여한 사람들에게 관점을 제공할 수 있다. 사람들이 사냥감, 부모, 교환 상대와 맺는 잇따른 관계에 따라 사람들의 정체성이 변할 수 있다. 사람다움에 대한 이러한 위치는 동물과 물건도 차지할 수 있는데, 예를 들어 선물과 같은 물건의 움직임은 빚을 지고 있는 위치나 빚을 받을 위치처럼 사람들로 하여금 서로에 대한 관계에 따라 관점을 바꾸도록 할 수 있다(Strathern 1999: 239). 사람에 대한 관계적 개념은 탈−근대시대의 학계에서 특히 유행하는 것으로 보일 수 있지만, 타자의 맥락적 출현에 비해 사람의 일정 측면이 지니는 영구성이 그보다 오래된 지적 전통에서 중시되었다. 예를 들어 힌두적 사고에서는 보다 맥락적이고 관계적인 정체성을 지닌 보다 가변적인 사람과 더불어 항상적인 **아트만**(atman)이 생애 전체에 걸쳐 함께 존재한다(Sax 2002: 10). 이 책에서 논의되는 이 모든 공동체들은 개인의 영혼에 대한 개념이나 개인 생애의 기념처럼 사람에게 고정된 개인적 특징에 관한 개념을 분명 갖고 있다. 이러한 공동체의 사람들은 관계에 스며들어 있을 뿐만 아니라 개체화되어 있고 사람다움의 한 속성으로서의 개인성에 대해 인식하고 있다(이 논의에 대해서는 Battaglia 1995: 7-11; Carrithers et al. 1985; LiPuma 1998; Murrary 1993; Spiro 1993 참조; 민족지에 대해서는 Maschio 1994 참조). 그러나 이 책에서 가장 주의 깊게 살펴볼 사람다움의 면모는 관계적이고 맥락적인 것인데, 이를 통해 사람들이 어떻게 구성될 수 있고 개인적 이해(interest) 이외의 어떠한 관심사가 사회적 상호작용의 동기가 되었는가를 보다 폭넓게 이해할 수 있기 때문이다. 필자가 주목하는 것은 사람의 구성에 사회적 관계의 형태가 미치는 영향이다. 다음 장에서는 관계가 사람들을 맥락적으로 구성하는 방식에 관한 민족지적 설명과, 관계에서의 변화가 사람의 내적 구성과 특성에 막대한 영향을 미치는 방식을 검토할 것이다. 사람다움에 관한 민족지적 설명 역시 서구적 해석이다. 그러나 이러한 설명에서는 사람다움을 형성하는 현지의 서사, 은유, 관계, 원리를 파악하고자 노력한다. 사람다움에 대해 연구하는 인류학자들은 토착인들이 의식적, 무의식적으로 관계하는 구성물과 서사에 **대한** 서사를 쓴다. 사람다움에 대해 연구하는 고고학자들도 유사한 것을 한다고 볼 수 있다. 사람다움에 대한 연구는 어떤 사람은 개인이거나 개인이었던 반면 다른 이들은 그렇지 않거나 않았다는 주장을 하기 위한 것이 아니라, 사람의 정체성이 어떻게 **서구적인** 개인성 이외에도 여러 방식으로 나타날 수 있는지를 보이기 위한 것이다. 분명 모든 인간이 자기 인식을 하고 있다고 상정되어야 하지만, 나중에 논의될 것처럼 인간 이외의 존재가 자기 인식을 지니고 있다고 보는 토착인들도 많다.

그렇다면 분명 '서구와 그 외' 사이에 엄밀한 구분이란 있을 수 없다. 이 책의 나머지 장에서는 사람다움에 대한 논의를 통해 서구인들을 고정되고 경계 지어진 개인들로 개념화하는 것에 있어서의 오류를 설명하고, 서구의 사람다움을 비−서구적 개념에 대한 절대적 대응물로 보는 사고가 지닌 문제점을 밝힐 것이다. 사람 각각은 빈번히 외부 영향의 침투를 받고 내적으로 분열되지만, 서구 개인들은 이에 해당하지 않는다는 사고 자체도 서구적 사람다움에 대한 오해의 일부이다. 개인성과 불가분성은 현대 서구인이 스스로의 삶을 바라보는 렌즈를 형성하지만, 현대 서구인을 현대 서구인이게 하는 다원적 관계는 다른 방식으로도 이해될 수 있다. 서구에서 가치 절하되는 사람다움의 특징을 민족지와 고고학을 통해 인지함으로써, 개인에 대한 강조로 인해 간과된 현대 서구인 삶의 특징을 일부 알게 될 수 있을 것이다. 현대의 개인들은 어느 정도 여전히 관계적인 사람들이다. 마찬가지로 생애적인 단위로서 개인은 여전히 사람다움의 주요한 측면을 이루지만, 문화적 맥락에 따라 이러한 속성은 매우 드물게 나타날 수 있고 때로는 완전히 받아들여지지 않을 수도 있다. 사람의 현현이 반드시 '안으로부터의' 개인성의 표현인 것은 아니다. 사람의 현현이란 타자의 지각에 따른 상호작용적 사건이다. 공동체의 한 특징으로서 사람다움이 강조되는 공동체에서 다양성, 혁신, 의사 결정의 장소는 개인이 아니라 집단적 사람일 수 있다. 예를 들어 씨족 전체가 한 사람과 동일시될 때(2장 참조) 집이나 씨족이 '도덕적 사람'을 구성할 수 있고, 고유함과 혁신은 그 구성원들을 통해 표현되는 씨족의 특징이다. 더 나아가 고고학자들에게 보다 중요할 수 있는 점으로서, 공동체의 모든 사람이 반드시 인간인 것은 아니고 개인에 대한 강조로 인해 사람다움이 부여된 다른 사회적 행위자, 예를 들어 귀신, 혼령, 집, 도끼, 입석 등의 역할이 경시될 수 있다. 이와 같은 행위자들이 현재의 고고학자들에게 실제적인 것으로 보이든 상상의 것으로 보이든 말이다. 그렇다면 사람다움에 대한 고고학은 과거 특정 개인의 삶에 대한 고고학과 분명 매우 다른 프로젝트이지만 전자와 후자가 상호 배타적일 필요도 없다.

맺으며

개인성을 인간의 자연적인 측면으로 본다면 관계성과 가분성도 같은 관점에서 봐야 한다. 사람들은 다른 관점에서 사물을 보는 능력에 의존하고, 여러 가지 일에 끌리며, 갈등을 느끼고, 경험과 활동에 푹 빠질 수도 있다. 사람의 항상성과 경계 지어짐을 우선시하는 사람에 대한 현대 서구의 지배적인 개념에는 역사와 맥락이 있는데, 이에 대해서는 지금까지 매우 대략적으로 소개되었다(보다 본격적인 논의에 대해서는 Thomas 2004 참조). 유럽의 개인들이 항상 현재와 똑같은 방식으로 존재하지 않았고, 신념, 이성, 의지, 원인과 결과가 사람으로부터 나오는 것이 아니라 사람과 함께 세계에 내재되어 있던 시기가 있었다. 유럽의 역사를 통해 소유와 소속에 대한 개념도 변해 왔고, 그와 함께 사람, 토지, 동물, 사물 사이의 관계에 대한 개념도 변해 왔다. 유럽에서의 불가분적 사람다움과 개인주의의 발달은 유럽 밖에서 사람과 세계 사이에 전개되었던 관계와 같은 패턴을 따르지는 않았다. 사람다움에 대한 과거의 개념과 경험은 불가분적 사람에 대한 개념과 경험을 훨씬 넘어서 확장될 수 있고, 개인성은 맥락에 따라 한 사람이 지닐 수 있는 한 가지 면모일 뿐이다. 사람다움에 대한 현대 유럽인의 지배적인 이해를 구성하는 핵심 면모들이 세계 전역의 사람다움에 대한 전체 그림이 될 수는 없고, 그러한 면모들은 사람다움에 대한 보다 관계적인 측면이 인식되면서 현대 유럽 사회에서도 점차 퇴색해 가고 있다. 따라서 인간의 다양성을 보다 폭넓게 반영하여 사람다움에 대한 현대 유럽인의 이해를 새로운 각도에서 보아 사람다움에 대한 고고학적 사고를 풍부하게 할 필요가 있다. 고고학자들이 이를 정확히 어떤 방식으로 해 왔는지와 그에 참조된 민족지가 나머지 장에서의 논의의 기반을 이룬다.

2장
사람다움과 정체성: 이론적 틀

　사람들은 조립적이다. 사람들은 서로 다른 물질 그리고 몸, 마음, 정신처럼 서로 다른 면모들로 이루어진 복합물인 것이다. 이 장에서는 사람들이 역사적으로 특정한 방식으로 구성됨을 시사하는 문화들을 비교해 볼 것이다. 민족지적 연구를 검토하여 인도와 멜라네시아의 관계적이고 '가분적인' 사람다움의 두 예와 관련된 관행과 지식을 살펴본다. 사람다움 그리고 젠더, 카스트와 같은 정체성의 다른 요소들 사이의 분리 불가능성에 대해서도 논의할 것이다. 사람다움과 다른 정체성 구성 요소들은 문화적으로 특정한 방식으로 교차된다. 그러나 동시에 과거 사회 해석에 유용한, 사회적 관계와 사람다움을 구조 짓는 원리에서 나타나는 경향성을 파악할 수도 있다. 그러한 경향성은 이 장에서 논의될 것과 유사한 형태의 거래, 변형, 상호작용이 이루어졌다고 볼 수 있는 과거 사회 해석에 유용할 것이다.

개인성을 넘어선 사람다움과 관계
: 가분성, 분할성, 침투성

이 절에서는 인도와 멜라네시아에서의 사람다움에 대한 민족지적 해석을 검토하고, 어떻게 사람을 가분적이고 복합적이며 또 침투적이고 분할적인 존재로 이해할 수 있는지를 보일 것이다. 이 조어들 각각은 사람들 사이의 사회적 거래 분석을 통해 설명되고, 사람다움을 구성함에 있어 불가분적 사람들을 생성하는 기술에 대한 대안적인 기술로 제시될 것이다. 그렇다고 하여 이 사람들에게 개인성이 없다거나 이 사람들이 개인이 아니라는 것이 아니라 이들은 개인이자 개인에 더한 무엇임을 의미한다. 이들은 이들의 사람다움에 대한 개념을 이해하기 위해 인류학자들이 고안한 위와 같은 용어들이 의미하는, 사람다움에 대한 상이한 개념을 통해 살아간다.

인도에서의 가분적 사람다움

중세 후기 유럽에서 사람은 주로 몸에 일시적으로 담긴 부분들의 융합체로서, 몸은 장기와 체액으로 구성되었고 사람은 마음, 몸, 정신으로 구성된 것으로 이해되었다. 사람을 일련의 부분으로서 식별할 때는 인류학자들이 사람의 **가분적** 성질이라고 부르는 것이 강조되는데, 이는 불가분적 사람의 정반대이다. 가분적 사람들은 복합물이고 그들의 구성 요소는 외부에서 기원한다. 부모 양쪽의 몸으로부터 받은 요소들로 태아가 구성되는 경우가 그러한 예이다. 가분적 사람다움이란 용어는 맥킴 매리어트

(McKim Marriott 1976)가 인도의 사람다움과 카스트에 관해 연구하면서 고안해 낸 것이다. 매리어트는 물질이 한 몸에서 다른 몸으로, 한 사람에서 다른 사람으로, 한 카스트에서 다른 카스트로 어떻게 전달되는지를 조사하였다. 그러한 물질의 형태와 효과가 서로 분리 불가능하기 때문에 이러한 물질을 '물질-부호'라 칭한다. 피, 술, 조리된 음식, 돈, 심지어 지식까지 물질-부호의 예이다. 조리된 음식에서 지식이나 단어처럼 미묘한 '물질-부호'에 이르기까지 각 물질-부호는 상이한 가치를 지닌다. 각물질은 다른 물질로 변할 수 있는데, 섭취된 음식은 배설물을 만들고, 화장(火葬)은 영혼을 자유롭게 하면서 시신을 보다 미묘한 물질-부호로 정제한다. 삶 전체에 걸쳐 사람 각각은 내적으로 분열되고 한번에 여러 상이한 물질-부호로 구성된다. 이러한 물질-부호는 교환을 통해 사람 밖으로 확장되어 타자에게 주어질 수 있다. 어떤 물질-부호는 거칠고 뜨거우며(e.g. 술과 야생동물의 고기) 어떤 것은 차갑고 섬세하다(e.g. 돈과 곡물). 뜨거운 물질은 남성성을 강조하는 것이어서 뜨거운 물질을 섭취한 사람은 남성화된다. 이러한 물질을 주고 받는 것은 한 사람에게 내적인 영향을 미치고, 젠더와 카스트를 포함한 이들의 사회적 정체성에도 전체적인 영향을 미친다. 뜨거운 물질을 교환하는 이는 빈번한 교환가로서 물질에 큰 영향을 받아 쉽게 흥분하고 불안정하며 낮은 카스트로 여겨진다. 역으로 차갑고 미묘한 물질을 교환하는 이들은 드물게 교환하는데, 이들은 대개 상인이나 장인이다. 카스트와 사람다움은 거래에 절대적으로 달려 있고, 이러한 거래는 어떠한 관행이 어떤 카스트에게 적절하거나 효율적인가에 따라 이루어진다. 다시 말해 가분적 사람은 그 사람 안에서 세계의 물질을 가공할 수 있고 이러한 물질은 그 사람을 구성한다. 그러나 불

가분적인 서구 개인의 정수(e.g. 생식작용을 통해서만 전달될 수 있는 유전적 물질)와 달리 위와 같은 물질은 계속적으로 순환되고 관리되며 변형된다. 사람다움의 획득이 이에 달려 있는 것이다. 서로 다른 사람들 사이에 주고 받는 행위는 사람 각각을 내적으로 변화시킨다. '인도적인 사고 방식에 의하면, 행위자들 **사이**에 이루어지는 것은 행위자들 안에서 이루어지는 섞임과 분리의 연결된 과정과 같다'(Marriott 1976: 109, 강조는 Marriott에 의함). 이처럼 물질—부호는 지속적인 순환 과정에 놓여 사람들의 몸에 응집되지만 외부 세계와 분리 불가능하기도 하다. 가분적 사람들은 그들과 타자 사이에 이루어지는 사회적 상호작용에 따라 지속적으로 변화하는 산물이다. 그래서 각 물질—부호가 사회적 상호작용을 통해 획득됨에 따라 사람다움의 각 구성 요소는 관계를 나타내게 되는 것이다.

멜라네시아의 가분적이고 분할적인 사람다움

> 멜라네시아 사람들은 자주 그들을 구성하는 관계의 다원적이고 복합적인 현장이 된다. 한 사람이 사회적인 소우주로 여겨질 수 있는 것이다.
> (Strathern 1988: 13-14)

하일랜드 뉴기니 사회에 대한 연구에서 메릴린 스트라던(M. Strathern 1988)은 멜라네시아 사람들이 어떻게 '가분적이고' '분할적인' 사람으로 존재하는지를 기술한다. 스트라던의 연구에 따르면 사람의 구조 그리고 인격적 상호작용의 동기가 되는 관심사와 행위의 형태 모두에서 멜라네시아의 사람다움은 서구 개인의 사람다움과 같지 않다. 스트라던은 멜라

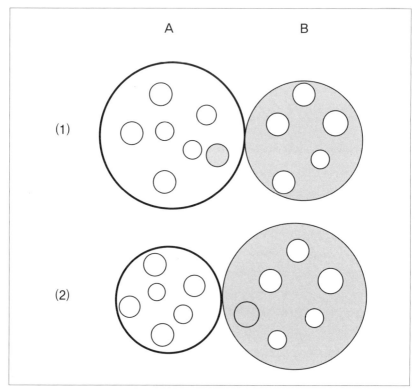

도면 2-1 분할성에 대한 시각적 묘사: (1) 사람 A의 일부분을 사람 B에게 빚지고 있음; (2) 이 빚진 부분은 선물을 통해 외화되어 B에 의해 흡수됨; A는 자신의 척도를 줄여 자신의 가분적인 사람에서 B의 가족을 외화함; 이 부분은 앞으로 상이한 선물을 통해 돌려주어질 것임

네시아 사람은 타자들 사이의 관계(e.g. 양쪽 부모) 그리고 각자가 현재 연관되어 있는 관계를 통해 구성된다고 본다. 사람들은 다중적으로 생성된다. 사람의 분할적 특징을 통해 사람 각각은 타자의 물질과 행동의 복합물이라는 점이 강조된다. 이는 사람 각자가 다중적인 구성물과 다른 사람들로부터 받은 관계를 포함하고 있음을 의미한다. 내적 구성은 외

적 관계에 의존하고, 관계는 물질이나 물리적 대상, 즉 나누어 줄 수 있는 모든 것으로 응축된다. 분할적 사람은 전체 공동체에서 나온 요소들을 포함한다. 이들은 공동체의 다른 모든 구성원들과 피를 공유한다고 할 수 있다(Mosko 1992: 702-706). 모든 이의 피가 서로 약간씩 색이 다르다고 가정하면, 멜라네시아의 가분적 사람 각각은 공동체에 있는 모든 이들을 위해 서로 다른 색깔의 피 한 방울씩을 포함한다. 그런데 이들은 같은 피를 가지고 있는 사람과 결혼할 수 없다. 만일 가분적 사람이 누군가와 결혼하고자 한다면 결혼 상대자의 가족에게서 기원하여 결혼 상대자가 사람으로서 지니고 있는 일부를 외화해야 한다(Mosko 1992: 703-706). 그 사람의 내화된 부분의 일부는 분리되어 결혼 상대방 가족의 구성원 중 한 명을 통해 그 가족에게로 돌려보내져야 한다. 이는 새로운 관계를 허용하기 위해 사람을 분해하는 분할성으로서 도면 2-1에서와 같이 표현될 수 있다. 분할성이란 이 사람이 나누어 준 부분이 타자에게 포함됨으로써 그를 나누어 준 사람이 척도에서 약간 감소함을 의미한다(도면 2-1). 모든 공동체 구성원들 간 관계의 산물로서 각 사람은 으레 전체 공동체에서 나온 요소들을 포함하지만 분할성으로 인해 이들이 포함하는 공동체의 크기는 한 가족이나 씨족에서 나온 요소만을 포함하는 정도로 '작아지게 된다'(Mosko 1992: 710). 이를 통해 제외된 공동체와 새로운 관계가 형성될 수 있는 방법이 생긴다. 주어진 부분은 상이한 형태이기는 하지만 되돌아와서(e.g. 하나의 도끼 대신 여러 마리의 돼지) 다시 내화될 것이다. 이처럼 멜라네시아의 사람은 가분적이면서 분할적인데, 때로 한 측면이 다른 측면을 변화시키기도 한다. 분할성이 가장 특징적으로 나타나는 것은 결혼 교환, 의례 교환, 시신의 부패 마지막 단계에서이다(Mosko

1992). 물질뿐만이 아니라 물건도 각 사람의 부분으로서 가분적 세계에서의 사물은 언제나 한 사람이나 또 다른 사람의 부분인 것으로 볼 수 있다. 다음 장에서 살펴볼 것처럼 사람다움에 대한 가분적 이해에서 물건은 두 사람을 밀접히 연결시키기 때문에 한 사람 이상의 부분을 이룬다. 상자 2-1에 예시된 것처럼 그러한 물건은 현대 서구인이 사람에게 외적인 것으로 여기는 것이거나 심지어는 동물일 수도 있지만 멜라네시아에서 이들은 사람에게 통합되어 있다.

상자 2-1. 아레아레('Are'are) 사람

민족지학자 다니엘 드 코펫(de Coppet 1981)은 멜라네시아 솔로몬 섬의 아레아레인들 사이에서의 사람다움과 교환을 연구하였다(Barraud et al. 1994). 코펫에 의하면, 아레아레인들은 살아 있는 것들의 세계가 인간 사람이 포함하고 있는 세 요소를 지니고 있다고 여긴다. 그러한 세 요소는 '몸', '숨', 이미지' 정도로 번역될 수 있다:

아레아레 우주의 세 구성 요소는 상이한 존재들 사이에 불평등하게 분배되어 있다. 대개 재배 식물은 몸만, 사육 돼지는 몸과 숨, 그리고 인간은 몸, 숨, 이미지를 지니고 있는 것으로 여겨진다. (Barraud et al. 1994: 53)

이미지는 또한 아레아레 조상의 특질이고 조개로 만든 물건에서 발견된다. 따라서 한 사람의 주요한 영적 특성은 사물과 동물에도 포함될 수 있다. 그러한 것들을 함께 모음으로써 이들이 지닌 영적 특성이 한 사람에게 더해질 수 있다. 이는 마음과 정신이 인간 몸에 배타적인 것으로 여겨지는 통상적인 서구적 이해 틀과 다소 차이가 있다. 물건은 아레아레 사람에게 포함되어 그 사람의 일부가 될 수 있지만 그렇다고 이 물건이 반드시 그 몸의 일부가 되는 것은 아니다. 아레아레 사람을 구성하는 요소들은 사회 세계 전체에 분포한다. 이들은 사람들이 기르고 재배하며 양육하는 것들 그리고 가장 중요한 교환하는 것들에서 발견될 수 있다. 다시 말해 사람에게서 발견되는 특성은 세계의 다른 곳, 물건, 식물, 동물에서도 발견된다. 사람 각각은 살아 있는 동안 이러한 것들의 순환을 통해 형성된다. 예를 들어 이들이 모을 수 있는 돼지의 수가 많을수록 이들의 숨도 고귀해진다. 장례식에서 사람의 이 모든 상이한 요소들은 죽은 이를 중심으로 하여 모이게 된다. 이는 살아 있는 동안 사람은 사회적 세계와 물질적 세계에 분산되어 있다가 매장의례 동안 일시적으로 완전한 사람이 됨을 의미한다. 한 사람이 포함한 모든 것이 모여 모든 이가 볼 수 있도록 명확해진다. 그러고 나서 이것들은 다시 나뉘어져 매장 교환을 통해 재분배된다.

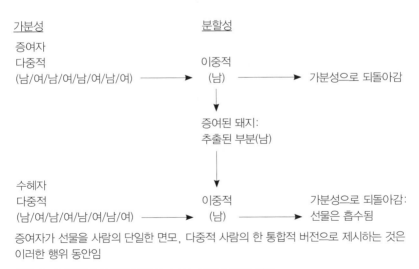

증여자가 선물을 사람의 단일한 면모, 다중적 사람의 한 통합적 버전으로 제시하는 것은 이러한 행위 동안임

도면 2-2 단일한 사람의 분할성: 남성-남성 교환의 경우

하이랜드 뉴기니아의 의례적 선물 교환은 분할성의 좋은 예이다. 선물 교환을 위해 물건은 이전에 물건을 포함하고 있었던 사람으로부터 추출되어 다른 이에게 주어져 이중적 관계를 형성하게 된다. 사람의 일부가 제거되어 다른 이에게 흡수되는 것이다(도면 2-2 참조). 분할적 사람은 그 사람의 부분적 버전인데, 여기서 추출된 부분은 전체로서 제시된다. 선물은 결과물인 것처럼, 전체적이고 단일한 것처럼 보이지만 사실은 다중적으로 생성되었다(Strathern 1988: 159). 돼지는 종종 그러한 선물이 된다. 돼지는 남자와 그 부인에 의해 함께 길러지므로 그 자체가 다중적으로 생성된 가분적 존재이다. 돼지는 돼지를 사육 집단에서 추출하는 남자에게 포함되고, 그 다음 그 남자에게서 추출되어 다른 이에게 주어진다. 이 남자는 그 돼지를 줌으로써 자신의 일부를 처분할 수 있는데, 이때 그는 그 돼지를 만들었던 집단, 즉 그의 가족과 씨족의 일부로서 행위한다. 그 선물을 사람으로서 자신이 지닌 유일한 측면으로 제공할 때 그는 그의 가족을 대표하는 돼지의 증여자로서 일시적으로 자신에 대한 통합적 버전을 제시한다. 선물을 줄 때는 증여자와 수혜자 사이의 단일한 관계가 선물과 두 사람을 구성하였던 다른 모든 것들보다 강조된다. 이러한 관계가 선물을 정의하고 또 증여자도 정의한다. 양자는 다중적으로 구성되었음에도 불구하고 단일한 형태로 나타난다:

> 하겐에서 이러한 [부]를 자신들을 위한 유일한 실체로 변형시키는 것은 분명 남성들의 의례적 교환 체계를 통해 얻어진 성취이다: 부는 남성들의 그 부분을 나타내게 되고 이는 남성들의 전체적 자아, 그들의 위신으로 여겨진다. (Strathern 1988: 159)

이처럼 분할성은 사람을 하나의 독립체로 제시하지만 이는 불가분적인 개인을 구성하지는 않는다. 분할성은 실제로 가분적인 존재를 일시적으로 분해하여(Mosko 1992: 702) 그들의 대개 다중적인 사람의 일면만을 제시한다. 분할적 사람과 관련하여, 분리하는 행위는 구분되기는 하지만 완전하지는 않은(Strathern 1988: 185) 일시적 정체성을 생성한다. 즉 '일반적인 관계 엮기란 사람들이 다중적으로 구성됨을 의미한다. 본질적인 통합성이란 있을 수 없다: 그러한 정체성은 특별하고 일시적인 효과를 위해 생성될 뿐이다'(Strathern 1988: 165).

분할성은 선물이나 사람의 교환에 특정된다. 스트라던은 이를 서로에 대한 등가물로 본다. 물건이나 사람보다 물질이 다소 상이한 과정을 통해 가분적 존재들 사이에서 직접적으로 전달되고 가분적 존재들 안에서 길러질 수 있다(Strathern 1988: 207-219). 이러한 두 교환 세트가 함의하는 바에 대해서는 3장과 5장에서 살펴볼 것이다. 사람들은 다중적 관계를 통해 구성되고 유지되는 존재로서 지닌 가분적 특성과, 사실은 타자와의 다중적 관계의 산물인 자신들의 일부를 처분할 수 있는 존재로서의 분할적 특성 사이를 반복적으로 오간다. 한 명의 사람이란 대개 가분적이고 이는 당연하게 여겨진다(Strathern 1988: 276, 도면 4). 스트라던의 관점에서 보자면 멜라네시아 사람은 관계의 상이한 영역을 통과하며 움직임에 따라 항상 정체성을 조정하고 바꾼다. '사회적 삶은 한 상태에서 다른 상태, (집단적으로 또는 단일하게 드러난) 한 통합체에서 다른 것과 관련하여 분열되거나 쌍을 이룬 통합체로의 지속적인 움직임에 놓여 있다'(Strathern 1988: 14). 이러한 각각의 입장은 그 사건에 관련된 모든 것들에게 상이한 관점을 제공한다. 이러한 변형과정에서 사람들은 또한 항상 척도를 바꾸어 그들의 사람이 그들의 가족, 씨족, 심지어는 다른 씨족으로부터의 부분을 통합한다. 이처럼 사람들이 상이한 척도에서 존재하고 결혼 교환에서 사람들이 씨족으로부터 추출되는 것처럼 물건이 사람들로부터 추출되기 때문에 씨족과 선물은 사람이기도 하다. 이에 대해서는 나중에 다시 살펴보겠다.

인도의 침투적 사람다움

세실리아 버즈비(Busby 1997)는 가분적이고 분할적인 사람다움에 대한 스트라던의 연구에 대해 사람다움을 구조 짓는 이러한 원리들이 멜라네시아에서는 적절하지만 남부 인도에서는 적용되지 않음을 강조하였다. 남부 인도 마리아나제도 어업 공동체에 대한 연구에서 버즈비는 그곳의 가분적 사람들은 분할적이기 보다는 **침투적**이었고 분할적 관계에 관여하지 않았다고 보았다(표 2-1 참조). 버즈비의 민족지는 라틴 가톨릭교 마을에 관한 것이지 힌두 공동체에 관한 것이 아님에도 불구하고 버즈비는 양자 사이에 높은 유사성이 있다고 주장한다는 점을 유념할 필요가 있다(Busby 1997: 276). 돈, 음식, 술, (피와 침 같은) 신체적 물질은 매리어트가 제시했던 것처럼 사람들 사이에서 순환되었지만, 버즈비는 이것들이 사람에게서 추출된 부분이 아니라 단지 사람들로부터 확장된 물질—부호일 뿐이라고 주장한다(Busby 1997: 273). 무카바 사람들 사이에서 움직이는 물질의 흐름은 그들의 사람에게서 나온 것이지만, 고립되어 타자에게 돌려져야 할 분리 가능하고 알아볼 만한 부분들은 아니다(Busby 1997: 275). 이러한 흐름은 타자와의 관계 생성에 있어 매개체가 되고 관행의 특정한 원칙에 따라 사람의 구성을 변경하는데 사용된다. 사람의 정체성이 생성되는 것은 물질−부호의 거래와 조작을 통해서이다. 멜라네시아에서는 젠더와 선물의 의미가 누가 증여를 하고 있는가, 선물이 그들의 어떠한 '부분'을 나타내는가에 달려 있지만, 인도에서 선물의 젠더와 물질−부호는 근원적이다(Busby 1997: 272). 인도에서 각 물질−부호는 고정된 젠더, 의미, 효과를 지닌다(Busby 1997: 271, 275). 따라서 '모호한' 물질−부호란 없다(Busby 1997: 273). 예를 들어 보다 뜨거운 물질−부호를 다룰 때는 남성성이 강조되고 보다 차가운 물질−부호를 다룰 때는 여성성이 부각된다. 그러나 멜라네시아에서 물질은 모호하여, 예를 들어 정액은 우유로 여겨질 수 있고 그 역도 성립한다(Strathern 1988: 214). 사람, 사물, 물질은 이들을 구별하고 활성화하는 관계에 의해 다시 젠더화된다. 그러나 멜라네시아에서처럼 인도의 사람다움 또한 일생 동안 침투성의 정도가 변하면서 들쑥날쑥 변동된다. 이처럼 멜라네시아의 분할적 사람다움에 대한 스트라던의 해석은 남부 인도에 적용되지는 않는다. 남부 인도에서 사람은 침투적인 방식으로 가분적인 것으로 여겨진다고 할 수 있다. 분할적 관계에서 사람의 한 부분은 다른 부분으로 대체된다. 침투적 관계에서 각 물질−부호의 양과 강도는 변경되지만 부분들의 규모와 비율이 변한다 하더라도 어떠한 부분도 실제로 제거되지는 않는다.

위와 같은 경우에 대해 인류학자들은 사회적 상호작용의 배경을 이루는 두 가지 상이한 원리와 함께 적어도 두 종류의 가분적인 사람다움을 구별한다. 분할성은 사람의 부분을 고립시키고 추출함으로써 작용하고, 침투성은 개별적이지만 침투적인 사람들 사이에 물질을 양적으로 순환시킴으로써 작동한다. 양자 모두 서구적 개인을 특징짓는 불가분성과는 상이한 특징을 보인다.

표 2-1 멜라네시아의 분할적 사람다움과 인도의 침투적 사람다움 사이의 차이
(Busby 1997에 기반하여)

가분적이고 분할적인 사람다움 (멜라네시아)	가분적이고 침투적인 사람다움 (남부 인도)
한 사람은 관계의 집합이고, 이 중의 어느 것이든 일시적으로 부각될 수 있다. 특질의 가감이 가능하다.	한 사람은 궁극적으로 관계의 집합이고, 특질의 비율은 변한다 할지라도 그 자체가 완전히 추출될 수는 없는 경계 지어진 존재이다.
사람들은 대상화된 관계를 동물, 물건, 몸의 부분, 물질 등으로서 식별한다. 이들은 분리를 통해 외화되거나 포함을 통해 통합될 수 있고, 대상화될 뿐만 아니라 의인화될 수도 있다.	물질-부호는 사람의 '유동적 경계'를 침투할 수 있다. 물질의 흐름은 사람들로부터 확장되지만, 그러한 흐름이 사람의 특정한 부분으로 대상화되지는 않는다.
사물은 사용 맥락에 따라 남성과 여성, 그리고 단독적, 다중적으로 젠더화되는 것 사이를 오간다.	물질-부호는 고정된 속성을 지닌다(e.g. 뜨겁다 또는 차갑다)
사람다움은 매우 관계적이고 정체성은 수행되거나 제시된다.	사람다움은 관계적이지만 매우 실질적이기도 하다.

가분적 사람다움과 불가분적 사람다움에 있어서의 경향성 중재하기

인도의 일부, 특히 멜라네시아에 만연한 사람다움의 가분적 형태는 서구의 불가분적 사람다움과 근본적으로 다르다는 점은 이미 여러 학자에 의해 제시되었는데, 이에는 고고학자도 포함된다(e.g. Fowler 2000, 2002; Thomas 2000a, 2000b, 2002 - cf. Meskell 1999: 1장; 비판에 대해서는 Tarlow 2000 참조; 보완에 대해서는 Chapman 2000; Fowler 2001, 2003; Jones 2002a: 161-162 참조). 이러한 접근에 대한 중요한 비판은 서구의 사람들과 세계의 '나머지'

사람들 사이를 고정적으로 구분해서는 안 된다는 점이다. 멜라네시아
와 서구의 사람다움에 대한 에드워드 리푸마의 분석(LiPuma 1998)에서 리
푸마는 이러한 구분에 의해 야기되는 문제를 해결하려 한다(cf. Battaglia
1995). 리푸마는 서구의 개인과 멜라네시아의 가분적 사람에 대한 서구
인의 이해가 서구인 스스로 만든 것임을 지적하며 시작한다(1장 참조). 이
러한 고전적 구분에서 서구의 개인들은 고정된 선천적인 특성을 지닌 경
계 지어진 존재로서 그들의 세계에서 유리되고 사물, 동물, 토지에 대한
자본주의적 소유 관계에 연관되어 사회와 대립되는 위치에 있는 것으로
묘사된다(cf. LiPuma 1998: 58-59). 또 가분적인 이들은 타자와의 상호작용
에 의해 생성되는 것처럼, 그들의 세계에 통합된 것처럼, 이들이 증여하
는 선물로부터 분리 불가능한 것처럼, 사회의 소우주인 것처럼 묘사된
다. 그러나 리푸마는 모든 사람에게 불가분적 측면과 함께 가분적 측면
이 있다고 논한다:

> 과학적 인식론의 주요한 부분에 침투해 있는 한 강력한 서구적 이데올
> 로기로서 사회적인 것이 개인적 행동에서 출현한다거나, (어떤 뉴기니아 사
> 회에 대해 상정되는 것처럼) 관계적 총체화에 관한 토착적 형태 때문에 개인
> 이 완전히 사라질 것이라고 보는 것은 오해에 불과하다. **사람은 가분적
> 이고 불가분적인 측면/관계 사이의 바로 그 긴장에서 나타나는** 것으로
> 보인다. 이러한 긴장의 조건과 상황, 그리고 그에 따라 생성되는 사람의
> 종류(와 범위)는 역사적으로 변할 것이다. (LiPuma 1998: 57)

리푸마에게 있어 사람 각각은 가분적 특성과 불가분적 특성 사이의 긴장
을 협상하고, 모든 사회에서 사람다움은 한 특성과 다른 특성의 지속적
인 조화를 통해 출현한다. 근대 유럽과 같은 어떤 맥락에서는 불가분적

인 특징이 강조되고, 반면 현재의 멜라네시아와 같은 맥락에서는 가분적인 특징이 강조된다. 그러나 이는 **지배적인** 특징이지 다른 하나를 완전히 억압하거나 압도하는 요소가 아니다(Fowler 2000). 현대 서구 사회에서도 개인이 강조되는 행동 영역이 있는가 하면(e.g. 학술적 시험), 관계적이고 가분적인 측면이 강조되는 영역(e.g. 장례식)도 있다. 리푸마(LiPuma 1998: 63-64)는 사람다움의 가분적인 측면과 불가분적인 측면은 사회에 따라 달리 강조됨에 주목한다. 서구에서 개인성은 법, 권리, 사회적 **관습** 정의에 있어 주요한 부분을 차지한다. 반면 멜라네시아에서 가분성은 문화적 논리, 개인적 기대, 사회적 상호작용에서 중요한 역할을 한다.

사람다움의 가분적 측면과 불가분적 측면 사이의 긴장이 어떻게 협상되는가에 있어 교차-문화적으로 보편적인 패턴이란 없다. 힌두의 선물-증여에서 선물이 후하고 어떠한 선물도 그 대가로 주어지지 않는다면 가분성이 부각될 것이다(Marriott 1976: 131). 마찬가지로 주는 것 없이 받으면 사람다움의 불가분적 측면이 보다 두드러지게 될 것이다. 교환이 빈번히 이루어질 때 가분성과 침투성이 두드러지는 것처럼 보일 수 있다. 그러나 멜라네시아에서 가분성은 일상적으로 강조되는데, 사람이 선물-증여로 인해 분할적인 것으로 일시적으로 개체화된다 하더라도 사람들은 항상 타자의 다중적 산물이기 때문이다. 결혼을 통해 한 씨족 구성원이 되는 여성은 두 씨족 사이를 통과하는 분할적 면모로서 특수화된다. 이 여자가 씨족의 한 개체적 구성 요소로서 불가분적인 존재로 제시된다 하더라도, 코헨(Cohen 1994)을 따르자면, 이 여자의 개인성은 이 문제와 상대적으로 관련이 없을 것이다. 스트라던에 의하면, 개인들은 정체성의 한 측면이 온전한 자아로서 제시될 때 가분성으로부터 분할적 사람으로 출현한다. 정확히 무엇이 제시되는가는 맥락에 달려 있다. 스트라던은 또한 일대기를 지닌 개인이 어떻게 몸에 기록된 역사로서 등장하는지를 기술한다(Strathern 1988: 282). 그러나 사람다움의 이러한 특징은 다른 특징에 비해 덜 자주 또는 덜 강력히 제시된다. 가분적 상태에서 한 사람은 잠재성으로 가득 차 있고 다원적이다. 분할적 상태에서 사람들은 현재의 관계에 의해 정의된다. 개인적 역사는 이러한 조건들의 역사가 선택적으로 요약된 것일 수 있다. 여기서 가분성은 개인성뿐만이 아니라 분할성과의 긴장 속에 존재한다. 이를 인지함으로써 사회적 행위에 있어서의 개인적 동기를 이해할 수 있는 틀을 얻을 수 있다. 멜라네시아의 관행, 멜라네시아의 사람다움 협상 방식은 사회적 관심사를 중재하고 사람에게 형상을 부여하며, 사람의 욕망과 의도에 영향을 미친다. 사람다움에 대한 서로 다른 관심사 사이에 실제로 긴장이 존재하지만 이를 통제하는 구체적인 원리와 중재하는 관행은 문화적으로 특수하다. 따라서 불가분적인 것과 가분적인 것 사이의 긴장은 상이한 영역에서 문화적으로 특수한 방식으로 협상된다.

리푸마의 관점은 사람다움을 상이한 관심사 사이의 협상으로 이해하는데 유용한 출발점이 된다. 이러한 긴장이 협상되는 원리에는 역사적, 문화적 방향성이 있다. 인도에서 가분성과 불가분성의 정도는 사람들이 교환에서 채택하는 전략을 통해 드러난다. 이러한 전략들은 연령 집단, 교단, 카스트의 구성원 자격에 따라 이들이 살아가는 동안 바뀐다. 멜라네시아에서 개인적 관심사는 개인성이 강조되지 않는 공동체—정향의 도덕적 부호에 의해 형성된다. 사람 각각은 공동체에 대립적이기 보다 공동체를 내화한다. 사람은 가분적이고, 분할성은 다중적으로 구성된 사람들이 살면서 재구성되게 되는 핵심 기제이다. 개인성은 식민지적 접촉으로 인해 그 영향력이 점차 증대되었고, 이러한 가운데 개인주의적 행태가 반사회적이라고 여겨져 주술 고발이 증가되었다(LiPuma 1998). 서양에서 사람은 주로 개인적이지만, 불가분성과 유일성이라는 원리가 서구인의 보다 가분적인 측면의 영향을 완전히 압도할 수는 없다. 그래서 침투성과 분할성은 사람다움의 문화적으로 특수한 두 분야에 있어 핵심 원리가 된다. 분석적 수준에서 고고학자들은 민족지에서 관찰되는 분할성 및 침투성과 결합된 관행과 원리가 과거 공동체에서의 그것과 유사하다고 볼 수 있다. 이는 적어도 과거의 사람들이 불가분적인 개인들이었다는 사고만큼 타당해 보인다. 이 문제는 주어진 맥락에서 사람에 대한 개념에 수반된 과거의 관행과 사회적 기술을 연구함으로써 부분적으로 해결될 수 있다. 가분적인 사람다움에 수반되는 현재의 관행은 과거의 사람다움에 관한 유추를 위해 사용될 수 있다. 또 거래 전략, 교환 매체, 변형, 사회적 기술에 초점을 둠으로써 사람다움의 과거 양태 해석에서 유익한 성과를 얻을 수 있다. 과거 활동의 매개물을 연구함으로써 분할성, 침투성과 같은 사회적 상호작용의 특징을 통해 사람다움이 어떻게 생성되었는지를 고고학적으로 이해해 볼 수 있는 것이다.

사람다움의 생성

과거의 가분적인 사람다움의 형태는 아마

도 멜라네시아나 인도의 그것과 달랐을 것이다. 그러나 침투적이거나 분할적인 사람다움을 구조 짓는 원리 및 개념과 유사한 것이 과거 공동체에도 존재했을 수 있다. 침투성 또는 분할성과 같은 관행의 문화적 의미가 관행 그 자체와 분리될 수는 없지만, 그러한 관행은 그 자체로 사람다움에 대한 개념은 아니다. 예를 들어 침투성이 그 자체로 힌두의 사람다움에 대한 종교적 기반을 형성하지는 않는다. 그러한 기반은 힌두교에 의해 제공된다. 그러나 인도의 기독교인들도 분할적이고 침투적이다(Busby 1997). 분할성과 침투성이 마치 사람이 되는 방식의 전체 체계인 것처럼 이들을 비교하기보다 이들을 사람다움에 대한 개념화에 필수적인 기제와 과정으로 고려할 수 있다. 이들은 사람다움, 젠더, 종족성 등에 있어 일정한 방향성을 유도하는 관계의 형태를 영속하게 한다. 이러한 행동 패턴은 구조화하는 원리, 활동을 구조 짓는 원리이다(Barrett 2000: 63-64). 인간들간 그리고 인간과 세계의 사물들과의 상호작용에서 우리는 그처럼 구조 짓는 원리를 상이한 방식으로 활성화하는 사회적 전략을 추구한다. 이러한 원리는 사람들이 무엇을 하는가, 누구와 교환을 하는가, 무엇을 주는가, 그리고 이러한 교환이 어떠한 효과를 낳는가에서 가시적이게 된다. 그렇다면 구조화하는 원리란 구조적 조건, 즉 사람들이 살아가는 물질적, 역사적 상황에 대한 해석과 재구성을 수반하는 무언가를 하는 방식이다. 사람다움에 대한 개념은 구조화하는 원리를 통해 형성된 과거의 활동 자체에 의해 남겨진 물질 세계의 사물과 함께 그러한 구조적 조건의 한 면모를 이룰 것이다. 메스켈(Meskell 1999: 20)이 '팩스 송신' 관점이라고 제대로 비판한 문화적 결정론에서와 같이 사람들이 사람다움에 대한 개념을 단순히 재생산하는 것은 아니다. 사람들은 이러한 개념**뿐만이 아니라** 바라는 사회적 효과를 얻기 위해 그러한 개념을 협상한 이전의 관행에도 관여한다(Butler 1993 참조). 다시 말해 사람들은 상호작용을 통해 협상한 방식으로 사람다움의 양태 안에서 살아간다. 그들의 행동이 정통적일 수도 있고 그렇지 않을 수도 있으며, 특정한 종류의 정체성, 특정한 상태의 사람다움 획득에 있어 바라는 효과를 얻지 못할 수도 있다. 또한 그들의 행동은 사람다움을 생성하는 관행이 수행되는 방식과 사람다움이 개념화되는 방식 수정으로 이어질 수 있다. 따라서 사람다움에 대한 어떠한 양태도 정적이지 않고 사람들이 맹목적으로 사람다움의 양태를 재생산하는 것은 아니다. 그러나 사람다움에 대한 개념과 그를 지탱하는 관행 모두 문화적으로 특정하다. 아래에서는 왜 그러한지, 그리고 이러한 깨달음이 과거의 사람다움 해석에 있어서 도움이 되는지를 검토할 것이다.

몸과 사회적 기술

개별적인 몸은 문신, 근육 만들기, 포식과 단식, 꾸미기, 일상적인 일 패턴과 같은 문화적 관행을 통해 생성된다. 이러한 몸은 사회에 의해 감시되고, 개인에 의해 생성되는 것만큼 행동과 상호작용의 양상을 통해 생성된다(e.g. Bourdieu 1977, 1990; Butler 1990, 1993, 1994; Connerton 1990; Foucault 1977). 모든 인간의 몸 사이에는 일정한 유사성이 있지만, 몸에 대한 이해와 경험은 사회적 배경, 문화적 관행, 종족성, 젠더, 성적 관행, 그리고 정체성의 다른 요소들에 따라 변한다. 이와 관련하여 모이라 게이튼즈(Gatens 1992)는 여자 운동선수는 여자 회사원보다 남자 운동선수와 보다 쉽게 체화된 감각을 공유할 수 있다는 예를 든다. 어떠한 성기를 가지고 있느냐 뿐만이 아니라 피부가 얼마가 그을렸는가, 역도를 하는가, 어떻게 옷을 입고 있는가, 어떻게 움직이는가, 문신이 있는가, 있으면 얼마나 많이 있는가 등을 통해 서로 다른 종류의 몸을 인지한다 (Featherstone 2000; Turner 1984). 이처럼 생물학적인 인간의 몸 각각은 특정한 사회적 맥락에 적절한 일련의 문화적 관행을 통해 생성된다.

체화에는 상이한 문화적 경향이 있다(Csordas 1999). 따라서 고고학자는 과거의 몸이 어떻게 생성되었는가, 그리고 임신, 출생, 유년기, 성인기와 심지어는 사망 후에도 그러한 몸을 생성하고 재평가한 관행을 고려할 필요가 있다. 이러한 경향성은 인간의 몸을 통해 작동하지만 그에 수반되는 은유와 원리는 물질 세계에 만연해 있는 것이기도 하다. 예를 들어 문신으로 폴리네시아인의 몸에 표시를 하는 것은 암각화 제작을 통해 대지에 표시를 하는 것, 토기에 무늬를 새기는 것과 직접적으로 비교될수 있다(Rainbird 2002). 이러한 이유로 몸과 사람을 생성하는 과정이 세계를 형성하기도 하는 것으로 이해할 필요가 있다. 몸에 대한 연구는 사회적 기술에 대한 연구와 분리 불가능하다(Dobres 1999: 149-157). 분할성은 사람들 사이의 관계뿐만이 아니라 사물, 장소, 우주 일반과의 관계를 끌어들인다. 한 수준에서 이는 서로 다른 맥락을 가로질러 사람과 사물에 적용될 수 있는 은유의 기능 때문이다. 그러나 보다 중요한 수준에서 일련의 변형적 관행인 사회적 기술 자체가 사회적 기술에 관여하는 사람들을 형성하기 때문이다(e.g. Brück 2001a; Chapman 1996: 207-208; Dobres 1999: 19; Jones 2002: 89-90; Lakoff and Johnson 1980). 학교, 감옥 등의 사회적 제도가 자아에 대한 기술로서 우리의 몸을 형성하는데 핵심적인 역할을 하고(Foucault 1977), 이미 논의된 것처럼, 역사적으로 특정한 사람다움의 양태 생성에는 일기, 소설, 초상화, 사적인 침실과 같은 특수한 기술이 관련되었다. 드비쉬(Devisch 1993)는 콩고 야카족이 몸을 일생에 걸쳐 역동적으로 짜였으면서도 일대기적 태피스트리를 지닌 베틀 위의 천처럼 보는 방식을 기술한다. 은유는 몸을 사회적 관계의 장소로서 뿐만이 아니라 몸이 생성되는 과정과 같은 것으로서 묘사한다. 사회적 관계에 놓여 있는 것에 대한 경험은 베를 짜는 작업과 같다. 야카족이 삶을 베짜기와 같은 것으로 이해하게 되는 것은 베를 짬으로서이다. 베짜기와 같은 관행에 채택된 몸짓과 태도는 사회적 관계를 공들여 만들고 우주와의 영적 관계를 틀 지우는데도 사용된다(Tilley 1999: 40). 이처럼 사람다움은 사물, 사람, 세계 일반과의 일상적 상호작용을 통해 발효되고, 사회적 상호작용과 사람다움은 기술적 활동을 통해 이해 가능하다. 멜라네시아의 사람다움을 이해하기 위해서는, 예를 들어, 선물 교환 과정을 이해해야 함을 이미 살펴보았다. 이 책의 나머지 부분에서는 인간의 몸이 사람다움의 필수적 연계물이지만 사람다움은 다른 물적 잔존물을 통해서도 해석될 수 있음을 보일 것이다.

상자 2-2. 사람다움, 은유, 몸의 기술
: 청동기시대 중-후기 영국 남부(1800~900BC)

가분성은 청동기시대 삶의 핵심적 특징이라는 점에서 시작하여 조안나 브뤽(Brück 1995, 1999, 2001a)은 사후 인간 몸에 적용되는 변형적 과정을 주거지, 토기, 청동기, 곡물, 맷돌의 취급과 비교하였다. 이를 통해 브뤽은 청동기시대 중-후기 사람다움을 구조 짓는 주요한 원리를 기술하였다. 청동기시대 중기에는 죽은 이가 화장되고 남은 전체 중 오직 일부로만 이루어진 퇴적물인 '징표적' 화장 퇴적물이 흔하였다. 파편화된 인골은 때로 펜던트와 같은 물건으로 만들어졌는데, 특히 두개골 편이 많이 이용되었다. 따라서 몸은 전체로서 취급된 것이 아니라 분해되어 상이한 장소 그리고 아마도 상이한 집단의 사람들 사이에 재분배되었던 것으로 보인다. 이때 몸은 선물로 순환되었을 수 있다. 브뤽은 인간의 몸에 대한 이러한 취급을 토기 파편화와 금속 가공에 비교한다. 토기는 깨뜨려져 분쇄되고 그 파편은 다음 토기류 생산에 템퍼로 사용되었다. 일부 토기 조각과 인골은 다른 폐기물과 함께 토지를 비옥하게 하기 위해 토지 위에 뿌려졌다. 수확된 곡물은 인간 몸에 흡수될 빵이나 술을 만들기 위해 분쇄되었다. 일부 곡물은 종자용으로 저장되었을 것이다. 청동기는 분쇄되어 일부 편은 다른 청동기를 녹이는데 재활용되었다. 맷돌은 곡물을 갈아 빵을 만들고, 아마도 토기편을 갈아 템퍼로 사용하기 위해, 또 아마도 죽은 이의 뼈를 분쇄하기 위해 사용되었을 것이다. 빵, 토기, 청동기, 인간의 몸은 모두 한 상태에서 다른 상태로 변형되는 과정에서 불에 타거나 화장되었다. 각각의 몸은 새로운 세대를 재생산하기 위해 분해되었다. 맷돌 자체는 파괴되지 않았는데, 맷돌은 다른 몸들이 파쇄되어 재가공되고 재활용되는 '모루'였기 때문이다. 대신 맷돌은 집 자체가 더 이상 사용되지 않거나 버려졌을 때 집 주위의 의미 있는 장소에 묻혔다.

　이처럼 사람과 물건의 사회적 삶은 순환적이고 유사한 패턴을 따랐다. 파편화와 열이 각 물질이나 몸의 변형에서 핵심 요소였다. 물건의 잔존물은 앞으로 제작될 물건의 몸으로 통합되었고, 인간 몸의 잔존물은 공동체와 경관에 흡수되었다. 물질을 재활용하고 사람, 물건, 장소의 지속적인 재생산을 유지하는 재생적 원리가 작동하고 있었다. 브뤽의 연구는 사람다움을 포함하여 청동기시대 중-후기 사회에 널리 퍼진 전반적 원리에 대한 설명을 제공한다. 브뤽(Brück 2001a)은 토기 제작, 토지 경작, 금속 가공에 대한 사회적 기술은 사람과 세계를 결합한, 자아에 대한 기술이라고 논한다. 이러한 접근을 통해 사람다움을 이해하기 위해서는 몸과 물건의 변형 그리고 물질의 순환에 있어서의 사회적 관행을 파악할 필요가 있음을 알 수 있다. 그리고 이는 이 책의 핵심 주제 중 하나이다.

관행에 있어서의 패턴은 그 자체로 정체성이 아니라 정체성이 형성되고 영속되는 수단이다. 특정한 교환 체제가 사람다움의 양태에 적합할 수는 있지만 그 자체로서 사람다움을 생성하는 것은 아니다. 사람들은 그러한 체제를 이용하기 위해 자신과 타자의 사람다움 생성에서 특정한 전략을 추구한다. 다시 말해 사람다움의 양태로 칭해지는 포괄적인 논리 안에는 사람다움이 생성되는 상호작용적 전략이 있다. 이러한 전략은 특정한 종류의 사람다움을 생성해 내고자 하는 욕망뿐만이 아니라 연령이나 젠더 등에 따른 특수한 사회적 이해(interest)에 의해서도 형성된다.

전략적 상호작용
: 정체성의 다른 면모와 함께 사람다움 협상하기

정체성의 모든 면모는 맥락적이다. 한 맥락

에서의 한 사람의 종류는 다른 맥락에서의 그 사람의 종류와 매우 다를 수 있다. 이는 사람의 고정된 개인적 측면이 강조되든 그렇지 않든 그러하다. 이러한 맥락 자체는 상이한 사회적 이해(interest)가 중재되는 사건이다. 사람다움은 젠더, 카스트, 혈통, 종족적 정체성과의 관계, 사회적 상호작용에 영향을 미치는 정체성의 모든 면모를 고려해야만 완전히 이해될 수 있다. 침투성, 분할성과 같은 관행에서의 경향성은 사람다움에 중심적이지만, 또한 정체성의 다른 면모가 중재되는 기제를 제공하기도 한다. 이 절에서 필자는 젠더, 연령, 카스트를 예로 들어 사람다움과 정체성의 다른 면모 사이의 엉킴 중 일부를 간략하게나마 풀어보려 한다. 친족과 종족성도 사람다움에 있어 핵심 주제이지만 아래에서는 구체적으로 다루지 않겠다(종족성에 대한 최근의 연구 검토에 관해서는 Jones 1997 참조).

젠더화와 사람다움

젠더화된 물질과 젠더화된 몸에 대한 조작과 거래는 사람다움을 포함한 정체성에 대한 전반적인 이해에 영향을 미치는 중요한 연구 분야이다. 젠더는 사람 각각의 근본적인 특징이다(몸과 젠더화 사이의 관계에 대한 최근의 검토에 대해서는 Gilchrist 1999; Gosden 1999; Sørensen 2000 참조). 지금까지 논의된 몇몇 예에서 보았듯이, 사람의 일부가 되는 상이한 물질과 물건은 고정된 방식으로 또는 그 사용에 따라 상대적으로 젠더화될 수 있다. 인도에서 젠더화된 물질의 순환은 그 사람의 전반적 젠더를 변경시키지만 젠더화된 정체성은 그 몸에 내재한다. 이러한 물질은 사회적으로 조작되어 각 사람의 젠더가 완전히 고정되는 것이 아니라 물질의 통제에 따라 달라지게 된다(Busby 1997: 265-267). 젠더 물질―부호의 통제와 전달을 통해 개인적 젠더가 드러난다. 그러나 멜라네시아의 물질과 몸은 이처럼 고정된 방식으로 젠더화되지 않는다. 어떤 물질, 물선, 사람이 어떻게 활성화되는가에 따라 한 맥락에서는 남성으로, 다른 맥락에서는 여성으로 드러날 수 있다. 따라서 잠재적으로는 남성이기도 하고 여성이기도 한 것이다. 예를 들어 여러 상징물(e.g. 피리)이 남근이나 가슴 또는 남근이나 자궁으로 지칭된다(Strathern 1988: 208-215). '피리가 남근이 되는지, 산도(birth canal)가 되는지는 남근이 어떻게 활성화되고 활성화되어 왔는가에 달려 있다'(Strathern 1988: 128). 남성과 여성의 몸 모두 이러한 방식으로 모호하다. 남성과 여성의 분열적 조합 그리고 그들의 몸은 일어나고 있는 관계에 따라 남성과 여성 중 하나로 활성화된다. 여러 사회에서 남성과 여성이라는 젠더화가 유의미하게 받아들여지지만 스트라던(Strathern 1988)은 단일―성 대 교차―성 관계가 멜라네시아 젠더를 개념화함에 있어 보다 중요한 요소라고 논한다. 멜라네시아 사람들은 이러한 관계 사이를 지속적으로 움직여 그들의 몸을 가분적인 것으로서 다중적으로 젠더화하거나 분할적 상태의 이원적 관계에서 젠더화한다. 사람다움과 같이 젠더는 한 형태나 다른 형태로 나타내져야 하고 이는 지속적인 과정이다. 각 물건과 몸은 이들이 중재하는 관계에 따라 잠재적으로 하나로 젠더화되어 남성 또는 여성이거나, 다중적으로 젠더화되어 동시에 남성이자 여성이고 잠재적으로는 무성적일 수 있다. 어떤 관계는 같은―성이고 또 어떤 관계는 교차―성이다. 이러한 각 관계는 사람, 물질, 물건의 젠더를 상이한 방식으로 활성화한다.

고고학적인 관점에서 사람, 물건, 물질의 부분들은 내재적으로 또는 이들이 활성화되는 맥락에 따라 상이한 방식으로 젠더화될 수 있다 (Moore 1986). 전체로서의 사람의 전반적인 젠더에는 여러 상이한 영향과 물질이 균형적으로 포함되어 있을 수 있다. 몸은 부모 각각에게서 나온 남성적 물질과 여성적 물질로 구성될 수 있다. 이러한 물질은 몸에서 융합되는데, 젠더화되지 않고 일반적으로 융합될 수도 있고 젠더화된 특수한 물질을 형성하면서 융합될 수도 있다. 예를 들어 매장 관행에서 남성 뼈와 여성 살이 분리될 수 있다(Bloch 1982). 남성이 결혼과 사람의 구성을 감독하고 여성은 사람의 해체와 사람을 구성하였던 정수의 재활용을 통제하는 멜라네시아의 일부 맥락에서처럼 상이한 종류의 교환 역시 젠더화될 수 있다(e.g. Munn 1986). 젠더화는 일정한 형식의 사람다움 획득 과 함께 특정한 물질(e.g. 정액)의 생성 및 전달과 같은 특정한 관행에 관여함으로써 효력을 나타낸다. 어떤 사람들은 남성과 여성 물질, 관행, 젠더 모두를 타자와 다른 방식으로 반복적으로 포함할 수 있다(e.g. Hollimon 2000; Prine 2000). 이 '제3의 젠더' 중 일부는 단지 일시적으로만 획득되고, 어떤 이는 살아 있는 동안 한 젠더에서 다른 젠더로 이동한다. 모든 사회의 모든 사람이 영구적인 젠더를 획득하는 것은 아니다. 그리고 아래에서 살펴볼 것처럼 모든 인간이 완전한 사람이 되거나 사람다움의 지속적이고 항상적인 형태를 획득하는 것은 아니다. 젠더화된 물질을 조작하기 위해서이거나 또는 관계를 통해 세계를 젠더화하기 위해서이거나, 젠더는 대개 채택한 사회적 전략의 결과로 획득된다. 이러한 전략 중 일부는 타인을 일부러 따라 하거나 흉내 내는 것일 수 있는데, 그 결과 변화하고 모호한, 젠더화된 정체성이 생성될 수 있다(Butler 1993). 대부분의 측면에서 이는 젠더가 사람 안에 있고 성별화된 몸의 특징과 항상적인 개인적 정체성을 이룬다는 전통적인 서구적 사고와 대비된다. 변하기 쉬운 젠더와 관계적인 사람다움의 형태로서의 젠더에 대한 이해는 그 외연이 같은 것이다.

연령과 사람다움

민족지에 따르면 인도 사람들은 일정한 교환 전략을 추구함에 따라 관계에 의해 침투된다고 한다. 매리어트(Marriott 1976: 131-132)는 힌두의 사람다움이 변화하는 교환 전략 때문에 재구성되는 인생의 네 단계를 구분한다. 첫 번째 단계는 매우 낮은 빈도로 교환에 관여하여 주로 스승으로부터 받아들이는 학생 신분이다. 두 번째 단계는 획득해야 할 것이 많아짐에 따라 교환이 빈번해져 높은 빈도의 선물 교환이 필요해지는 세대주 단계이다. 세대주는 타자에 대해 부모를 비롯한 여러 가지 것이 되기 때문에 이 단계에는 사람의 내적 다양성이 부각된다. 세 번째 단계는 가능한 모든 것이 남에게 주어지고 앞으로 아무 것도 받을 게 없는 은퇴기이다. 기존의 관계는 가분적 사람 안에 포함되지만 새로운 관계는 형성되지 않는다. 네 번째로 관계 단절 단계가 온다. 이 단계의 사람은 사회의 모든 구성원들로부터 많은 것을 받지만 특정인으로부터는 거의 받는 게 없고, 미묘하지만 매우 강력한 물질-부호의 구두점만 드물게 증여한다. 이는 매리어트가 서구의 개인적 사람과 가장 유사하다고 보는 단계이다. 왜냐하면 이 단계의 사람은 물품을 축적하지만 모든 후원자로부터 완전히 독립적이고, 또 사람다움에 있어서의 이전 세 단계에 대한 지식을 보유하고 있어 정체성 축적자로서의 상태를 나타내기 때문이다. 이처럼 힌두의 사람다움에서는 상이한 교환 전략이 핵심적인 부분을 이루고 인생 단계는 이러한 전략을 형성하는 측면 중의 하나이다.

연령 또한 사람다움을 이해함에 있어 주요한 개념 중의 하나이다. 한 사람이 잉태되고 태어나 죽음을 포함하여(5장 참조) 인생을 바꿀 만한 여러 경험을 한 후에는 더 이상 사람이 아니게 될 수 있기 때문이다. 정확히 언제 한 사람이 이렇게 된다고 여겨지는지는 문화에 따라 다르고, 이는 낙태 등에 대한 논쟁의 중심을 이룬다. 연령대와 관련된 통과의례는 대개 인생 전체에 걸쳐 이루어져 사람의 새로운 면모가 부각되고 다른 면모가 가려지며 같은 연령대의 사람들을 함께 묶는다. 완전한 사람다움이 획득되는 시점이 성인 세계의 특정 영역에 포함되는 때일 수 있다. 예를 들어 알비(Alvi 2001: 60)는 펀자브에서 '결혼하지 않은 사람은 선물 교환에 참여할 수 없으므로 그 또는 그녀는 사회 세계 구성에서 하는 역할이 없다'라고 한다. 장례식에서는 카스트, 연령, 결혼 상태에 따라 넓은 범위에 걸친 등급화가 이루어져 '성인이지만 결혼하지 않은 사람에 대해서는 완전한 장례 의식이 이루어지지 않는다'(ibid.). 이러한 사람들은 '탈렌시족 중 사람이라는 뜻의 **니트**(nit)라고 불릴 수 없는 많은 이들이나 **아루탐**(arutam)을 만나지 못한 히바로족처럼 대다수의 사람들이 사람다움의 최종적이고 완전한 단계에 도달하지 못하는'(Alvi 2001: 49) 사회의 사람들과 비교될 수 있다. 이러한 사회에서는 동물과 물건이 사람일 수 있다는 것이 현대 서구인에게 매우 이상해 보일 수 있다. 알비는 사람다움의 관계적이고 가변적인 특징과 사람다움은 특정한 조건을 달성해야만 획득됨에 주목한다. 마시오(Maschio 1994: 107)는 라우포의 성인식을 사람다움을 전달하는 물질문화에 대한 접근을 통해 얻어지는 '사람다움의 획득'으로 기술한다. 주어진 연령, 관계, 상황에서 사람들이 무엇을 할 수 있는가에 비해 연령은 아마도 위와 같은 상황을 이해하는데 그 자체로 최상의 기준은 아닐 것이다. 여러 고고학적 연구에서 연령, 젠더, 인생-주기의 사회적 구성에 주목하였다(e.g. Moore and Scott 1997; Sofaer Derevenski 2000). 어떤 사람들을 완전한 사람다움에서 배제하는 것에서부터 특정한 인생 단계와 관련된 개인적 관계를 추구하기 위한 사회적 전략 변화에 이르기까지, 연령에 따른 산 자와 죽은 자의 차별적 취급은 사람다움에 있어서의 차이를 잘 나타낼 수 있다.

사람다움, 카스트, 종교

카스트는 으레 근본적인 방식으로 상이한 종류의 사람들을 구분하여 '남아시아에서의 평등이란 같은 범주에 대한 소속감이다'(Alvi 2001: 51). 종교를 공유함으로써 그러한 평등이 어느 정도 보장될 수도 있지만 카스트는 위계적이고 배타적이다. 평등한 교환의 관계는 한 공동체 내에 한정되고, 불공평한 교환이 다른 이들을 보다 높거나 낮은 카스트로 구분한다(Marriott 1976). 물질-부호 전달을 위해 그 카스트가 어떠한 전략을 사용하든 이는 카스트의 모든 구성원들에 의해 폭넓게 지켜진다. 예를 들어 다른 특정 카스트에게 술을 줄 것인가 또는 그로부터 술을 받을 것인가 등의 전략 말이다. 술은 '뜨겁기' 때문에 사람을 덥히고 매끄럽게 하여 빈번한 교환을 촉진시킨다. 술과 지나치게 관계하는 것은 흥분하기 쉬운 사람이 되는 것이고 교환을 자주하는 이가 되는 것이다. 술을 취급하는 카스트는 흥분하기 쉽고 막대한 물질-부호의 빈번한 교환자로 보여질 수 있다. 그래서 누군가의 카스트의 특징은 그 자신의 사람다움과 같다. 카스트는 가장 기본적이고 가장 큰 사회 단위이지만 종교적 교단 이나 여타 소속 집단의 구성원 자격은 한 사람이 추구하는 교환 전략의 형식, 교환될 물질-부호의 종류, 교환 가능 상대, 그리고 그 사람의 내 적 구성에 영향을 미친다(Marriott 1976: 130). 시바 추종자의 구성은 상이 한 교단을 따르는 같은 카스트의 다른 구성원보다 같은 시바 교단 구성 원과 보다 유사할 것이다. 카스트, 종교, 종족성은 모두 맥락적이고 사 회적 맥락에 따라 이러한 소속 집단이 달리 강조된다. 그러한 변화가 가 능하다는 사실은 엄격한 것처럼 보이는 카스트 제도 내에도 매우 다양한 정체성이 있음을 나타낸다. 그럼에도 불구하고 이들의 사람다움을 특징 짓는 원리인 가분적인 사람들과 침투적인 사람들 사이의 물질-부호 전 달 이해는 힌두의 카스트 체제 이해에 필수적이다(매리어트(Marriott) 1976).

요약: 사람다움, 정체성, 맥락

사회적 관행에 있어서의 경향성은 사람다움의 양태에 있어서의 사람 에 대한 특정 개념과 함께 존재한다. 이러한 경향성은 사회적 상호작용 을 제약하기도 하지만 그러한 행동을 애초 가능하게 하기도 하고 그러한 행동에 알아볼 만한 형상을 부여한다. 이러한 사회적 장에서 사람들은 젠더화되거나, 종족적, 카스트, 종교적 정체성을 획득하거나 유지하기 위해 상이한 전략을 추구한다. 이러한 전략을 통해 사람다움은 획득되고 유지되며 죽은 후에는 해체되거나 재구성되기도 한다. 상이한 관행을 추 구하면서 한 사람의 구성과 특징 자체가 변할 수도 있다. 여러 공동체에서 모든 인간이 사람 또는 완전한 사람으로 인지되거나 다른 이들이 지닌 권리를 부여 받는 것은 아니다. 사람다움의 범주는 어떤 맥락에서는, 비극적이게도, 인종이나 노예제와 같은 요소를 포함한 사회 관계에 달려 있다. 따라서 사람다움의 속성 부여는 젠더, 성적 관행, 종족성, 계급, 카스트의 속성 부여와 함께 고고학적 연구의 핵심적 영역에 속한다. 사람다움에 대한 포괄적인 논리는 분명 존재하고 고고학적 탐색의 초점이 되어야 한다. 그러한 논리와 그를 구조화하는 원리 없이 사람들이 추구하는 다양한 사회적 전략을 틀 짓기는 어렵다. 그러나 앞으로 살펴볼 것처럼 이러한 조건과 원리는 여러 다양한 척도에서 존재하고 개인뿐만이 아니라 전체로 개념화되는 공동체에도 영향을 미친다.

척도를 올라가며: 차원 분열적 사람다움

지금까지 불가분적인 인간이 사람이 되는 상이한 방식을 검토하였다. 또 멜라네시아에서 선물은 사람이고 씨족도 사람임을 이미 언급하였다. 이것이 어떻게 가능한가? 사람들이 다양한 관계를 조합하는 것처럼 씨족은 다양한 사람들을 조합하고, 복합적 사람은 두 척도 모두에서 같은 형태로 존재한다. 이 절에서는 어떻게 동일한 관계가 개인과 집단을 구성하여 같은 종류의 사람다움이 개인과 집단에 적용될 수 있는지를 살펴볼 것이다.

멜라네시아에서의 차원 분열적 사람다움

스트라턴(Strathern 1988: 14)에 의하면, 모임과 의식은 전 하이랜드 뉴기니아 씨족을 가분적인 사람으로서 한 곳에 모으고 '여러 사람을 모으는 것은 한 사람을 부르는 것과 같다.' 사람뿐만이 아니라 돼지, 조가비로 만든 물건 등을 포함하여 씨족은 내적으로 분화되어 대개 서로와 다른 일련의 독특한 부분을 포함한다. 가분적인 존재로 보이기 위해 그 씨족은 내적 차이를 억누르고, 다중적으로 구성되면서도 '하나의' 집단적인 통합성을 얻기 위해 씨족의 모든 요소를 모은다(Strathern 1988: 276. 도면 4; 1991b: 213). 따라서 씨족과 개인 모두 여러 관계를 지닌 한 사람인 상태(가분적인 상태)와 관계를 이루고 있는 쌍 중 하나인 상태(분할 가능한 상태) 사이를 움직인다(Strathern 1988: 15). 한 명의 사람과 달리 씨족은 대개 파편화되고 분할적이지만 사회적 모임 동안 가분적이 된다. 따라서 씨족과 사람은 유사한 구성을 지니고 사람다움의 유사한 조건 사이를 움직인다:

> 다중적 구성의 조건, 다양한 관계로 구성된 사람의 조건은 또한 그 사람을 분할적인 존재로 만든다: 한 행위자는 부분들을 처리할 수 있거나 부분으로서 행동한다. 그래서 '여성들'은 결혼에서 씨족의 부분들로서 움직인다; '남성들'은 자신들 사이에서 자신들의 대상화된 부분들을 순환시킨다. (Strathern 1988: 324-325)

그래서 씨족은 한 사람과 같다. 씨족은 집단적 사람의 한 형태인 것이다 (가족은 또 다른 형태일 수 있다). 씨족과 그 안의 각 공동체는 온전한 사람으로 개념화되고, 스트라턴(Strathern 1988: 260)은 남성 무용수들이 모임 동안 어떻게 조화를 이뤄 한 집단으로서 움직이는지를 상술한다. 이때 물리적 거동을 통해 단수적 사람다움과 집단적 사람다움의 동등성이 강조된다. 집단적이면서 동시에 단수적 사람으로서 종종 전체 씨족을 위해 행동하는 사람의 범주가 있다. 그 예로서 '차원 분열적(fractal)' 사람의 한 범주를 들자면, 의례 교환 동안 여러 하이랜드 뉴기니아 씨족은 한 사람으로 제시되고 '빅맨'이라는 한 사람에 의해 구체화된다(Godelier and Strathern 1991; Mosko 1992; Strathern 1991a, 1991b). 이러한 사람들은 공동체를 함께 모음으로써 공동체를 대신하여 특정한 형식의 교환과 변형을 수행할 수 있다. 스트라던(Strathern 1991b)의 표현에 의하면, 빅맨은 씨족을 외부인이 본 사람으로 제시한다. 씨족 내의 사회적 관계는 빅맨 안에서도 마찬가지로 생성된다. 빅맨은 공동체 안에서 각 사람과 동일한 것이고, 다른 사람들의 산물로 구성되며, 전체로서의 씨족의 한 버전이다. 럼지(Rumsey 2000)에 의하면 뉴기니아 하이랜드 빅맨은 전체로서의 그들의 집단을 지칭하기 위해 '나(I)'라는 대명사를 사용한다. 빅맨 사이의 교환은 씨족 사이의 교환이다. 씨족들은 서로 동등하고 빅맨을 포함한 씨족 안의 모든 사람도 그러하다(Strathern 1991b: 200-201). 다시 말해 도면 2-1의 도형은 한 사람에게 적용되기도 하고 마찬가지로 한 씨족에게 적용되기도 한다. 이것이 선물 교환의 기제이다. 모든 사람이 척도 사이를 움직이며 부분들을 버려 그들이 포함하는 공동체의 규모를 줄이고 새로운 관계를 형성함으로써 척도를 높인다. 빅맨은 개인의 수준과 공동체의 수준에서 함께 작용한다.

로이 바그너(Roy Wagner 1991)는 상이한 척도에서 나타나는 동등한 사람다움이라는 이 현상을 사람과 세상에 대한 **척도 분열적** 개념으로 지칭한다. 어느 한 사람의 몸 '전체'는 보다 큰 몸(씨족)의 일부이면서 또한 그 자체로도 내적으로 완전한 보다 작은 몸들로 구성된다(e.g. 상이한 혈통). 망델브로 집합(Mandlebrot set)처럼 동일한 패턴이 그 자체 안에서 반복되지만 상이한 형태를 생성한다. 그래서 각 단위, 각 몸은 '하나'이면서 '많은' 것이다. 즉 한 사람은 여러 관계로 이루어져 있고, 한 가족에는 여러 사람들이 있으며, 한 씨족에는 여러 가족들이 있다. 씨족은 상이한 척도에서 한 사람이고, 따라서 한 명의 사람은 씨족과 척도 분열적으로 동등하다(Gell 1999: 49). 심지어 우주나 자연 세계도 사람과 동등한 존재로 여겨질 수 있다(e.g. Gell 1999; Wagner 1991: 167). 차원 분열적 사람이 될 수 있는 것은 씨족뿐만이 아니고, 가족이나 집과 같은 모든 집합적 실체가 차원 분열적 사람이 될 수 있다. 사람에 대한 차원 분열적 개념이 있는 사회에서는 어떠한 사람이라도 단독으로 차원 분열적 사람이 될 수 있다. 한편 어떤 사람들은 다른 이들보다 큰 척도를 포함할 수 있거나 척도 변화 그리고 분리와 재-연접의 행동을 상이한 방식으로 표현할 수 있다 (Mosko 1992; Strathern 1991b; 그리고 상자 3-2 참조).

차원 분열적인 힌두의 사람다움

차원 분열은 힌두 사람다움의 한 특징이기도 하다(Wagner 1991: 172). 사회적 관계에 개입되는 몸의 상이한 척도 사이에 구분이 없어 각각의 사람은 그들의 카스트와 동일한 물질을 포함하는데, 이 물질은 우주에서 기원한 것이다. 특별한 종류의 사람은 자신의 사람 안에 우주 전체를 포함할 수 있게 된다. 어떤 이들은 일부러 신성한 것과 불결한 것을 결합시키고자 하는데, 그러한 결합물은 모든 물질-부호 중 가장 강력한 것이다. 예를 들어 금욕주의자나 다른 신성한 인물들은 인간의 폐기물이나 심지어는 신체의 잔존물을 먹고 불순한 성교를 할 수도 있다(Parry 1982; 1984: 8장). 이를 할 수 있는 그들의 능력은 그들을 지나치게 거대하고 극단적으로 미묘한 물질-부호를 변형하여 미분화되고 근원적인 물질-부호를 창출할 수 있는 존재로 나타낸다(Parry 1982). 이들은 미분화된 물질로서 우주를 자신 안에 포함한다. 금욕주의자는 여전히 차원 분열적인 세계에서 살고 그 사람의 몸은 이 모든 거래에서 핵심을 이루는 교점이다. 그러한 거래는 일자와 다자의 척도에서 우주의 수준에 이르기까지 작동한다. 외스티가드(Oestigaard: 인쇄 중)는 어떻게 네팔의 왕이 그 왕국이고 지구상의 비슈누의 화신이며 카스트 체계와 그 체계 안의 상이하게 충전된 물질 모두를 자신의 몸으로 번역하는지를 묘사한다(cf. Marriott 1976). 왕족의 몸을 처분하는 것은 우주를 생성하는 행위이자 세계를 다시 질서 짓고 새롭게 하는 행위이다. 한 인간의 몸에 대한 취급은 이들의 개인성보다는 여러 척도 중 한 척도에서 특정한 형태의 사회적 관계를 포함하는 사람으로서 그들이 위치하는 장소와 관련이 있다. 그들이 특정한 정수를 포함하는 것이 가장 중요할 수 있는 것이다.

차원 분열과 표상

차원 분열적 사람이 포괄할 수 있는 척도의 범위, 즉 이들이 씨족, 카스트 또는 우주를 포함하는지의 여부와 이 각각에 이들의 행동이 미치는 영향은 사건의 맥락에 따라 상당히 달라질 수 있다. 한 사람의 부분, 그리고 한 공동체의 부분으로서의 사람은 전체와 같은 특징을 지닐 수 있다. 나중에 논의될 것처럼 이는 전체와 관련하여 부분을 인지함에 있어 고고학에 도전을 제기한다. 이는 또한 과거의 모든 사람들을 단순히 사회 질서의 축소판이었다고 볼 수 없는 한 고고학적 문제가 되기도 한다. 과거의 모든 사람이 동일하게 취급되지는 않았다. 그러한 종류의 관계가 모든 척도에서 작동하지만 그러한 관계를 통해 추구되는 전략은 여전히 다양할 수 있다. 차원 분열적 사람다움은 그 자체로 차이를 제한하지는 않는다. 그렇다면 서구의 개인을 차원 분열적이라고 이해할 수 있을까? 세계에 대한 서구인의 일반적 개념으로는 그렇지 않다. 개인은 자신의 일부를 추출하여 타자에게 줄 수 없고 우주를 통해 흐르는 정수들로 구성되지도 않기 때문이다. 개인은 이 세계에 침투할 수 없는 존재로 여겨지고, 개인의 세계에서 사람과 물건은 이것 아니면 저것을 **표상**한다. 이들은 이것 또는 저것의 필수적인 한 부분이 아니다(Chapman 2000: 32; Wagner 1991: 165). 차원 분열적인 사람다움은 개인뿐만이 아니라 공동체와 물건이 서로에게 침투하는 사람으로 여겨질 때만 가능하다. 이는 선물 교환에서 물건이 담당하는 역할에 대한 분석을 통해 보다 분명해질 것이다.

맺으며

사람들은 다중적으로 생성되는데, 그러한 정도가 서양 문화에서 언제나 인지되는 것은 아니다. 개인의 동기와 욕망이 언제나 개인성을 중심으로 하여 형성될 것이라고 기대하거나, 사람다움의 양태가 미치는 영향을 과소평가해서는 안 된다. 민족지적 유추는 과거의 사람다움의 형태에 대한 연구에 필수적이다. 여기서 제시된 설명은 고고학적 추론의 폭을 넓히기 위한 비교 대상이 될 수 있고(Thomas 1996: 63-64), 사람다움이 어떻게 사회적 관계에 있어서의 경향성을 통해 생성되는지를 나타낸다. 사람들은 자신들의 삶을 구조 짓는 관행에 있어서의 보다 큰 경향성을 통해 자신과 타자에 관해 개인적 정체성을 협상함에 있어 상이한 전략을 사용한다. 분할성과 침투성은 특유의 사람다움의 형태 생성에 필수적인 부분을 이루는 그러한 두 경향이다. 고고학자들은 사람들 사이의 거래 기제 그리고 사람들이 이러한 기제를 통해 적용하는 전략을 조사함으로써 사람다움을 해석할 수 있다. 또한 사람들은 서로 간의 상호작용을 통해 변형되기 때문에 개인적 변형에 대한 증거는 사람다움에 대한 고고학적 연구에 근본적이기도 하다. 물건, 동물, 사람들의 집단 역시 사람들로 이해될 수 있다. 이들은 동일한 과정을 통해 구성되고, 나중에 살펴볼 것처럼, 이들의 사람다움 획득에 있어 종종 이들에게 자기 결정 능력과 자기 인식 능력이 부여되기 때문이다. 차원 분열적 논리를 통해 인간 집단은 공동체의 개별적 구성원들을 구성하는 관계와 같은 관계를 통해 구성된 한 사람인 것처럼 보일 수 있다.이는 개인 이외의 다른 존재에게 사람다움이 어떻게 부여될 수 있는지에 대한 논의의 시작에 불과하다.

3장
사람다움, 교환, 물건

들어가며

　　　　　이 장에서는 분할적 사람다움에 있어 물건이 담당하는 역할을 예로 하여 사람들 사이의 관계 연접에서 물질문화가 담당하는 역할을 살펴보겠다. 사람들을 연결하고 분리하는 관계를 물건이 어떻게 중재하는지에 대한 몇 예를 제시하여 사람들 사이의 사소한 물건 거래가 어떻게 한 사람에게서 다른 사람으로 인격적 특질을 전달하는지를 보일 것이다. 또한 사람과 물건을 일시적으로 서로로부터 구별하는 관행뿐만이 아니라 사람과 물건을 직접적으로 비교하는 맥락적 관행에도 주목할 것이다. 마지막으로 물건 취급에서 나타나는 패턴이 사람다움에 대한 고고학적 연구에 지니는 가능성을 평가해 본다.

선물: 사람의 일부로서의 물건

소유권에 대한 개념은 사람다움에 대한 개념처럼 맥락적으로 특수하다. 사실 이 두 개념은 서로로부터 분리 불가능하다. 서구의 개인성은 불가분적인 인간 몸에 대한 개인적 소유권을 전제로 한다. 개인은 또한 타자로부터 획득한 또는 그나 그녀 자신이 만든 물건을 소유할 수 있다. 그러나 소유권과 생산에 대한 이러한 개념은 많은 경우에 있어 근대성 밖의 사람다움에 대해 생각하는데 유용하지 않다. 왜냐하면 사람들이 항상 현대 서구인들이 사람들의 몸, 일, 물건, 토지로 보는 것의 개인적 소유주는 아니기 때문이다. 돼지는 대개 하겐의 남편에게 속하는 것이 아니라 남편이 속해 있는 가정적 실체의 공동 산물이다. 따라서 돼지는 남편에 의해 소유된다기 보다 남편과 등가물이다. 그러나 역설적이게도 남편이 의례 교환에서 돼지를 나누어 줄 때 돼지는 그 남편에게 속한 것처럼 보인다(Strathern 1988: 148. 165). 이를 통해 남편과 돼지가 차지할 일시적 위치가 제공되므로 이는 개인적 소유권에 대한 서구적 사고와 매우 다르다. 물건은 사회 집단에 소속될 수 있지만 사적 소유물로서 누군가에 의해 반드시 소유되는 것은 아니다(Miller 1987: 121). 다시 말해 돼지는 인간 가족 구성원들에게 속하는 것이 아니라 그들과 '소속'을 공유하는 것이다. 자본주의 밖에서 선물은 사람일 수 있고 사람의 일부일 수도 있다. 선물과 사람 사이의 이러한 밀접한 친연성을 이해하기 위해 그러한 연관성이 매우 두드러지는 멜라네시아와 폴리네시아에서의 선물 교환에 대한 연구를 살펴보겠다. 인도의 사람다움에서 사람들 사이의 유대는 대상화되고 의인화되는 개별적인 물건에 의해 중재되기 보다는 실질적인 것처럼 보일 것이다(Busby 1977: 275). 이러한 이유로 인도의 교환과 그 효과에 대해서는 나중에 다룰 것이다.

교환과 선물

사람들 사이에서는 어떠한 것도 교환될 수 있다. 의견, 이야기, 역사, 구타, 음식, 물건, 심지어 신체적 물질까지 교환될 수 있다. 교환의 각 측은 대개 시간에 의해 구분된다(Mauss 1990: 35-36). 교환에서는 미래에 초점이 두어지고, 한 사람이 선물을 받으면 빚을 지게 되는 것이다. 선물에 대해 응답할 때 이번에는 그 수령인에게 빚을 지운 것이 된다. 이러한 교환에서 각각의 사람은 관점을 바꾸어 사회적 위치와 권력 관계를 교환한다(Strathern 1996; 1999: 99). 교환된 물건은 그러한 관계를 매개하고 사람들 사이의 관계에 대한 표시가 된다. 교환은 또한 인간과 인간 이외의 실체들 또는 집단적 사람들 사이의 관계를 중재할 수 있다. 교환은 집단과 가족 사이에서 발생할 수 있고, 교환 품목에는 사람이 포함될 수도 있다 (e.g. Godelier 1999; Mauss 1990; Strathern 1988). 스트라던(Strathern 1992b)에 의하면 멜라네시아의 맥락에서 '선물'과 '사람'은 호환적으로 사용 가능한 용어이다. 이미 살펴본 것처럼, 교환된 물건은 사람들이 포함하고 있는 것과 같은 종류의 관계와 효능을 포함하므로 교환된 물건이 사람일 수도 있다. 보다 근본적으로 교환된 물건은 사람의 일부이다. 모스에 의하면:

> 누군가로부터 무언가를 받아들인다는 것은 그의 영적 정수의 일부를 받아들이는 것이다. 그러한 물건을 보유하는 것은 위험하고 생사가 달린

일일 수 있다. 이는 그러한 물건을 보유하는 것이 법과 도덕에 어긋나기 때문만이 아니라 그러한 물건, 정수, 음식, 물품이 도덕적, 물리적, 영적으로 그 사람으로부터 나온 것이기 때문이다. … 이 모든 것이 당신을 주술적 또는 종교적으로 지배한다. (Mauss 1990: 12)

이러한 이유로 선물은 결코 간직되거나 소유될 수 없고 항상 순환되어야한다. 선물은 기본적으로 다른 이에게 주어진 사람, 집단적 실체, 장소, 또는 여타 실체의 일부이다. 선물을 준다는 것은 자신의 일부를 주는 것이다:

> 누군가가 물건을 주고 이를 돌려준다면, 이는 그가 '존경'을 주고 돌려주기 때문이다 … 그러나 이는 또한 물건을 줌으로써 **자신을** 주기 때문이고, 누군가가 자신을 준다면, 이는 그가 타자에게 **자신을** – 자신의 사람과 자신의 물품을 '빚 졌기' 때문이다. (Mauss 1990: 46)

이러한 의미에서 사람은 전적으로 관계적이고, 현대 서구의 개념에서처럼 개인에 의해 소유되는 것이 아니라 타자에 대한 자아에 의해 소유된다. 이러한 빚은 물건으로 되갚을 수 있지만 노력, 노동, 시간, 말, 물질을 통해서도 되갚을 수 있고 이에는 인간의 신체적 물질도 포함된다. 인도에서의 물질—부호의 순환은 사람다움의 생성과 갱신에 필수적이고, 멜라네시아에서 신체적 물질의 전달은 사람들이 '부양되거나' '길러지는' 방식에 있어 핵심적인 부분을 이룬다. 두 경우 모두에 있어 신체의 물질은 공동체 전체를 통해 순환된다. 물질의 전달에 대해서는 5장에서 다룰 것이므로 여기에서는 선물로서의 물건과 그러한 물건과의 상호작용이 사람다움에 대해 지니는 효과를 살펴보겠다.

물건은 교환을 중재한다

물품의 분리 가능성은 외화와 아무런 관련이 없다: 부분은 사람의 일부
로서 순환한다 … (Strathern 1988: 192)

멜라네시아 신체에서의 내적 분열이 외적 물건을 그 사람의 일부인 것
처럼 보이게 한다면, 외적 물건의 분리 가능성으로 인해 [그 사람의] 내
적 부분들이 잠재적으로 분리와 대상화가 가능하게 된다.

(Busby 1997: 275)

스트라던은 하이랜드 뉴기니아에서의 중재된 교환과 중재되지 않은
교환을 구분한다(Strathern 1988: 178-207). 중재되지 않은 교환에서는 가
시적인 선물이 없고 신체들 사이에 정수가 직접적으로 전달되는데, 이에
대해서는 5장에서 다룰 것이다. 중재된 교환은 가시적인 선물을 수반하
고 분할 과정을 필요로 한다. 이를 분석하기 위해 선물을 사람에게서 추
출되어 그 가족에게 주어져야 할, 다른 가족에게서 나온 피의 대체물이
거나 가시적 응축물로 볼 수 있다(Mosko 1992: 704). 중재된 교환에는 사
람의 일부로 개념화되고 교환 목적으로 사람에게서 추출되기도 하는 물
건이 수반된다. 중재된 교환은 한 사람, 가족, 씨족에게 '외적'일 수 있
다. 실제로 중재된 교환에서 다른 씨족에게서 기원한 사람의 부분은 추
출되어 되돌려 보내진다. 한 사람에게 다른 가족의 요소가 부재한다는

것은 그 사람을 자유롭게 하여, 예를 들어, 그 사람은 그 가족과 결혼할 수 있게 된다. 다시 말해 이러한 교환에는 사람의 일부가 외화되는 과정이 수반된다. 주어진 선물은 '타자에게 빚을 진' 부분이다. 사람들 사이에서 움직이는 부분은 그와 함께 빚을 옮기고, 이러한 종류의 선물은 잘린 식물처럼 새로운 정원에서 새로운 관계를 시작하기 위해 사용될 수 있다. 일단 완전히 길러지면, 그 선물의 결실은 돌려주어질 것이다 — 선물 교환은 호혜적인 것이 아니라 누적적이다. 사실상 선물은 교환을 수행하는 양측 사람들 모두의 부분이고, 다른 사건으로 인해 이 교환 상대자 관계가 중단될 때까지 빚이 자라고 되갚아지고 다시 빚이 자라 되갚아지게 되는 영속적인 빚 관계를 형성한다. 선물을 줌으로써 그 사람의 척도가 일시적으로 줄어들지만 상이한 '대가' 선물로 나중에 대체될 수 있거나 대체되어야 한다(도면 2-1 참조). 이처럼 중재된 교환은 가분적 사람이 축소되고 분할 가능해지며 재구성되는 영역이다.

선물은 증여자와 수혜자 사이의 관계와 분리 불가능하여 개인적 애착의 축을 이룬다. 이처럼 사람들 사이를 움직이는 선물은 이 사람들 사이의 관계에서 양도 불가능한 것으로 여겨진다(Mosko 2000; Weiner 1992). 대가로 주어지는 선물은 받은 선물과 같은 특정한 물건이지 않아야 하므로 상이한 불가분적인 물건이 동일한 관계로부터 양도 불가능하게 될 것이다. 그래서 선물 관계와 선물 대상이 구분되어야 한다. 토기와 같은 선물 대상이 한 여자에게서 다른 여자에게로 주어질 수 있다. 선물을 받은 여자는 몇 개월 후 선물을 준 여자에게 값진 장신구를 줌으로써 선물 관계를 지속할 수 있다. 각 물건은 이 여자들 사이에서 경첩과 같은 역할을 하고 그러한 관계로부터 양도 불가능하다. 장신구는 토기로부터 그러한 관계를 이어받는다. 가장 최근의 선물 대상은 종종 기존의 것들을 '덮어' 다른 관계에서 다시 사용될 수 있도록 한다(e.g. Barraud *et al.* 1994: 53). 이처럼 선물을 통해 빚을 지우고 빚을 지게 되는 과정에서 사람들이 함께 엮이게 된다. 그러한 관계는 물건에 드러날 수 있는데 시간이 지나면서 몇몇 상이한 물건이 선물 관계에서 중요한 역할을 하게 된다. 오래된 선물 대상은 새로운 관계로 이동한다(Godelier 1999: 53-55; Mauss 1990: 14-16 참조). 이러한 선물은 선물로서의 순환을 계속한다. 토기는 두 번째 여자에 의해 또 다른 여자에게 주어져 또 다른 관계에서 양도 불가능하게 될 것이다. 양도 불가능한 물품들은 이들이 부분을 이루는 각 관계와 밀접한 연관성을 운반한다. 이 물품들은 그들의 역사를 쓴 각 사람의 일부를 보유한다. 따라서 양도 불가능한 물건들은 일대기를 지니고 사회적 정체성을 지닌다. 이러한 물건들은 사람들인 것이다. 그러나 양도 불가능한 물건이 불가분적인 사람과 동일시되어서는 안 된다. 이 물건들은 가분적이어서 여러 사람들을 결합시킨다. 이들은 소유되지 않을 것이다: 어떠한 선물 대상도 한 사람으로부터 양도 불가능하지 않다. 양도 불가능성은 소유권이 아니다.

선물–증여는 사람들을 연결하지만 사람들을 갈라놓기도 한다 (Strathern 1988: 8장). 선물 교환을 통해 사람들은 관점을 교환하여 각기 채무자와 채권자가 될 수 있다(Strathern 1999: 239). 선물 증여자는 척도가 줄어들면서 다른 이에게 빚을 진 부분을 내놓는다. 사람의 한 부분은 한 명의 사람이거나 한 사람으로서의 공동체이거나 간에 가시적인 선물로서 제시된다. 중요한 점은 이 전체 과정이 사회적 재생에 필수적이라는 것이다. 부분들은 전체에 변화, 갱신, 생성이 가능해지기 위해 추출되고 조작되어야 한다(Gell 1999: 53). 사람들을 갈라놓고 구분하는 것은 가분적이고 분할적인 관계와 사람들을 영속화하는 과정에 핵심적이다. 이는 나중에 보게 될 것처럼 사람다움을 구조 짓는 원리로서의 분할성에 관심이 있는 고고학자들을 위한 지침을 제공한다.

상품과 신성한 것

사람들 그리고 사람들 사이의 관계로부터 양도될 수 없는 선물은 상품과 다르다(Appadurai 1986; Godelier 1999; Millier 1987; Mosko 2000; Strathern 1988: 143-145). 공장에서 만들어진 물품과 같은 상품은 그 생산 맥락 및 생산자로부터 분리될 수 있고 상품을 파는 이로부터도 쉽게 분리된다. 상품은 어떠한 척도에서도 어떤 사람의 부분을 이루지 않는다. 그러나 비자본주의 사회에도 상품은 존재하고, 양도 불가능한 상품과 가능한 상품 사이의 구분이 고정된 것은 아니다. 상품이라고 전적으로 양도 가능한 것도 아니다. 공장이나 가게를 벗어난 이후에도 콜라 캔은 그를 생산한 회사의 경제 유지와 같은 일련의 관계 및 효과의 필수적인 부분을 이룬다. 그러나 콜라 캔은 진행 중인 관계를 기록하기 위해 사용되지는 않으며, 일단 소비되면 예술품으로 변환되거나 하지 않는 한 쓸모없게 된다. 예술품으로서 콜라 캔은 공동체의 본질적인 부분이 되어 반복적으로 소비될 수 있다. 그러나 어느 누구도 콜라 캔에 대한 또는 콜라 캔으로 만들어진 예술품을 보는 것에 대한 대가 선물을 주도록 기대하지는 않는다. 콜라 캔은 누군가로부터 추출되어 또 다른 누군가에 의해 흡수되지도 않는다. 콜라 캔은 돈을 주고 살 수 있다. 생산자와 소비자는 완전한 개인들이고, 콜라 캔에 대해 지불함으로써 사실상 구매자는 콜라 캔을 판 상인과의 대인 관계를 사들인다. 대인 관계는 대화 교환과 같은 다른 교환을 통해서만 형성될 수 있다. 사람에 대한 상이한 개념과 함께 상이한 종류의 물건이 존재하는 것이다(Chapman 1996 참조).

관계를 반복적으로 부양하고 그 효과가 반복적으로 소비되며 공동체의 성스러운 정체성의 중심에 놓인 물건들이 있다(Godelier 1999: 72, 111, 121-123, 164-166). 신성한 물건들은 대개 나누어 줄 수 없다. 정확히 무엇이 신성한가는 분명 맥락적 문제이다. 예를 들어 음식, 죽은 이, 심지어 폐기물도 생산력과 재생산의 신성환 순환에 개입될 수 있는 것처럼(e.g. Bloch and Parry 1982; Moore 1986) 어떤 경우에는 심지어 상품도 신성할 수 있다. 인간 신체의 물질 또한 어느 정도 신성하게 여겨지는 것을 볼 수 있다. 신성한 특질들이 어떻게 전달되는지는 5장에서 논의할 것이다. 물건은 때로는 상품이고, 때로는 선물이며, 때로는 신성하여 이 세 가지 상태 사이를 이동할 수 있다(Appadurai 1986; Kopytoff 1986). 고고학적 관점에서 모든 **물건**은 잠재적으로 어느 정도 양도 불가능하고 또 가능하다고도 가정할 수 있다. 선물 관계가 두 사람 사이에서 양도 불가능한 관계를 이루지만, 선물 대상은 어떤 경우에는 이러한 관계에서 추출되어 다른 관계로 재배치될 수 있다. 그러나 일반적인 의미에 있어 선물 대상이 되는 물건들은 사람들과 구별되는 외화된 물건으로서 순환하고 있는 것이 아니라는 점에서 양도 불가능한 대상들이다. 이들은 사람이고 사람의 부분이다.

사람으로서의 물건

멜라네시아 사람들이 사람으로 나타나는 것은 활동을 통해서, 타자에게 사회적 영향을 미칠 수 있는 능력을 통해서이다. 이는 인간이 아닌 물건이 사람일 수 있는 한 가지 이유이다. 물건은 효과를 낳을 수 있고 사회적 관계에서 활동적인 것으로 보여질 수 있다. 하겐 남자에 의해 교환되는 돼지는 돼지를 생산한 가구 관계의 산물, 가분적이고 다중적으로 생성된 산물로서 교환의 분할적 대상이 된다. 그런데 돼지는 사람이기도 하다(Strathern 1988: 200). 그러한 교환 품목은 선물/사람을 생산할 수 있는 한 사람의 능력과 교환 상대에게서 대가로 선물/사람을 이끌어 낼 수 있는 능력을 나타낸다(Gell 1999: 48). 선물로서의 사람, 동물, 물건을 구별하는 것은 쉽지 않다. 이러한 종류의 차원 분열적 사람다움에서 다중적 생성 관계의 모든 산물은 그 자체가 사람이 되기 위해 필요한 관계를 포함할 수 있다. 그래서 이들은 사람의 등가물이다. 이 절에서는 물건과 동물이 사람으로 인지되는 경우를 넓은 범위에 걸쳐 살펴보겠다. 과거의 것이 물건이었는지, 사람이었는지, 아니면 단순히 사람과 **같은** 것이었는지를 알기는 어렵다. 그러나 그 사회적 효과와 그러한 효과가 어떻게 시공간적으로 분포하는지를 추론해 볼 수는 있다. 이러한 이유로 물건이 사람이 될 수 있다는 점보다 물건은 사람과 같은 특질을 전달할 수 있고 사람과 같은 효과를 낼 수 있으며 사람과 같은 관계에서 등장하여 사람에게 포함될 수 있다는 점이 더 중요할 수 있다(Strathern 1999: 17 참조). 이러한 관계에서 물건이 지니는 중심성 때문에 왜 물건 자체가 사람이 되는지를 설명하는 것은 쉽지 않다. 또한 물건이 다루어지는 방식은 인간 신체가 다루어지는 방식처럼 사람다움에 있어서의 경향성을 나타낸다.

바타글리아(Battaglia 1990)는 어떻게 사발(Sabarl) 섬 사람들의 도끼와 라임나무 가지가 의인화되고 그 부분 부분에 인간 신체의 속성이 부여되는지를 기술한다. 도끼는 그 부분 부분이 인간 신체의 부분과 관련되어 전체 사람에 대한 은유로 작용한다. 즉 도끼의 날은 손이나 성기이고 자루는 팔꿈치를 포함한 팔이다(Tilley 1996: 72-75). 도끼는 씨족 구성원으로서 씨족 요소들로 구성되기 때문에 각 부분은 또한 씨족 일부의 명칭을 따라 명명된다. 씨족, 사람, 도끼 사이의 유사성은 이들이 히노나(hinona)라는 특질을 포함한다는 점에서 가장 명백히 나타난다. 바타글리아는 히노나를 한 사람이나 물건의 필수적 물질, 생명력, 생산 잠재력 또는 비옥한 특질로 기술한다(Battaglia 1990: 40). 도끼의 경우 히노나와 가장 빈번히 연합되는 것은 도끼의 날이고, 인간에게 있어 히노나는 교환을 이끄는 성기나 오른손에서 가장 빈번히 관찰된다. 인간의 몸처럼 도끼는 사용 중에 '뜨거워'지는데 이는 히노나에 대한 징후이다. 선물과 사람은 상호적 생성 관계에 있기 때문에 히노나는 사람과 물건을 생성하는데 이용될 수 있다(Battaglia 1990: 133-134). 도끼를 연접하는 '팔꿈치'는 교환 관계의 형태를 반영하기 때문에 도끼는 매장 교환에서의 교환 관계와 선물의 움직임에 대한 물적 은유이다(Battaglia 1990: 112, 134-135). 인간의 몸처럼 도끼는 관계, 도끼 자체의 이동성과 다중성, 그리고 도끼 소유자와 그 친족의 이동성과 생식적 잠재력에 대한 증거물이다. 도끼는 다른 사람들과 동일한 사회적 행동에 참여한다. 도끼 공동체는 죽은 이의 친척들에 의해 기증되어 사발의 매장의례에 모아져 음식과 함께 죽은 이의 '시체'를 구성한다(Battaglia 1990: 177-178). 이는 가분적 존재로서의 사발인과 사람이자 사람의 부분으로서의 도끼의 중요성을 나타낸다. 사발 사회에서 각 도끼는 선물이고 사람과 같다. 도끼는 살아 있는 물건으로서 공동체에서 인간 사람의 등가물이다.

모스(Mauss 1990)는 인간 이외의 존재도 생명이 있는 것처럼 여겨질 수 있음을 설명하기 위해 물건이나 생명체에 대한 폴리네시아의 하우(hau) 개념을 예로 든다. 하우는 물건의 영혼이고 이는 어떤 면에서 그 물건이 기원한 장소의 영혼에서 분리된 것이다. 예를 들어 숲의 새들은 숲의 하우를 지니고 있고 이들은 숲의 껍질로서 숲의 생식적 잠재력이나 영적 능력을 지니고 있다(Gell 1998: 106-108; Godelier 1999: 16-17. 49-56; Mauss 1990). 이 하우는 그것이 기원한 장소 그리고 그것을 만든 집단과 사람에게 돌아가고자 한다. 물건이 교환될 때 물건의 하우는 그 물건의 경로를 따라 함께 움직이며 그 물건이 집에 도착할 때까지 계속 움직이도록 한다. 사람들처럼 물건과 장소는 영혼과 같은 특질을 공유한다. 인간의 몸처럼 물건은 돌, 나무, 송진과 같은 물질, 날, 자루, 이음부와 같은 몸의 부분, 나무가 길러지는 땅, 같은 나무로 만들어진 도끼, 채석장, 증여자와 수혜자 등과의 관계로 다원적으로 구성될 수 있다. 예를 들어 마음, 정신, 몸을 지니고 있는 사람처럼 물건은 다원적인 특질로 구성되어 살아 있는 존재의 정수를 전달할 수 있다. 물건은 영혼, 움직이고 협상하며 나이 들어 심지어 죽는 능력, 그리고 종종 집으로 돌아가고자 하는 욕망과 같은 욕망을 포함하여 사람과 같은 특질을 보이기 때문에 사람과 같이 될 수 있다.

상자 3-1. 북부와 중부 유럽의 후기 청동기시대 칼
: 성격과 운명을 지니고 살아 움직이는 물건들

마이크 윌리엄스(M. Williams 2001, 2002)에 의하면 후기 청동기시대 칼은 사람으로 여겨졌을 수 있다. 칼은 중부 유럽에서 북부 유럽으로 먼 거리를 여행했고 매력적인 이국적 물품이었다. 북부 유럽 칼의 인생-주기는 이 칼들이 성격과 운명을 지니고 있는 물건일 가능성을 제시한다 (Williams 2002). 칼은 광석이 획득된 곳에서 멀리 떨어진 강기슭에서 용해되어 만들어졌다. 선사시대 유럽에서 강은 삶과 죽음 사이 그리고 한 세계와 다른 세계 사이의 전이와 연관되어 변형의 장소로 여겨졌을 수 있다(Bradley 2000). 윌리엄스는 어떤 경우 강이 정치적 경계였을 가능성을 고려한다(cf. Bradley 2000: 159). 금속 가공이 강가에서 이루어진다는 것은 암석을 액체로 바꾸고 다시 금속으로 바꾸는 이 관행을 매우 변형적일 뿐만이 아니라 경계적인 것으로 특징짓는다. 아프리카 민족지를 참조하여 윌리엄스는 이 금속 용해는 인간의 재생산과 유사한 성적인 행위였다고 논한다. 북부 유럽에서는 여러 이국적인 칼들이 수명을 다했을 때 다시 강이나 습지대로 보내져 산산조각이 나는 경우가 많았다. 이와 달리 중부 유럽에서 수명이 다한 칼은 무덤에 부장되었다. 두 경우 모두에 있어 윌리엄스는 죽은 사람으로서의 칼 자체에 초점을 둔다. 윌리엄스는 위와 같은 관행과, 북극곰 시체를 해체하고 처리하기 위해 사용되는 도구들이 영혼을 지니고 있다고 여기는 이뉴이트의 샤먼적 관행 사이에서 유사성을 끌어낸다. 이러한 물품들은 북극곰의 피부에게 바쳐지는데 북극곰의 영혼이 영적인 세계로 혼자 출발하려고 하지 않기 때문이다. 중부 유럽의 무덤에서 피장자가 다른 영혼에 의해 동반된다면, 북부 유럽에서는 칼 자체가 의례적으로 살해되어 지하세계의 입구로 던져진 것으로 보인다. 후기 청동기시대 북부 유럽에는 무덤이 드물게 쓰인 지역이 있었는데, 이는 시신이 그와 동반되는 칼과 함께 강에 바쳐졌기 때문일 수 있다(Bradley 2000: 56). 또한 청동기시대와 철기시대 북부 유럽의 물가에 퇴적된 시신 중에도 위의 칼 처리 방식과 유사한 방식으로 폭력적으로 처리된 경우가 많다(Glob 1969; Oestigaard 2000; M. Williams 2003). 후기 청동기시대 칼은 사람이고 사람다움의 필수적인 부분이었을 수 있다.

고고학, 선물, 분할적 사람다움

사람들 사이의 관계에서 선물의 양도 불가능성이란 개념은 고고학자들에게 유용한 것이다. 사람들이 분할적인 세계에서 선물은 사람의 일부이고 사람으로서 이질적인 부분을 포함할 수 있다. 그래서 물건은 부분적인 것이 되고 물건의 부분이 교환될 수 있다. 이 절에서는 양도 불가능한 물건과 가분적 사람다움이라는 개념에 기반한 최근의 선사시대 연구를 검토하고 몇 가지 주의할 점을 제시한다.

일대기와 양도 불가능한 물건들

고고학자들은 사회적 일대기와 심지어 성격까지 지닌 물건으로서의 선물의 특징에 주목하여 왔다(e.g. Jones 2002b: 83-167; Thomas 1996: 6장; Tilley 1996: 6장). 이러한 연구를 통해 특정한 유물과 유물군의 일대기는 결코 쉽게 드러나지 않음을 알 수 있다. 일대기는 단순히 누적적인 방식으로 형성되지 않는다. 물건과 연합된 역사는 시간이 지나면서 변할 수 있다(Jones 2002b: 102). 실제로 물건은 그 역사보다는 물건이 현재 매개하는 관계로부터 양도 불가능하다. 따라서 선물 대상은 한 관계에서 추출되어 다른 관계에서 양도 불가능한 것이 될 수 있다. 예를 들어 물건을 그 출처와 생산에 대한 지식으로부터 단절시키는 일련의 장거리 교환 관계를 통해 그렇게 될 수 있다(Chapman 1996: 209; 2000: 32). 어떤 경우에는 이로 인해 물건의 과거에 대한 이야기가 수정될 수 있다. 이러한 이유 때문에 일대기적 접근은 물건의 맥락적 의미를 그 일대기의 특정한 단계에 위치시킬 수 있을 때 가장 효과적이다. 일대기적 접근은 자연적 물질의 추출에서부터 여러 사용과 수정 단계, 반복적인 소비 행동, 파괴, 파편화된 요소의 사용, 그리고 물건에 대한 개념과 제작에 이르기까지의 모든 이야기가 고려되어야지만 효과가 있다(Jones 2002b: 5장). 이는 과거의 사람들에게 있어서도 마찬가지이고 그러한 변형이 사람다움의 필수적인 부분을 이룬다.

물건은 사람과 같이 다중적으로 생성되고 고고학자는 물건이 전 단계에 걸쳐 한 명의 개인에 의해 생산되었는지, 또는 한 물건의 모든 구성요소가 한 개인에 의해 생성되었는지를 확언할 수 없다(Finlay 2003). 구리 도끼는 구리 채광자와 제련공, 도끼 제작 완성자와 도끼 교환 상대 사이에 일련의 관계를 생성할 것이다. 이 사람들 각각은 카스트 구조나 그와 유사한 노동 배치 구조를 따라 분포되어 있었을 수 있다. 선물이 주어질 때마다 사람들의 일부가 제거되고 교환되어 어떤 사람들은 타자의 일부를 지니게 된다. 선물 대상 자체가 점점 더 멀리 움직여 가 여러 다른 사람들의 일부가 되면서 전달된다. 여기서 선물은 사람처럼 불가분적인 것이 아니라 자신의 일부를 다른 것을 위해 교환하는 가분적인 것이다. 이러한 과정은 현대 서구인의 눈에는 물건이 한 소유주에게서 다른 소유주로 넘겨지는 것으로 보일 것이다. 그러나 사람다움이 가분적이고 차원 분열적인 세계에서는 인간 관계에서 양도 불가능한 모든 물건 역시 가분적이고 차원 분열적이다.

분할성과 파편화

분할성의 주요한 요소 중 하나는 분리, 즉 사람들의 파편화와 그 부분들의 재분배이다. 유럽 선사시대 사람다움에 대한 가장 정교하고 포괄적인 연구 중의 하나가 중석기시대, 신석기시대, 금석병용 시대 발칸 반도에서의 부분과 전체의 연접에 대해 검토한 채프먼의 일련의 연구물 중 하나이다(Chapman 2000). 채프먼은 물건이 사람들 사이의 관계를 중재하는 두 가지 방식을 묘사하기 위해 엮기(enchainment)와 축적하기(accumulation)라는 개념을 사용한다. 엮기란 양도 불가능한 물건을 주고받음으로써 생성되는 사람들 사이의 관계를 기술하기 위한 것이다. 엮기에서의 연쇄(chain)는 물건이 상이한 교환 상대자 사이의 경로를 따라 사람들을 연결하는 방식을 묘사하기 위한 것이다. 채프먼은 파편화된 물건(e.g. 토우에서 떨어져 나온 팔다리, 토기 조각)과 온전한 물건 모두 엮인 관계에서 사용될 수 있다고 한다(Chapman 2000: 37, 39). 한편 축적하기란 여러 사회적 행위자들에 의해 모아진 온전한 물건의 무리나 세트를 의미한다. 원래 그러한 모음은 공동체를 통합하는 역할을 하였고 엮기의 한 형태라고 볼 수 있다(Chapman 2000: 45, 47). 초기의 '퇴장물(hoards)'은 집단적 사람의 공동 구성원 자격을 기념하기 위해 열린 공동체적 모임 동안 퇴적되었다고 추정해 볼 수 있다. 채프먼에 의하면, 시간이 지나면서 온전한 물건이나 그 구성 요소를 축적한 것이 공동체의 일부 집단, 즉 영향력 있는 개인들에 의해 전용되었다. '축적과 함께 물건이나 물건 세트의 가치가 순환 관계보다 더 중요해졌다'(Chapman 2000: 47). 온전한 물건과 깨진 물건 모두 엮기의 매체가 될 수 있지만 축적하기는 온전한 물건을 통해 이루어진다. 금속가공, 특히 주조 구리와 금으로 인해 축적될 수 있는 물건 세트의 생산이 가능해졌다. 이러한 두 추세에 변증법적으로 접근하여 채프먼은 엮인 관계가 천 년에 걸쳐 점차 축적의 관계로 대체되었다고 논한다(Chapman 2000: 47). 중석기시대 후반 이래 유지되었던 상대적으로 평등한 친족 관계가 점차 자리를 내주어 동기시대 절정기에는 부유한 집단과 개인이 출현하였다(Chapman 2000: 47-48). 채프먼의 논지는 퇴장물에서 발견되는 장거리 교환 물품은 지역적인 생산 관계에 통합되지 않은 양도 가능한 재물 축적의 증가를 나타낸다는 것이다. 매우 중요한 점은 채프먼이 이러한 패턴을 실제의 반영이 아니라 과거 행위자들에 의한 이데올로기적인 제시, 요구, 대항-요구로, 즉 선사시대 사회적 행위자들이 인지한 일반적인 관계의 논리 안에서의 **전략**으로 본다는 점이다 (Chapman 2000: 130-131). 행위자들 사이의 긴장은 결국 사회적 관계에 분열을 낳아 사회적 불평등과 전통적 공동체의 파편화로 이어졌다.

여기서 주목되는 것은 엮기이다. 필자는 위에서 제시된 멜라네시아 선물 교환에 대한 관점을 선사시대 발칸 반도에서의 엮기에 대한 채프먼의 해석과 비교하고자 한다. 멜라네시아의 선물 대상은 무한히 전달될 수 있는 사람들의 부분이라는 점에서 엮기와 관련된다. 이러한 물건은 두 사람에 의해 동시에 보유될 수 없다. 깨진 토기나 토우 조각과 같은 물건의 파편들을 나누어 공유함으로써 사람들은 **동일한** 물건의 일부를 **동시에** 공유할 수 있었을 것이다. 채프먼이 이처럼 파편화된 물건들을 통해 작동하는 것으로 본 엮인 관계와 멜라네시아 선물 교환을 통한 엮인 관계 사이에는 주요한 차이가 있을 수 있다. 먼저 멜라네시아에서의 패물(shell goods)과 같은 물건은 이동되면서 추가적인 부분을 얻게 되고, 이 물건들은 파편화되지 않는다. 채프먼이 지적했듯이 파편화된 물건은 무한정 쪼개어질 수 없으므로 그 이동 범위에 한계가 있다(Chapman 2000: 6). 그에 비해 쿨라(kula)의 대상물은 보다 많은 관계를 포함함에 따라 크기가 커진다는 명성을 얻을 수 있다. 이는 채프먼의 해석틀에서 파편의 가치에 대한 문제로 이어진다. 파편 역시 나름의 가치를 지니고 물건으로서 순환될 수 있는 온전한 물건이었는가? 채프먼의 해석은 자산에 대한 원래의 합의를 기념하기 위해 모아진 중세의 계약 헌장처럼 원래 관계의 '징표'로서 반으로 쪼개어진 물건에 관한 것이었다(Chapman 2000: 6, 37-38, 86). 그러나 채프먼이 인지하고 있었듯이 중세의 계약 헌장은 그리 적절한 비유가 아니다(Chapman 2000: 39). 그래서 채프먼은 선사시대의 파편화된 물건들은 온전한 물건이 파편화되는 사건 동안 형성된 관계에서 양도 불가능했다는 관점을 취한다. 이러한 관점에서 파편은 양도 가능한 자산을 나타내는 징표가 아니었던 것처럼 보일 것이다. 표상적인 사고에서 물건과 사람은 서로를 나타내지만 차원 분열적 관계에서 물건과 사람은 다른 물건과 사람으로부터 확장되어 나온다(Chapman 2000: 32). 따라서 파편화되었지만 양도 불가능한 물건은 징표가 아니라 사람이나 공동체의 일부이다. 토기 조각이나 토우 편이 멜라네시아의 패물처럼 교환되지 못했을 이유는 없다. 비록 그러한 물건이 어떠한 효과를 낳았는지를 고고학자들이 이해하기는 어려울 것이지만 말이다. 예를 들어 패물은 휘황찬란하고 복잡하며 빛을 내어 돼지와 교환될 수 있다. 신석기시대 패물이 그러한 역할을 했을 수 있지만(Chapman 2000: 99), 토기편이 어떻게 유사한 방식으로 기능했는지는 불분명하다. 비록 토기편이 그것을 가치 있게 만드는 어떤 본질적인 특질을 지녔을 가능성은 있지만 말이다. 실질적 또는 역사적 특질(e.g. 기념적인 역할; Chapman 2000: 227)이 함축되어 있을 수 있는데, 특히 파편화된 물품이 장기간에 걸쳐 관리되는 경우에 그러하다. 토기편이 비대칭적인 교환 관계를 통해 기능하여 분할적 사람들을 함께 엮는다는 것은 토기편에 어떤 실질적 또는 대상화된 가치가 있어야만 가능했을 것이다. 그렇지 않다면 토기편과 관련된 엮기의 성격이 교환 물품과 관련된 엮기의 성격과 다소 달랐을 수 있다. 멜라네시아에서 온전한 물건을 선물하는 것은 사람들을 분리시키지만 대가 선물을 요구하기도 하여 결코 동등하지 않은 관계로 사람들을 연결하기도 한다. 선물을 주고받는 이들은 상대방과의 관계에서 채무자와 채권자 사이를 오간다. 따라서 파편이 그 자체로 물건으로서 교환되었는지의 여부, 혹은 토기 파쇄 일화와 같은 무언가로부터 취해진 것이 관련된 모든 이들 사이에서 공평하게 공유되었는지의 여부를 알 필요가 있다. 다시 말해 온전한 또는 파편화된 물건이 특정한 관계를 따라 교환된 것과, 물건의 파편들 각각이 물건의 파편화를 수반한 사건에 참여하였던 이들과 함께 머무르며 파편이 그러한 사건의 기념물 역할을 한 경우 사이에는 차이가 있다. 위와 같은 동등한 물건의 공유를 설명하기 위한 비유를 사용하자면, 커초글로우(Kirtsoglou 2002)는 동성 연인들이 그들 사이의 관계를 나타내기 위해 나누어 가지고 다니는 시계나 라이터 한 쌍과 같이 '묶인(bonded)' 물건들에 대해 기술한다. 각각의 물건은 파트너 관계, 이 경우 동성 관계의 한쪽 반이 된다. 증여자는 물건 하나를 자신의 파트너에게 주고 다른 하나를 자신이 지닌다. 파편화된 물건뿐만이 아니라 같은 뿔, 뼈, 혹은 플린트 덩어리로 만들어진 둘 또는 그 이상의 손상되지 않은 물건이, 예를 들어, 기원을 공유하여 함께 묶일 수 있다. 한 물건과 같은 물건 또는 그 파편들을 보유함으로써 묶이게 되는 관계는 멜라네시아에서의 진행 중인 분할적 교환에서 발생하는 채무 관계와 다소 다를 수 있다. 그러한 연계는 분리하기보다는 연결하여 관점의 교환보다는 공유된 관점을 나타내는 것으로 보였을 것이다. 파편화된 물건은 과거에 대한 유대를 형성하였던 기억의 매체로서 공유된 관점을 나타냈을 수 있다. 인장의 반을 주고 나머지 반을 지니고 있는 것(Chapman 2000: 86-89, 227)은 사람들을 분리하고 관점들을 분화시켰던 다른 교환 관계를 따라 나타나는, 포함에 대한 진술로 해석될 수 있을 것이다. 채프먼(Chapman 2000: 226)은 사람들 사이의 유대 형성에 엮기가 작동할 수 있는 여러 상이한 방식이 있고, 엮기와 축적하기 사이에 긴장이 존재한다는 점에 주목한다. 이는 매우 유용한 접근이다. 먼저 이를 통해 상이한 종류의 엮기를 염두에 두고 교환 물품이 어느 정도 재물이면서 동시에 양도 불가능할 수 있음을 고려할 수 있다. 또 이는 이러한 관계를 중재하였던 기제를 고고학적으로 연구할 수 있는 틀을 제공한다. 필자가 보기에 채프먼의 어떤 발견물은 중석기, 신석기, 금석병용 시대 발칸 반도의 사람다움이 멜라네시아 민족지를 통해 본 분할성에 대한 원리와 매우 상이한 원리를 통해 작동했음을 시사한다. 실제로 채프먼의 설명이 지니는 강점 중 하나는 연구 중인 고고학적 맥락에 매우 특정한 사람다움의 기술을 밝힌다는 것이다. 예를 들어 하망지아 토우는 온전한 상태에서는 여성의 몸을 묘사한 것처럼 보이지만 어떤 측면에서 그리고 깨어진 상태에서 보면 남성의 성기를 묘사한 것처럼 보인다(Chapman 1996, 2000; cf. Knapp and Meskell 1977). 여기서 토우의 성별은 토우의 사지 및 머리가 부러지게 되면 변한다(Chapman 2000: 74-76; 2002a). 분할성은 문자 그대로 몸 일부를 제거함으로써 그 효력을 나타낸다. 채프먼의 연구는 분할성과 불가분성 사이의 긴장이 물건과 시신을 통해 중재되는가에 대한 깊이 있는 분석에 기반하여 사회적 관행을 통해 사람다움이 형성될 수 있는 또 다른 방식을 보여 준다. 토기편과 여타의 파편화된 물품이 과거의 사건에 대한 자취 그리고/또는 그 자체로 유의미한 물질이나 물건으로서 사회적 가치가 부여되었다면, 관계의 연쇄에 있어서의 그들의 위치는 고고학적 연구에 매우 중요하다(Bradley 2000: 127-131; Woodward 2002; 그리고 상자 2-3 참조).

파편화는 그 자체로서 분할적 교환 관계에 필요하지는 않고, 버즈비 (Busby 1997)가 증명했던 것처럼 분할성이 필요 없는 가분성의 형태가 존재한다. 그럼에도 불구하고 파편화는 고고학자들에게 가분적인 사람다움의 적절한 지표가 된다. 세계의 요소들을 분리하여 이를 사회 세계 갱신을 위해 다시 방향 설정하는 것은 가분적인 사람다움에 있어서의 핵심 주제이고, 4장과 5장에서 보게 될 것처럼 사람의 해체는 그러한 과정의 필수적인 부분이다. 물질과 정수의 전달은 사람과 물건의 부분을 재분배하는 선사시대 관계에 대한 고고학적 해석에서 보다 중요할 수 있다. 그러나 이에는 동물과 물건을 단순히 사람의 대상화된 부분으로서 뿐만이

·아니라 그 자체로서 사람으로 보는 사고가 필요하다. 동물이나 물건의 나누어진 몸의 재분배는 이들을 해체하여 사람다움과 연합된 중요한 특질의 순환을 가능하게 했을 수 있다.

복합적 물건과 부분의 재통합

전체가 아니고 토우의 사지나 토기편과 같이 복합적인 물건 제작에 사용되지 않는 파편들과, 장식품으로 변환되어 신석기시대 유럽을 가로질러 교환된 스폰딜러스 조개로 만든 공예품의 파편처럼 온전한 물건이고 복합적인 물건 제작에 사용되는 파편들을 구분할 필요가 있다. 예를 들어 존스(Jones 2002a)는 전기 청동기시대 목걸이에서 구슬이 분리될 수 있지만 더해질 수도 있음을 지적한다. 따라서 목걸이 각각은 관계의 연쇄가 추적될 수 있는 복합적 유물이다(6장 참조). 구슬 각각은 그 자체로서 복합적 물건이고 보다 큰 전체의 일부이다. 보다 큰 전체의 일부, 반복적으로 통합될 수 있는 교환 가능한 부분으로서 구슬은 훌륭한 차원 분열적 물건이다. 복합적 유물은 다중적으로 생성되기도 한다. 핀리(Finlay 2003)가 제시한 것처럼 많은 사람들이, 예를 들어 다중적인 세석기 날을 가지고 도구를 생산함으로써 함께 연결될 수 있었을 것이다. 일시적으로 모인 물건들의 세트처럼 복합적 물건은 여러 관계를 추적하고 변화시키기 위해 사용되어 반드시 부의 축적물이라고 할 수 없을 수도 있다 (cf. Chapman 2000: 108-112, 129-131). 퇴장물로 퇴적된 물건의 경우와 같이 물건의 세트는 부의 전용보다는 공동체와 사회적 통합에 대한 진술일 수 있다. 퇴장과 부장품이 풍부한 무덤 축조와 같은 관행에는 양도 가능성의 증대보다는 가분적 관계의 새로운 세트를 재구성했던 별개의 경향이 개입되었을 것이다. 빅맨이나 대인 또는 그에 상응하는 여성(Battaglia 1991)처럼 멜라네시아에서 부를 모으는 사람들은 외화하는 관계를 이용하는 불가분적인 개인들이 아니다. 이들은 차원 분열적이고 분할적인 교환의 중재자들이다(Mosko 1992; Strathern 1991b; Wagner 1991). 물건의 모음이 언제 공동체를 모으는 통합적인 행동의 매체로 이해되어야 하는지, 아니면 하부 집단이나 개인에 의한 전용 행위로 여겨져야 하는지에 대한 모호함이 남아 있다(상자 3-2 참조). 무엇이 부분이나 전체로 여겨질 수 있는가, 그리고 언제 각각이 그렇게 나타날 것인가에 대해서는 항상 모호함이 남겠지만, 복합적인 물품과 물품의 모음은 선사시대 가분적인 관계와 차원 분열적 사람다움 연구에 있어 유용한 출발점이 될 수 있다. 분리와 재통합의 행위는 가분적 관계의 어느 과정에서도 주요한 면모였을 것이다.

상자 3-2. 신석기시대 후반과 전기 청동기시대 남부 영국에서의 선물과 죽은 이

웨섹스의 후기 신석기시대와 전기 청동기시대 부장품이 풍부한 무덤은 대개 타자의 산물인 위신재와 노동력 분배를 통제했던 이들의 잔재를 포함한 것으로 여겨진다. 이처럼 손상되지 않은 몸은 높은 신분의 불가분적인 개인들처럼, 그리고 죽은 이가 집단적으로 매장되거나 아예 매장되는 않는 시기 이후 증가하는 개인적 자율성에 대한 증거로 보일 수 있다(e.g. Clarke et al. 1985). 그러나 이에 대한 다른 해석들도 존재한다. 신석기시대 전반 인간의 뼈는 무덤방에 저장되어 일정한 가치가 있는 유물로서 방문되고 순환되었다(Barrett 1988b; Lucas 1996; Thomas 2000a, 2002; 그리고 이 책의 5장). 죽은 이의 파편화와 순환에 있어서의 이러한 경향은 매장 영역에서의 개인적 장식품의 의도적 파괴(e.g. 헴프 놀 (H. Williams 2001)과 버낙(Last 1998: 45)의 낡은 손목 보호대) 그리고 세대 간에 걸친 개인적 물건의 순환과 함께 신석기시대 후반과 전기 청동기시대에도 약간 다른 맥락에서 계속되었을 수 있다. 우드워드(Woodward 2002)는 목걸이의 호박 구슬과 깨어진 비커 용기의 편 등 적어도 두 종류의 파편화된 물건이 전기 청동기시대에 관리되고 순환되었을 가능성을 제시하였다(Bradley 2002: 57-58 참조). 존스는 남부 영국의 무덤에서 발견된 구슬 중 47%가 한 곳에서 다섯 개 이하인 상태로 발견되어 아마도 목걸이의 파편으로 매납되었을 가능성에 주목한다(Jones 2002a: 168). 죽은 이는 단독묘에 개체화된 것으로 보일 수 있지만 그 '시체'는 종종 여러 상이한 물질과 부분으로 구성되었는데, 이에는 휘황찬란한 금제품과 이국적인 물질로 만들어진 구슬 목걸이가 포함된다(Jones 2002a: 168). 몸에 부착된 물건의 복잡성과 다양성은 관계의 다중성을 나타낸다(Jones 2002a; Last 1998; Thomas 1991).

이러한 사람들의 일부는 화장되었고 또 다른 일부는 매장되었다. 화장 퇴적물에 죽은 이의 뼈가 모두 포함되는 경우는 드물고(McKinley 1997: 130), 살은 제물 바치기를 통해 가시적으로 재배치되었다. 바렛 (Barrett 1994: 121)은 화장묘에 매납된 여러 물건이 화장용 장작을 거친 것이 아니라 화장 이후에 더해진 것임에 주목한다. 매장 퇴적물 전체가 공동체에 의해 증여된 선물이고(Lucas 1996: 114-115 참조) 매장된 시신은 초자연적 힘에게 바쳐진 선물로 볼 수 있다(이 책 5장 참조). 부장품을 선물로 본다면 손상되지 않은 물건은 인상적인 선물이라 할 수 있다. 그처럼 손상되지 않은 선물은 종종 반응을 이끌어내기 위해 의도된 것이고 그래서 산 자와 죽은 자를 연결할 것이다. 마찬가지로 물건 부수기나 목걸이 분할은 죽은 이에게 완전한 선물이 주어지지 않았을 가능성을 시사한다. 이 경우 선물에 대한 보답은 필요 없었을 것이다. 목걸이의 일부를 간직함으로써 산 자들 사이에 남는 기억의 매체가 제공될 때(Jones 2002a: 169) 이 두 전략은 산 자와 죽은 자를 분리할 뿐만 아니라 결합하기도 한다. 존스(Jones 2002a: 169)도 지적한 것처럼, 무덤에 여러 물건을 모으는 것은 영향력 있는 개인들에 의한 재물의 퇴장보다 앞으로 보게 될 것처럼 과거의 사람들을 포함한 사람들 간의 여러 밀접한 유대에 기반한 사회적 통합의 한 면모라 볼 수 있다. 화장묘와 매장묘는 개인적 구성 요소와 정수가 재분배되기 전에 한 사람을 일시적으로 모아 '끝내는' 변형적 사건이다. 그러한 재분배에는 살의 표면을 태우거나 매장 향연의 주기에 따라 선물을 재배치하는 행위가 수반되었을 것이다. 그 결과로 생긴 퇴적물은 죽은 이의 개인적 정체성의 반영물이기보다는 조상의 탄생을 나타내는 것으로 여겨졌을 수 있다(Thomas 2000a).

전기 청동기시대 무덤에 매납된 물건은 종종 고고학자들이 읽을 수 있는 일종의 텍스트로 칭해져 왔다. 이러한 퇴적 관행에는 문법이 있다(Thomas 1991). 단검은 전기 청동기시대의 흔한 부장품이고, 그 중 다수가 부장 당시 이미 상당히 오래된 것이었을 것이다(Bradley 2002: 55). 죽은 이들 중 일부의 무덤에 단검을 매납함으로써 이들을 재분배를 위해 사회의 일부를 자르거나 분리하고 향연에서 고기를 잘라 공유한 사람들로 나타냈을 수 있다. 또는 그러한 사건이나 매장을 담당한 누군가에 의해 단검이 남겨져 부장되었을 수 있다. 단검은 죽은 이가 산 자들로부터 단절되었음을 나타낼 수 있다. 탯줄을 자르는 것과 죽은 이를 단절시키는 것 사이의 유사성을 생각해 볼 수도 있다. 요크셔주에서 단검이 시신에 착장된 경우는 드물고 시신의 밑이나 시신과 나란히 또는 시신의 손에 놓여졌다(Lucas 1996: 113). 바렛(Barrett 1994: 117-119)도 웨섹스에서의 유사한 공헌적 행위를 제시한다. 비커 등의 용기가 무덤에 매납되었다는 점에서 소비를 통한 물질의 순환 가능성도 제시되었다. 마지막으로 화장이라는 기술은 ─그 자체가 개인적 물질을 우주로 재분배하는 것인데─ 일부 무덤에 포함된 '불을 피우기 위한' 도구를 통해 참조되었을 것이다(Lucas 1996: 114). 불의 변형적 잠재력은 향연의 맥락에서도 이해 가능하다. 멜라네시아 사회에서 '빅맨'은 다른 집단과의 교환을 통해 전체 공동체를 통합하고, '대인'은 공동체의 별개 구성 요소들을 재분배를 위해 구별하여 내적 차이를 중재한다(Mosko 1992). 다른 씨족 구성원들과 범주적으로 구분되는, 씨족의 한 하부 공동체인 대인은 주술사와 무사를 포함하여 여러 이질적인 형태를 띨 수 있다. 이 시기의 무덤은 다양하지만 죽은 이는 한정된 방식으로 안치되었다(이에 대해서는 Last 1998; Thomas 1991 참조). 후기 신석기시대와 전기 청동기시대 사회 무덤 일부는 사람의 이질적인 역할 및 형식과 관련될 수 있다. 사람들이 추구하였던 전략이나 이들이 수행하였던 교환 역할에 있어서의 차이가 매장할 것인가 화장할 것인가, 봉분을 만들 것인가 만들지 않을 것인가, 무엇을 매납할 것인가, 물건의 일부를 매납할 것인가 전부를 매납할 것인가에 대한 애도자들의 결정에 영향을 미쳤을 수 있다. 상이한 편년적(Mizoguchi 1993 참조), 지역적 패턴을 고려하여 매장 분야를 분석함으로써 교환과 변형에 쓰인 여러 전략을 알 수 있다. 이러한 행위 각각은 기념과 분리 역할을 동시에 그러나 상이한 방식으로 하였다(H. Williams 2001 참조). 궁극적으로 매장 과정은 공동체 전략의 일부였다. 분리와 재통합의 정확한 기제는 의례 전문가에 의해 중재되었든 아니든 여러 형태를 띠었을 수 있다. 이는 차원 분열적 관계의 다양성에서 관찰되는 반복적 패턴과 비교될 수 있다.

여기에 두 가지 중요한 점이 있다. 첫째, 단독묘는 불가분적인 개인들의 표상이나 개인성에 대한 일대기적 진술로 파악되어서는 안 된다 (Thomas 1999a: 156). 전체 또는 부분으로서 무엇이 중요한가는 맥락적인 문제이다. 몸은 사회의 일부이고 여러 다른 사람들의 부분을 포함하는데, 이들 각각은 손실을 경험할 수 있다. 또 몸은 우주의 구성 요소이기도 하다. 사람들의 일부일 수 있는 물건의 경우에도 마찬가지이다. 둘째, 사람과 선물이 서로 어느 정도 교체 가능할 때 몸과 물건은 개인이 아니라 공동체에 속한다. 몸의 파편은 개인을 기념할 필요가 없다. 오래된 물건의 잔재도 마찬가지인데, 이는 공동체로부터 양도될 수 없어 죽은 이에게 공헌된 것일 수 있다. 헨지와 봉분묘는 죽은 이 및 과거와 관련된 활동에서 당시 이미 오래된 물건을 사용하고 퇴적하기 위한 중점적 장소가 되었다(Woodward 2002). 비커 편들이 관리되었던 곳에서 이 비커 편들은 한때 침투 가능한 용기였으나 지금은 파편화된 사람과 동일시되었을 수 있다. 정확히 어떤 개인이 그 용기를 보유했는가에 대한 지식은 중요하지 않았을 것이고, 비커 편들은 공동체적 활동의 잔재물 더미에서 꺼내졌을 수 있다(Woodward 2002: 1041). 이러한 물건의 파편들은 마운트 플래전트와 같은 헨지에서의 활동 중 퇴적되었을 것이다(Bradley 2000: 127-131). 헨지유적에서 이루어진 의례적 교환과 향연을 포함한 교환 관계는 아마도 죽은 이를 포함한 공동체의 모든 구성원들에 의해 감시되었을 것이다. 분리하기, 주기, 소비하기의 정치는 공동체의 관심사였을 것이기 때문이다. 전기 청동기시대의 분할적 사람들은 여러 관계를 포함하였고, 죽은 이는 현재 진행 중인 사회 관계에 여전히 강하게 결합되어 있었다고 할 수 있다. 최근에 사망한 이의 요소들은 종종 추출되어 공동체로 보내지거나, 대가 선물을 기대하며 양도 불가능한 물건으로 증여되었을 것이다. 신석기시대 전반부에 시신은 파편화되어 재분배되었음에 비해, 전기 청동기시대의 관계는 잔존물, 가보, 기념물을 통해 추적되었다(Barrett 1994: 122; Chapman 2000). 죽은 이나 과거의 부분이 추출되어 공동체로 보내졌다. 오래 전에 죽은 이의 파편들은 공동체에서 관리되었지만 이 역시 때로는 퇴적 관행을 통해 되돌려 보내졌다. 따라서 신석기시대 후반과 전기 청동기시대 사람다움은 서로 다른 방식이기는 하지만 신석기시대 전반 사람다움과 같이 가분적이었다. 사람의 분할적, 침투적, 개인적인 특징 사이의 긴장은 장기간에 걸쳐 재구성되었고, 수태와 출생에서 죽음을 통해 조상이 되기까지 사람 각각의 일대기를 통해서도 재구성되었다.

물질적 진술로부터 사람다움 해석하기: 모호한 관계

물적 잔존물은 과거 활동에 대한 기록이 아니라 과거 상호작용의 매체이고(Barrett 1988a, 2001), 그러한 상호작용은 모호했을 것이다. 과거의 몸과 물건은 의미 그리고 논쟁의 여지가 있는 진술이 생성된 모호한 장소였고 장소이다(e.g. Thomas 1991; Tilley 1989, 1990; Yates 1993; Yates and Nordbladh 1990). 모든 상징물은 다원적이고 다중적인 의미의 층을 지니며 서로 다른 사람들에게 여러 다양한 함의를 지녔을 수 있다. 상충적인 이해관계를 지닌 사람들이 유사한 교환 전략을 택하고 유사한 형태로 관계를 추적할 수 있다. 한편 관계 추구에서 채택된 전략은 종종 이해를 공유하는 집단을 구분 짓는다. 매리어트는 힌두 거래에 대한 한 가지 논리와 함께 이러한 논리와 관련되는 여러 사회적 전략, 무엇을 먹을 것인가,

언제 이야기할 것인가, 얼마나 많은 단어를 사용할 것인가 등에 대한 개요를 제시한다. 힌두 사람다움에서는 '필수적인 에너지, 동질적이고 미묘한 특질의 물질-부호, 높은 거래적 신분이나 서열로 이해되는 권력'을 획득하고자 한다(Marriott 1976: 137). 이러한 상태에 이르고자 하는 시도는 여러 경로를 따라 이루어지는데, 각각의 경로에는 상호작용에 대한 신중한 관리와 교환을 통해 한 물질-부호를 다른 물질-부호로 정제하는 과정이 수반된다. 또 버틀러(Butler 1993)가 보인 바 있듯이, 지배적인 관행에 대한 패러디와 전복적 사용은 특정 활동에 관여하는 매우 효과적인 양태임과 동시에 그러한 활동을 약화시키는 양태이다. 의미 그리고 정체성을 꼬집어 말하기란 결국 끝없이 연기되어 그에 대한 최종적인 종결이란 있을 수 없다(Derrida 1986; Russell 인쇄 중). 어떠한 맥락에서든 충돌과 반박이 있었을 것이므로 사람다움에 대한 성공적인 협상이 무엇인가에 대한 유일한 해석이란 있을 수 없다. 대신 주요한 분야를 다루기 위한 전략이 있다. 부분과 전체의 순환은 정통적이고 비정통적인 방식 모두에 있어 끝없는 재해석과 재구성에 개방되어 있다. 그래서 무엇이 부분이고 무엇이 전체인가는 **반드시** 물건 자체에 가시적인 흔적을 남기지 않고도 상이한 사회적 사건을 통해 끊임없이 재구성될 것이다. 맥락적인 활동에서 다른 사람이기보다는 이 사람의 부분으로서, 그리고 외화된 물건 또는 가분적 사람으로서의 정체성이 물건에게 일시적으로 부여된다. 위와 같은 정체성을 해석하기 위한 틀을 구축할 수 있는 가장 확실한 방법은 채프먼(Chapman 2000)이 수행한 것과 같은 자세한 맥락적 분석이다.

맺으며

　　자본주의에서는 교환의 외화된 형태와 외화되고 불가분적인 사람다움에 관한 서사가 주로 생성되지만, 다른 문화적 환경에서는 인간과 물건 사이에 다소 상이한 관계가 생성된다. 분할적 관계에서 물건은 사람, 재물, 상품이 될 수 있다. 이들은 재물이면서 동시에 양도 불가능한 물건일 수 있다. 차원 분열적 사고에서 물건은 사람의 부분일 수 있고 사람일 수도 있다. 고고학적 잔존물을 통해 사람다움의 특성을 검토하기 위해 많은 것이 시도될 수 있지만, 모호한 물적 관계에 대한 다원적 과정과 해석이 예견되기도 한다. 사물과 사람은 '동일한 의미론적 우주'에 참여(Howell 1989: 422)하기 때문에 사물과 사람 사이에 진정한 구분을 짓기란 불가능하다. 다음 장에서는 인간의 몸 문제로 돌아가 가분적인 사람들이 죽은 후에 어떻게 완전히 파편화되는지를 추적해 볼 것이다.

4장
사람다움, 죽음, 변형

사람다움의 한 상태에 있다는 것은 항상 잠재적으로 또 다른 상태에 있는 것이다. 이 장에서는 죽음과 매장 관행을 통한 사람의 의례화된 변형에 관해 살펴볼 것이다. 이는 과거의 사람다움에 대한 고고학적 해석에 핵심적인데, 고고학자에게는 매장 관행에 대한 정부가 풍부하고 죽음은 사람에게 나타나는 가장 극적인 변형 중 하나이기 때문이다. 이 장에서는 사람들이 어떻게 죽음에 의해 변화되어 상이한 종류의 존재로 변형되고 타자의 죽음에 의해 영향을 받는지를 보게 될 것이다. 논의는 죽음과 최근에 죽은 이를 중심으로 전개될 것이고 죽은 지 오래된 이들에 대한 논의는 다음 장에서 다룰 것이다. 또한 죽음을 통해 사회와 우주 전체에 걸쳐 개인적 특질이 전달된다는 것도 알게 될 것이다. 관계적 사람다움을 강조하는 사회에서의 죽음에 대한 예로서 다시 한번 멜라네시아와 인도의 민족지에 대한 논의를 검토한다. 죽음은 삶의 한 부분이면서 동시에 죽은 이의 사람다움과 죽은 이가 남기고 간 사람들에게 급진적인 변화를 가져온다. 이 장에서는 죽은 이의 개인적 일대기 추적 이외의 방식을 통해서도 사람다움을 해석할 수 있음을 보이고 죽음과 죽은 이가 사회에서 지니는 위치에 대해 논할 것이다.

의례 과정

통과의례는 사람이 일련의 관계에서 또 다른 일련의 관계로 넘어가는 신성한 장이다. 이러한 의례에서는 다른 이들과의 관계에 있어서의 변화 때문에 개인적 정체성에 급진적인 변화가 나타난다. 그러한 예로는 출생 이후 (때로는 유아기 조기에 해당하는 몇 년이 지난 후에) 사회로의 수용, 사춘기, 성적 관계, 또는 성인기의 다른 단계의 시작(e.g. 성인기가 부모기와 동일한 외연을 지니는 곳에서는 자식의 임신), 결혼, 성인기를 거쳐 성숙한 성인기와 노령으로 넘어감, 죽음, 사별, 과부/홀아비 처지를 벗어남, 잇따른 변화를 통한 죽은 이의 계속적인 움직임이 포함된다. 아르놀트 반 헤네프(Arnold van Gennep 1960)는 통과의례의 세 단계를 구분하였다. 반 헤네프 그리고 터너(Turner 1969)에 의하면, 그러한 세 단계는 첫째, 기존 사회적 위치의 확인과 그 사회적 위치로부터 분리되는 단계, 둘째, 정체성이 재구성되고 사회의 대다수와 사회적 규범으로부터 분리되는 경계적 또는 중간적 단계, 셋째, 새로운 위치가 인정되어 사회로 재통합되는 단계로 구분된다. 수반된 상징과 의례 자체는 근본적으로 다원적이고 모호하여 보다 넓은 맥락을 지칭하고 사물의 자연화된 질서에 관한 정보를 제공한다(Turner 1967: 48-58). 상징의 사용은, 예를 들어, 자연적 질서에서 동물, 물건, 물질의 위치를 새롭게 조명하고 그러한 것들과의 관계가 지니는 의미에 대한 정보를 제공한다. 매장의례는 다른 여느 의례와 같은 패턴을 따른다. 공통적으로, 죽은 이는 유령이 되고 앞으로의 장례-후 매장의례를 통해 조상의 영혼이 된다. 따라서 첫 번째 매장의례가 이들의 마지막 통과의례인 것은 아니다. 통과의례에서는 매장의례에서와 같은 구조가 적용되어 대개 죽음과 재생, 한 정체성의 제거와 다른 정체성의 출현이 언급된다. 우주의 모든 특징, 개인적 정체성의 모든 틀에 관한 경험을 구조화하는 동일한 원리의 적용을 통해 한 의례에서의 의미는 다른 의례에서의 그것으로 전달된다. 의례에는 먹기 또는 단식, 의례화된 움직임, 그리고 화장, 성장, 또는 난자질 등을 통해 몸을 영구적으로 변형하기가 수반된다. 이 모두는 변형적 행위이다. 통과의례의 경계적 단계에는 종종 몸과 정신에 영향을 미치는 무섭고 충격적이며 따라서 매우 기억할 만한 사건들이 일어난다(Fowler 1997; Lewis 1980; M. Williams 2003). 통과의례, 특히 성년식은 사회적 정체성 조정과 같이 연령집단의 여러 구성원들의 경험을 동시화하는 공동체적 사건이다. 결혼이나 매장의례와 같은 다른 통과의례는 공동체를 모아 공동체 안에서의 관계를 변형시킨다. 사람다움은 일상적 관행을 통해서 만큼 이러한 사건을 통해 관리되고 조정된다. 즉 정체성은 공동체적 사건이고 대중적 상연은 그러한 사건에서 핵심적인 역할을 한다. 죽음과 죽은 이를 다룸이 단순히 상징적 행위이거나 자기-복제적인 사회적 기술로 환원되어서는 안 되지만 죽음 그리고 죽은 이를 다룸은 위와 같은 맥락에 놓여야 한다.

다른 의례와 마찬가지로, 죽은 이와 관련된 의례는 현대 서구인들이 생각하는 것처럼 사회에서 숙은 이를 세세하기 위한 목직으로 이루어지는 것이 아니라 상이한 종류의 실체, 상이한 질서의 사람으로서 죽은 이를 사회로 **재통합**하기 위한 것이다. 매장 행위에서는 몸을 형성하는 일상적 관행을 참조하여 **완전히** 절단되거나 흩어질 가능성이 있는 몸이라는 매개물을 통해 사람다움에 대해 숙고한다. 매장 행위는 종종 사람에 대한 개념을 뒤집는다. 매장 영역은 개인적 물질의 움직임, 가치의 재협상, 죽은 이뿐만이 아니라 살아 있는 이들 사이에서의 개인적 정체성의 변형에 있어서 초점이 된다. 따라서 매장 관행은 사람의 해체, 그리고 해체된 사람을 공동체의 영혼, 유령, 조상, 그리고 다른 부분 집합으로 재분류하는 것을 포함한 다중적 역할을 한다. 죽은 이는 변형된 사람이지만 죽은 이는 대개 알아볼 수 있는 힘으로서나 죽은 이의 요소들에 대한 재활용을 통해 공동체에 현존한다. 매장 관행은 다른 사회적 활동의 맥락과 사람다움에 있어서의 일반적 패턴 안에서만 이해 가능하다. 그래서 서구 개인의 죽음은 멜라네시아 개인의 죽음과 다른 방식으로 이해될 수 있다. 두 경우 모두에서 누군가가 죽었고 그 죽음이 애도될 것이지만 죽음과 애도 모두 상이한 형태를 띠고 죽은 이와의 상이한 관계를 통해 보다 넓은 공동체에서 상이한 종류의 사람들을 생성해 낸다.

매장 관행과 사람의 변형

죽음은 전면에 부각될 사람다움의 측면
(e.g. 개인성, 가분성, 분할성 등)에 큰 변화를 낳기 때문에 사람에 대한 개념과

사람의 구성은 죽음 이후의 해체를 이해하는데 필수적이고 그 역도 마찬가지이다(Bloch 1989: 15). 이는 삶 전체에 걸쳐 그리고 죽는 동안과 죽은 이후에도 변하는 이러한 긴장의 맥락적 성격을 나타낸다. 매장 관행은 종종 죽음의 생성을 통해 사람을 해체하는데, 이는 때로 매우 오랜 기간에 걸쳐 이루어지기도 한다. 사람의 구성 요소는 재구성된다. 사람의 영적, 물리적 측면은 사람다움의 주요한 양태에 따라 사회로부터 제거되거나 사회 그리고/또는 우주에 재분배된다. 이러한 해체 과정의 정확한 성격은 상당한 정도로 변하고 이때 항상 죽은 이의 몸이 중심이 되는 것은 아니다. 이 절에서는 현대 영국에서의 개인의 죽음과 해체에 대한 논의로 시작하여 멜라네시아의 가분적/분할적 사람들의 죽음과 인도의 침투적 사람들의 죽음을 현대 영국에서의 사람다움에 대한 대조적 예로서 살펴볼 것이다.

근대 개인의 죽음: 역사적 시각

> 좋은 친구여, 제발 부탁하건대
> 여기 묻힌 시신을 파지 말아 주오.
> 이 돌들을 그대로 두는 자는 축복을 받고
> 내 뼈를 옮기는 자는 저주를 받을지니
> 윌리엄 셰익스피어(1564~1616)의 묘비

서양 역사에서 살아 있는 사람이 어떤 은유에 종속된 것처럼 죽은 이도 그러하다. 중세에 몸은 죽은 후에 부패될 것으로 여겨졌고, 이는 착색 유리 창문, 무덤과 묘비에 공개적으로 드러났다. 몸은 부패하고 영혼은 천국으로 옮겨갈 것이라고 기대하였다. 이는 대개 점진적으로 이루어져 영혼은 연옥에서 긴 시간을 보냈고 때로는 연옥에 영원히 남기도 하였다. 살아 있는 이들은 죽은 이의 죄를 속죄하고 죽은 이의 여행 속도를 높이기 위해 기도했을 것이다. 사라 탈로우(Tarlow 2002)는 어떻게 이러한 은유 세트가 18세기와 19세기 잠과 영원한 안식이라는 은유로 대체되었는지를 보였다. 두개골과 엇갈려 놓인 뼈들 그리고 부패와 관련된 다른 모티브들은 유골 단지와 덩굴, 식물 또는 꽃으로 대체되었다(Deetz 1977 참조). 빅토리아 시대 사람들은 죽은 이의 이미지를 유지하기 위해 죽은 이의 얼굴을 석고로 본을 떠 '데스 마스크'를 만들었고 성장한 시신의 사진을 찍었으며 그 머리카락으로 팔찌와 목걸이를 만들었다. 개인적인 사람이 급속히 가장 기본적이고 가장 중요한 사회적 현상이 되어 가고 있던 시기에 시신의 부패는 조심스럽게 숨겨졌다. 이러한 경향은 개인의 의지와 통제에 따라 몸의 젊음을 유지하고 시신의 부패를 보지 않으려 한 20세기에도 지속되었다.

현대 서구 개인들의 죽음은 아래와 같은 방식으로 특징지어질 수 있다:

1. 죽은 이는 죽은 이의 가족보다는 검시관과 장의사에 의해 다루어지면서 제도화된다(Barley 1995; Mitford 1998). 죽은 이의 시신은 집에 남겨지는 것이 아니라 영안실과 공동 묘지에 격리된다. 죽어가는 이와 죽은 이를 대하는 것이 직업이지 않는 한 위와 같은 격리는 사람들의 일상적 경험 영역에서 죽음을 제거하는 효과를 낳는다(Shilling 1993: 188-190). 죽음 자체가 병원 그리고 그와 유

사한 시설에서 이루어지는 경우가 점점 더 증가하고 있다(Barley 1995).

2. 죽음의 순간은 완벽한 정확도로 통제되고 기록된다. 어떻게 그리고 언제 죽음이 일어나느냐에 대해서는 여러 의학적 정의가 있지만 죽음 자체는 순간적인 사건이다. 모리스 블로흐(Bloch 1989)에 의하면, 서구 개인들의 '급작스러운' 죽음은 이들의 개인성 및 불가분성과 직접적으로 관련된다. 살아 있는 동안 개인들은 서로 연결되어 있지만 내적으로는 단자(單子)적인 것이다. 그러나 죽으면 일부분(개인성?)이 몸을 떠나 빈 껍데기만 남겨지게 된다.

3. 시신의 부패는 항상 피해야 한다. 이를 위한 두 가지 기술이 있으니 화장과 관 속에 묻는 것이다.

4. 시신은 손상되지 않고 전체로 묻힌다는 통념이 있다. 시신 전체가 화장되거나 매장되지 않는다면 가족들에게 고통을 줄 수 있다. 그러나 실제로 어떤 경우에는 장기 기증 때문에 시신 전체가 매장되거나 화장되지는 않는다.

5. 화장된 유해는 때로 세계에, 종종 죽은 이가 좋아했던 장소에 흩뿌려진다. 매장된 시신은 시야에서 차단된다. 두 전략 모두 부패의 어떤 징후도 용납하지 않는다. 그러나 화장된 유해를 흩뿌리는 것은 정신, 영혼, 또는 개인성의 또 다른 정의되지 않은 면모를 세계나 내세로 보내는 것으로 여겨진다.

위와 같은 특징에도 불구하고 현대의 사람은 죽음이라는 한번의 순간적인 사건에서가 아니라 장례 의례와 그에 수반되는 일련의 교환을 통해 해체된다고 할 수 있다. 죽음과 시신 처리에 사회적 시설이 개입하기는 하지만 죽음을 애도하고 죽음에 대처하는 행위는 여전히 가족과 친구들에 의해 이루어진다.

아레아레 매장의례에서 살아 있는 이들은 죽은 이를 구성했던 모든 상이한 요소들(e.g. 돼지, 토란, 패물)을 시신 주변에 모아 선물로 제시한다(Barraud et al. 1994; de Coppet 1981). 이는 통상 분산되어 있던 사람을 동시에 한 장소에 모으는 역할을 한다. 사람은 살아 있는 동안 물질 세계에 분산되어 있다가 이러한 매장의례 동안 **일시적**으로 완전한 사람이 된다. 이러한 행위에서 사람을 유지하고 구성하였던 모든 관계가 모아져 물질적 형태로 명확히 드러난다. 그리고 나서 이 물품들은 나누어져 산 사람들에게 재분배되고 죽은 사람은 분해되어 그 구성 요소가 세계와 사회로 분산된다. 사람이 죽은 후에 그 사람을 해체하는 이러한 과정은 산 사람들 사이에서의 변화와 교환 체계의 주요한 부분을 이룬다. 매장의례 이후의 몇 년 동안 새로운 관계가 협상됨에 따라 축제와 교환이 잇따르고 죽은 이는 그의 물품이 다른 사람들의 정체성에 핵심이 됨에 따라 잊혀짐과 동시에 기억된다.

분명 서구 개인이 죽은 이후에도 유사한 현상이 나타난다. 장례식 동안 죽은 이의 친척과 친구들이 모여 개인으로서의 죽은 이를 기념하고 그 끝을 맺는다. 죽은 이는 시간이 지남에 따라 죽은 이를 기억함과 동시에 잊는 일련의 과정을 통해 해체된다. 이에는 죽은 이의 사진, 죽은 이의 삶에 관한 이야기, 죽은 이가 모았던 가족 사진을 돌려 보거나 나누어 갖기, 또는 죽은 이가 가지고 있던 가보나 개인적인 소유물, 기념물을 살아 있는 친척과 친구들에게 재분배하기가 포함될 것이다. 이러한 물건들은 가족 내의 관계로부터 양도 불가능하게 되고 산 자의 세계에 죽은 이를 현존케 하며 사람이 기억됨과 함께 잊혀지게 되는 과정을 매개한다. 아레아레 민족지와 현대 영국의 경우 모두에 있어 사람은 물질문화의 재분배와 죽은 이를 지나쳐 가는 것처럼 **보이는** 산 사람들 간 관계의 구성을 통해 해체된다. 사람의 유전자 그리고/또는 인간 관계가 살아 있는 친척, 친구, 동료들을 통해 지속되므로 사람이 사회에서 완전히 제거되지는 않는다. 죽은 이의 삶에 관한 물질적 흔적을 통해 죽은 이에 대한 기억이 계속해서 전달된다. 죽은 이의 몸 자체는 이러한 과정에서 다소 유리되어 일찍부터 고려 대상에서 제외된다. 어떤 의미에서 사람의 가장 불가분적인 특징인 몸은 사회 밖으로 배출되고 개인적 정체성의 다른 파편들은 순환되고 재분배된다. 매장 관행은 사람을 분산시키고 이러한 분산이 일어나는 정도와 속도는 맥락적으로 특수하다. 아레아레 민족지와 현대 영국의 경우 모두에 있어 비개체화는 장례식에서 죽은 이가 특수화되고 산 자로부터 분리된 이후 증대된다(이때 애도자들은 집단화된다는 것에 주의해야 한다). 그러나 대안적인 사회적 기술을 통해 이것이 어떻게 이루어지는가에 있어서는 차이가 있고, 이는 사람다움에 있어서의 문화적 차이와 관련된다. 역사적 민족지에 따르면, 재분배에서 시신을 제외하는 것은 식민지적 접촉으로 인해 멜라네시아에서 최근에 나타난 변화이고 과거에 시신은 대개 땅에서 다시 파내어지거나 뼈가 해체되었다(e.g. Hirsch 1990: 27; Maschio 1994: 92-93; Strathern 1982: 117). 경우에 따라 죽은 이에 대한 기억 행위(e.g. 사진 앨범 보기)가 수반되거나 수반되지 않는 서양 장례식의 사회적 효과는 여러 해 동안 지속될 수 있는 멜라네시아의 의례화된 기억 교환 주기와 대비된다. 두 경우에는 서로 상이한 물질성과 템포가 생성된다. 죽음 자체가 멜라네시아나 인도에서는 결코 '자연적'이지 않다는 점에도 주목할 필요가 있다. 사람에 대한 개념처럼 죽음은 사회적 행위에 의해 야기되어야 한다. 멜라네시아에서는 종종 주술을 통해, 인도에서는 시신 '죽이기'를 통해 죽음이 야기된다. 또한 죽음의 과정은 사람을 그 사람의 물건과 몸으로부터 매우 천천히 분리할 뿐이고, 남겨진 부분들은 가치가 없는 것이 아니라 오히려 높은 가치를 지닌다(Bloch 1989). 이 남겨진 것들은 공동체로부터 빌린 것이므로 이것들을 기증했던 우주의 힘으로 되돌려 보내야 한다. 죽은 후에 특정한 사람이 저명하고 영향력 있는 조상으로 출현하는 것은 전체로서의 사람이 지니는 한 측면을 나타낸다. 이러한 상태로 고양되기 위해서는 사람의 다른 구성 요소들을 제거할 필요가 있고 때로는 후손들에 의해 죽은 이가 오랜 기간에 걸쳐 과대 포장될 필요도 있다. 조상은 산 자들에 의해 생산되는 것이다(e.g. Watson 1982: 156).

여러 선사시대 유럽 공동체에서 인간의 몸이나 그 부분 또는 물질은 동물 뼈, 자연적 물질 그리고 물건과 함께 순환, 관리, 퇴적되었다. 접근 가능한 신석기시대 무덤방에 시신을 안치해 나중에 뼈를 제거하거나 노출된 환경에 시신이 부패하도록 남겨두거나 죽은 이를 화장하여 그 잔해를 분배한 사회에서 사람의 가분성은 시신 처리를 통해 명확해졌다(Fowler 2001, 2003). 이에 대한 논의에 앞서 사람의 죽음 그리고 정신이나 영혼과 같은 사람의 가분적인 측면의 재배치에 대해 살펴보겠다.

죽음과 사람 측면의 변형: 가분적이고 분할적인 사람의 운명

장례 의례의 첫 번째 순서는 시신의 매장과 함께 끝이 나는데, 죽은 이의 체액은 돼지 그리고 숲에 사는 다른 동물들로 변한다고 여겨진다.

(Barraud et al. 1994: 36, 오로카이바 장례식에 대한 기술)

세계에 대한 차원 분열적이고 가분적인 이해가 주요한 사회에서는 사람의 측면이 우주에 있는 특정한 장소에서 기원하여 사람이 죽은 후 다시 그곳으로 돌아간다고 여겨진다. 이는 사람다움의 시간적 특성을 나타낼 뿐만 아니라 사람의 측면들이 우주에 공간적으로 배치될 수 있음을 의미한다. 어떤 장소는 영혼, 유령, 또는 죽은 이의 몸과 연관될 수 있다. 가분적인/분할적인 사람의 운명 그리고 죽은 후의 재배치와 재구성에 대한 예로서 민족지적 연구를 살펴보자.

이떼아뉘(Iteanu 1988. 1995)와 바로(Barraud et al. 1994)는 파푸아 오로카이바인들 사이에 알려진 사람다움의 네 가지 측면을 기술한다. 이들은 존재의 상이한 단계에서 나타난다. 첫째, 아이가 태어나면서부터 존재하게 되지만 살아 있는 동안에는 숨겨져 있는 아히히(ahihi) 또는 '이미지'는 죽는 순간부터 애도가 끝날 때까지 다시 풀려나 현존하게 된다. 아히히는 물건과 연합되고 물건, 특히 깃털과 패물에 부착될 수 있으며 장례식에서 재물로 나타난다. 둘째, 하모(hamo)는 살아 있는 동안 사회적 존재로서 사람이 지녔던 가변적인 역사적 정체성이다. 하모는 의례를 통해 생성되는 여러 사회적 관계, 그리고 그러한 관계와 관련된 흉터, 몸 크기, 특별한 장식, 이름, 상징물, 소속 가족 등과 같은 "물리적" 표시로 구성된다(Iteanu 1995: 139). 하모는 축적적이고 사회적 관계 및 경험의 일대기와 대체로 같다. 하모가 제거되면 그 사람의 이름, 그 사람과 관련된 사회적 관계와 경험에 대한 이야기는 더 이상 말로 표현되지 않게 된다. 대신 그에 대한 역사가 그 일대기와 엮인 물건, 장소, 사건을 통해 회상된다. **하모**는 의례적 사건에서의 돼지의 몸을 통해 드러나고 기억될 수도 있다(Barraud et al. 1994: 34). 그래서 이들의 사회적 사람은 기억과 물질문화에 내재되게 된다. 셋째, 조(jo)는 사람의 '내부'이다. 이러한 특질은 다른 이들이 알 수 없고 개인성에 대한 서구적 개념과 다르다. 조는 사람들이 초자연적 실체로 행동하는 제이프(jape) 의례에서 대개 나타나고 그 마법에는 한 사람으로부터의 조의 연장이 수반된다(Iteanu 1988). 멜라네시아에서 그러한 마법이 항상 의식적으로 이루어지는 것은 아니다. 조는 의례에서 잠깐 드러났다가 다시 숨겨지는 형체 없고 무질서한 힘과 같은 것이고 사람들이 때때로 서로에게 주는 개개의 선물로 나타난다. 조는 죽음의 과정을 살아남지 못한다. 마지막으로 온데리(onderi)라는 것이 있는데 이는 생전에는 나타나지 않는다. 온데리는 한 사람의 하모가 끝난 것에 대한 애도 기간 후에 그 사람이 얻게 되는 무명의 집단적 상태이다. 온데리의 상태는 한 사람의 불가분적인 측면에 대한 일대기가 잊혀진 후에야 비로소 온전히 획득된다. 온데리는 야수의 형태를 취하고 이름이 없는데, 이는 이들이 살아 있는 자들과 친족 관계를 맺고 있지 않기 때문이다(Iteanu 1995: 146). 이떼아뉘는 또한 이들이 살아 있는 사람들과 맺고 있는 친족 관계는 실질적으로 단절되었기 때문에 이들이 '조상'으로 취급되어서는 안 된다는 점에 있어서도 매우 구체적이다.

사람들은 계속해서 죽기 마련이다. 그래서 오로카이바 세계에는 항상 상이한 종류의 영혼이 현존한다. 예를 들어 아히히는 죽은 이의 영혼으로 여겨질 수 있고 하모를 제거하고 변형함으로써 생성된다. 그래서 아히히는 사람의 분할적 구성 요소이고, 아히히가 분리된 죽은 이와 여전히 동일시된다. 매장 주기 동안 애도자들은 죽은 이의 소유물을 가져가 이 기념물을 금기시하겠다고 맹세할 것이다. 아히히는 그러한 물건 주위에 존재하는데 그 금기가 유지되는 한 새로운 소유주를 결정하기 위해 소환될 수 있다(Iteanu 1995: 145). 아히히는 물건을 사용함으로써, 대개는 다른 물건을 보호하기 위해, 소환된다. 아히히의 전반적인 존재는 물질문화, 영혼과 효능이 있는 물건들, 죽음 때문에 죽은 이로부터 분리된 죽은 이의 일부를 보유하는 물건들을 중심으로 한다. 정적인 방식으로 오로카이바 사람의 특질을 배치하자면, 야생의 영혼은 숲에 살고 비-인간이며, 물건은 최근에 인간이었던 영혼의 방문을 받기도 한다. 그러나 시간상 다른 시점에서 이 영혼들은 사람들 안에 있었고 온전한 사람과 공동체의 일부를 구성하고 있었다. 차원 분열적인 사람은 사후 개인적 수준에서 우주적 수준으로 재배치된다. 사람의 측면은 인간의 몸 그리고 그보다 넓은 세계에 존재할 수 있다. 개인적인 삶은 과정으로 제시되어 그 사람의 사후 마침내 완전해지지만, 그 이후 존재 전체에 걸쳐 변형의 과정이 계속됨에 따라 다시 원상태로 돌아간다. 인격적 특질은 모든 물건에 존재하고 사후 이러한 특질의 일부가 물건과 동물을 통해 지속된다. 죽은 이는 조상의 정수(이미지), 물건의 일시적인 영혼, 그리고 야수로 변형된다. 죽은 이가 이전에 포함하였던 물건과 동물은 재분배되어 다른 살아 있는 사람들이 포함하게 된다. 또 특정한 장소(e.g. 야생림)는 사람의 특정한 특질과 연관될 수 있다.

이러한 민족지를 통해 볼 때 사람은 죽은 후 전체로서가 아니라 상이한 특질의 집합체로서 시공간적으로 재배치된다고 할 수 있다. 사람의 재분배에는 전통적으로 죽은 이의 잔해 자체가 수반되었다. 그래서 사람이 사후에도 손상되지 않은 상태를 유지할 수 있을 것이라고 생각하는 사람이 있을 수도 있지만, 가분적이고 분할적인 사람의 운명은 그렇지 않다. 그러나 가분적이고 분할적인 경우에도 죽은 이를 산 자로부터 분리해야 할 명백한 필요가 있고 죽은 이의 개인성은 애도된다. 장례식에서는 대개 죽은 이가 사람의 일시적으로 완전한 버전으로 제시되어 기억된다:

> 생전에 사람이 일족과 협력자에게 부를 나누어 주어 사회적 정체성을 얻는 것처럼, 그 사람이 죽으면 죽은 이가 생전에 보였던 '부분들'이 마지막으로 인정되거나 재-생성되어야 한다. (Strathern 1981: 219)

죽은 이가 기억되는 것은 전체가 함께 모일 때만이 아니다:

> [위루의] 남자와 여자는 목에 친족이나 배우자의 뼈를 걸고 다녔다; 죽은 아기의 뼈는 그 아기의 어머니가 애도하는 동안 달콤한 냄새가 나는 풀에 싸여 그물 가방에 걸려 몇 달 동안 보관될 것이다. 두개골은 마을이나 마을 단위의 교단 건물에 집단적으로 보관되었다 …
>
> (Strathern 1981: 212)

멜라네시아에서의 매장 모임에는 많은 교환이 수반되는데, 이를 통해 죽은 이가 다시 재분배되고 재배치되며 살아 있는 사람들 사이의 관계가 다시 방향 지어진다. 애도는 죽은 이와 함께 자신의 사람의 일부를 잃은 이들 모두에게로 확장된다. 그래서 인간의 시신을 포함하여 모아진 사체가 제시된 후 위와 같은 재분배가 일어나는 매장 교환에서 사람의 가분적이고 분할적인 특성이 제시된다(e.g. 아레아레: 상자 2-1 참조; 또는 매장의례를 통해 재분배되는 사발 섬 도끼와 음식의 사체: Battaglia 1990: 177-181). 매장의례에는 대개 수 년에 걸쳐 공동체 내에서 이루어지는 일련의 광범위한 교환이 수반된다. 양자 모두 사람의 측면을 그에 공헌했던 공동체에 귀속시킨다. 예를 들어 결혼을 통해 다른 친족 집단으로부터 받은 몸을 재배치함으로써 그러한 공동체 사이에 새로운 유대를 형성한다. 이처럼 매장 관행은 여타의 교환에서처럼 관계가 분리되고 재-연접되는 과정을 포함한다. 애도자들은 자신을 죽은 이와 동일시하여 -애도자들은 자신들의 일부를 잃었다- 장례 의복과 연행을 통해 '죽음의 특질'을 자신들의 사람으로 받아들일 수 있다(Munn 1986: 167). 멜라네시아에서는 여러 매장 향연이 연속적으로 거행되어 사후 몇 년 동안 이어진다. 분리와 재구조화 과정은 계속 진행되어 사회 관계를 새롭게 하며 다른 교환 주기와 함께 세계를 통한 물질 흐름을 보장한다.

매장 교환은 죽은 이의 성격과 위치를 바꾸고 살아 있는 이의 토지에 죽은 이가 미치는 영향력을 증대시킬 수도 있다. 스트라던(Strathern 1981)에 의하면, 멜파의 매장 교환은 상속을 부정하거나 죽은 이를 완전히 잊고 해체하기 위한 것이 아니다. 대신 이러한 관행을 통해 죽은 이가 관여한 사회적 관계가 긍정된다. 멜파 장례식에서 증여하지 않는 이들은 이후 죽은 이의 친족들로부터 선물을 받게 되는 매장 과정에서의 교환에 참여하지 않는다. 이들은 사실상 죽은 이의 사회적 연결망에서 손을 떼는 것이다. 그러나 산 자의 대부분은 여러 해에 걸쳐 간헐적으로 이루어지는 의례적 매장 교환의 반복을 통해 사회적 관계의 연결망을 지속시킨다. 또한 이러한 매장 주기를 통해 전개되는 선물 교환의 모카(moka) 주기 동안 죽은 이의 정체성이 오래도록 복제되고 윤색된다. 반복된 증여하기와 연설하기 패턴이 죽은 이와 연합된다:

하겐에서 … 사람은 죽음 자체에 따를 수 있는 교환의 확장을 통해 사후에 복제되고 확대될 수 있다; 전쟁 영웅의 죽음은 반복적으로 보상되어 여러 세대에 걸쳐 회자될 수 있다. (Strathern 1981: 219)

어떤 사람이 다른 집단 구성원에 의해 살해된다면 씨족들간 계속되는 교환에서 기억되는 것은 죽은 이가 아니라 그 죽음이다(Strathern 1981: 210). 그래서 매장 교환은 개인의 죽음에 의해 표면적으로는 위태로워지는 것처럼 보인다 하더라도 기존의 사회적 관계를 지속시킬 수 있고 씨족 집단들간의 상호작용에서 핵심적인 영역을 이룬다. 멜라네시아에서는 죽은 이 처리를 통해 젠더 관계 또한 재-연접된다. 이들의 물질 일부는 부계와 모계 각각에게 그리고 남성과 여성 젠더 각각에게 빚진 것이다. 지미 여자들은 죽은 이의 남성적 뼈에서 여성적 살을 제거하고 이를 다시 여성적 혈통에서 소비함으로써 죽은 이의 영적 측면이 숲을 배회할 수 있도록 자유롭게 하여 남자들의 시신을 변형시키는데, 여기서 숲은 남성적 영역이다(Strathern 1982). 이처럼 다원적으로 젠더화된 가분적인 사람은 분할적이 되고 분리되어 여러 기원지로 돌려보내진다. 그 결과 공동체와 우주 안에서 개인적 정수가 재순환된다. 이러한 사건에는 정치적 측면이 있을 수 있다.예를 들어 시신이나 몸 부분의 '소유권'을 두고 서로 다른 혈통 집단 간에 논란이 있을 수 있다. 부계 거주의 사회에서 여자의 시신은 그녀의 어머니, 남자 형제, 남편의 씨족 중 누구에게 전해져야 하는가와 같은 논란 말이다(Bloch 1971; Vitebsky 1993: 49).

전통적으로 멜라네시아에서 죽은 이의 물리적 몸은 파편화되었다. 멜라네시아의 분할적 사람은 단독묘에 매장될 수 있다. 어떤 경우 이는 일시적인 것이고 시신의 잔해가 나중에 다시 파내어지기는 하지만 말이다 (e.g. Hirsch 1990; Maschio 1994: 88-93, 186-189). 장례의 구체적인 틀은 변한다. 레이(Reay 1959)는 죽은 쿠마인 몸 위에 놓인 패물의 파편화에 대해 기록한다. 스트라던(Strathern 1981: 220)은 하겐 공동체에서 이와 같은 행위를 관찰한 적은 없지만 재물은 손상되지 않은 채로 죽은 이가 가져가거나 한 상속인에게 직접 주어져서는 안 되고 공동체를 통해 재분배되어야 한다고 논한다. 그래서 죽음의 물질성은 시신이 손상되지 않은 채로 유지된다 하더라도 사람다움을 구조 짓는 관행 및 원리와 밀접히 관련되어 있다. 식민지적 접촉 이후 여러 멜라네시아인들이 시신을 매장하였다. 따라서 신앙과 사회적 관행에서의 변화로 인해 이전의 관행과 신앙이 중단되었다고는 할 수 없다. 비록 전자가 후자를 보충하고 점진적으로 재구성한다고 하더라도 말이다. 그렇다면 전체적으로 봤을 때 가분적/분할적 사람의 몸이 반드시 파편화되어야 하는 것은 아니라고 할 수 있다. 몸의 파편화와 같은 관행이 그러한 사람다움 양태의 주요한 특징이 되는 경우가 많더라도 말이다.

희생과 우주 생성으로서의 죽음: 힌두 사람의 변형

힌두의 침투적인 사람은 거의 항상 화장되고, 힌두에서 매장은 이루어지지 않는다. 화장은 흐르는 물 옆에 있는 희생의 장소에서 이루어진다. 죽은 이를 제물로 바치는 것은 사실 희생의 행위이고(Ghosh 1989: 137; Parry 1994), 죽은 이는 화장이 시작되어 두개골이 분열될 때까지 죽은 것이 아니다. 불은 시신의 물질-부호를 변형하고 재정의하여 이 부호들은 '그 미묘한 형태를 띠게 되고' 그 정신은 연기에 의해 하늘로 옮겨진다 (Ghosh 1989: 141). 그 잔존물은 물에 잠겨 보다 정제되고 정화되는데, 종 종 신성한 강에 뿌려져 그렇게 된다. 힌두의 사람은 차원 분열적이고 사 람의 죽음은 우주의 종말과 동일하여 홍수가 잇따르는 불의 형태를 띠기 도 한다(Parry 1994: 30-31). '화장은 우주 발생적이다; 그리고 개인적 죽음 은 우주적 재생의 과정으로 흡수된다'(Parry 1994: 31). 시간에 대한 힌두 의 개념은 한 우주의 끝을 다른 우주의 시작과 연결하기 때문에 이러한 파괴는 재생이기도 하다. 죽음과 우주의 재창조는 통합되어 있기 때문에 죽음은 은유적인 인간 희생으로 인해 야기된 우주 발생이나 생성 그리 고 갱신의 과정이다. 몸은 우주를 포함하고 우주의 등가물이며, 또 신성 한 도시와 등가물이다. 이 신성한 도시는 천국으로 가는 가장 직접적인 관문이자 죽음을 재창조로 변형하기에 가장 효과적인 장소인데, 이는 비 슈누가 여기에서 불길에 싸여 앉아 우주를 창조했기 때문이다(ibid.). 힌 두의 희생적 죽음은 차원 분열적 사람에게서 정제되어 나온 모든 종류의 물질-부호를 재순환하게 한다. 왕과 살아 있는 성자의 몸은 보다 강력 하여 우주의 보다 많은 부분을 포함하고 이들의 몸을 위해 특별한 의례 가 행해진다(Oestigarrd 인쇄 중).

힌두의 장례식에서는 시신을 사회에서 제거하고 죽은 이를 사회적 관 계로부터 분리, 단절하려 한다. 이는 개인성에 대한 어떠한 의미도 완전 히 용해하여 사회적 관계를 다시 형상화하기 위한 것이다. 사람은 경계 가 지어졌지만 침투적인 존재이고, 죽었을 때 그 경계는 외부로부터 침 투되어 완전히 잠겨야 한다. 서양에서 경계 지어진 개인은 죽고 나면 '사 라지지만', 힌두 사회에서 사람은 사회적 행위를 통해 살해되어야 하고 그 경계는 마지막 시간을 위해 가시적으로 침투되어야 한다. 가분적인 자아의 구성 요소가 분리되어 그 정신은 하늘로 그리고 재생을 위해 풀려나는데, 이때 잇따른 의례를 통해 익명의 조상으로 변형되어야 하는 유령도 함께 풀려난다(Parry 1994: 6장). 죽은 이는 어떠한 기념 행사로도 추도되지 않고, 화장한 다음 며칠이 지난 후에 사자에게 뿐만이 아니라 사자의 부모와 조부모에게도 공헌물이 바쳐진다(Ghosh 1989: 147). 최근에 죽은 이의 일부가 유령이나 영혼이 되기도 하고, 인도의 일부 지역에서는 이러한 존재들과의 관계가 조심스럽게 협상되어야 한다. 영혼은 산 자, 또는 물건과 동물의 몸을 소유할 수 있다. 인도의 사바라족은 죽은 이가 산 자의 몸에 머무르며 산 자를 통해 이야기하는 교령회(交靈會)를 거행한다(Vitebsky 1993). 죽은 이는 가분적인 용기인 산 자의 몸에 침투할 수 있다. 산 자와의 관계에 대해 안심해야만 죽은 이는 영혼의 세계로 떠날 것이다. 죽은 이에 대한 사바라족의 담론은 죽은 이가 사회 또는 산 자의 세계에서 쉽게 분리되지 않음을 나타낸다. 죽은 이의 주요한 요소가 다른 곳으로 가도록 되어 있다 하더라도 죽은 이의 다른 측면들은 사회에서 꾸물거리고, 최근에 죽은 이의 영혼은 현존한다. 침투적인 사람은 죽음을 통해 분할적이 되고, 죽은 이가 생전 모았던 모든 물질—부호가 우주의 재창조에서 완전히 정제되고 재편된다. 이때 우세한 사람다움의 사회적 양태인 침투성은 매장 관행에서도 강조된다. 불은 몸에 스며들어 영혼을 자유롭게 하고 영혼은 멀리 날아간다. 정제된 잔존물은 강의 흐름과 함께 하류로 쓸려 내려가 우주에 스며든다. 다시 말하건대 이러한 특징은 침투적이거나 분할적인 사람에 대한 개념을 나타내지만 이러한 특징이 없다고 하여 사람다움의 주요 특징으로서의 침투성 개념이 없다고는 할 수 없다. 시신 절단, 화장, 부패에 대한 사회적 기술의 의미는 결코 투명하지 않지만 물질의 보다 광범위한 순환 그리고 몸과 물건이 다루어지는 맥락을 통해 분할성, 침투성과 같은 구조화하는 원리의 존재를 추정해 볼 수 있다.

상자 4-1. 철기시대 남부 스칸디나비아에서의 장례 관행, 사회 질서, 희생 그리고 신과의 소통

매장관행에는 살아 있는 인간 세계와 영적 세계 사이의 교환망으로서의 인간의 몸이 수반될 수 있다. 인간 공동체는 종종 초자연적 존재에게 그 존속을 의존한다. 죽은 이를 우주로 되돌려 보내는 것은 초자연적 존재에게 그러한 존속에 대한 빚을 되갚는 한 가지 방식이다. 최근 털지 외스티가드(Oestigaard 1999, 2000)는 철기시대 남부 스칸디나비아에서 시신이 신이 소비할 음식처럼 마련되었을 가능성을 제시하였다. 그는 시신이 어떻게 '도살되고' 해체되어 날 것으로 제공될 수 있었는지를 기술한다. 시신은 또한 가마솥 안에서 삶아지거나 화장되어 '요리될' 수 있었고 화장과 뼈 굽기를 통해 '태워질' 수 있었다. 시신이 노출된 온도에 따라 상이한 비율의 콜라겐이 뼈에 남는다(Holck 1987). 홀크(Holck 1987: 136-139)의 분석에 따르면 타지 않은 것처럼 보이는 어떤 뼈들은 실제로 상이한 정도로 '요리되거나' '태워졌고', 가열된 흔적이 없는 한 무리의 뼈에는 잘린 흔적이 보인다. 외스티가드(Oestigaard 2000)에 의하면, 죽은 이의 몸을 이러한 방식으로 마련하는 것은 종교적 관행, 특히 희생과 관련된다. 예를 들어 단지가 분배될 음식을 담고 있는 것처럼, 화장된 유해를 단지 안에 넣음으로써 죽은 이를 선물로 변형할 수 있다

(Oestigaard 2000: 50; cf. Lucas 1996: 113). 상이한 장례 기술과 칼로 찔러 죽이기, 교수형, 익사와 같이 상이한 종류의 죽음에서 상이한 신들이 불러내어졌을 수 있다(Oestigaard 2000: 51). 죽음에 이르게 한 다중적인 폭력 행위의 흔적이 철기시대 습지 시신에게서 종종 발견되어, 이들이 교살, 독살, 참수형으로, 그리고/또는 곤봉으로 맞아 죽었음을 알 수 있다(M. Williams 2003: 94). 이는 사람과 공동체의 상이한 요소들을 서로 다른 신들에게 제공하기 위한 것일 수 있다. 다음 장에서 볼 것처럼, 정신과 같은 사람의 면모가 반드시 단수적이고 불가분적인 것은 아니다. 어떤 관행은 특정한 범주의 사람들을 위해 예비되어 서열이 높거나 유명한 전사의 시신은 전장에서 찾아 화장해 단지에 담아 집으로 돌려보내는 반면, 다른 시신들은 썩은 고기를 먹는 동물들을 위해 전장에 남겨두거나 전장 가까이에 묻었을 수 있다(Oestigaard 2000: 52). 각각의 경우 죽은 후 사람의 변형은 한편으로는 생전의 위치 및 사회적 관계와 관련될 수 있고 다른 공동체 구성원들과의 이해 관계에도 영향을 받는데, 이는 습지에서 발견된 이들이 고의적으로 살해되었다는 점을 통해서도 추정 가능하다. 서로 다른 신들이 하늘이나 지하에 존재하여 화장과 매장을 통해 각기 접촉될 수 있다는 점에서 죽은 이의 위치도 중요하다. 각 변형 방식은 공동체와 초자연적 힘 사이에서 정수를 전달하고 빚을 되갚으며 세계의 한 특징을 재생할 수 있다. 사람은 물건처럼 선물이 될 수 있으므로 사람의 파괴나 희생은 인간의 물질을 초자연적 힘에게로 전달해 그러한 초자연적 힘과의 교환 관계를 완성하는 공헌 행위라고 볼 수 있다. 신성한 기원을 지녔을 수 있는 음식을 인간이 소비했던 것처럼 신들도 인간의 요소를 소비한 것이다.

요약: 사람다움의 양태와 죽음의 방식

위에서 살펴본 세 가지 양태의 사람다움 각각은 특유한 죽음의 방식을 지니고 있다. 서양의 개인성은 손상되지 않은 사람, 특히 서구의 사람다움이 존재하는 몸에 대한 기억의 보존에 의해 지탱된다. 죽은 이의 사적인 소유물은 전달될 수 있지만 죽은 이의 물질과 정수는 전달 불가능하다. 멜라네시아의 사람다움은 분할성을 통해 죽은 후 사람의 완전한 파편화를 유도하는데, 이에는 몸이 포함된다. 사후에 사람들은 여러 존재가 되어 사회적, 물질적 세계로 분산된다. 사람의 물리적 부분은 대개 얼마 동안 사회적으로 순환되는데, 이때 죽은 이의 측면이 함께 옮겨진다. 힌두의 침투적인 사람다움은 불과 물처럼 우주를 창조하고 구성하는 요소를 사람을 통해 뽑아내어 이들이 포함하고 있는 물질-부호를 정제한다. 몸의 부분은 별개의 장소에 특수한 물건으로 보관되는 것이 아니라 하늘이나 강으로 보내져 우주 일반으로 침투한다. 경계 지어진 사람이 무한해지는 것이다. 죽음의 이 두 가분적인 방식은 사람다움의 주요한 관계에 적합하지만 그렇다고 하여 보다 불가분적인 면모의 동시적인 현존이 부인되는 것은 아니다. 매장의례에서는 한 사람의 관계의 세계를 모아 그러한 관계를 전체로서, 일시적으로 완성된 존재로서 제시한다. 나중에 살펴볼 것처럼, 이는 개인에 대한 시각을 제시한다. 사람의 여러 특징이 사후 분리되어 재배치될 수 있다. 유령을 포함하여 일부는 그대로 남아 있더라도 말이다. 상이한 종류의 조상적 존재가 잇따른 의례를 통해 생성될 수 있다. 어떤 경우에는 개인적 성취가 기념되지만 다른 경우에는 그렇지 않다. 또 어떤 경우 조상은 물리적으로 기념되지만 다른 경우 기억이나 일시적인 행동을 통해 기념된다.

죽음에 대한 논쟁

왜 죽음이 삶의 역이 아니라 삶에 대한 사회적 협상의 일부인가

지금까지 매장의례는 사람을 해체하고, 산 사람들 사이에서의 사회적 관계 재구성을 위한 기회를 제공하기도 한다는 것을 살펴보았다. 어떤 경우 장례 의례를 통해 죽은 이가 또 다른 종류의 존재로 구성되거나 우주 전체를 새롭게 하기도 한다. 그러나 죽은 이는 죽은 것이고, 죽음은 통상적인 의미에서 삶의 역일 수 있다. 이처럼 복잡한 상황을 어떻게 이해할 수 있을까?

20세기 후반의 영국 집시에 대한 쥬디스 오클리(Okely 1979)의 민족지에 따르면, 이동성이 살아 있는 집시의 정체성에 핵심이었다고 한다. 죽음은 죽은 이를 재배치하여 죽은 이는 더 이상 집시 사회의 일부가 아니었지만 그렇다고 저세상으로 가지도 않았다(Okely 1979: 87). 이는 죽은 이가 집시 공동체로부터 완전히 제거된다는 것을 통해 알 수 있다. 죽은 이들과 죽어가는 이들은 고지오(gorgio), 즉 집시가 아닌 사람의 세계로 넘어간다. 그래서 죽은 집시는 고지오 묘지에 묻힌다. 죽은 이의 오염된 시신이 사회 밖으로 보내지는 것처럼, 죽은 이의 자산도 그렇게 되어 죽은 이의 캐러밴은 소각되거나 팔린다(Okely 1979: 88). 죽은 이의 영혼인 뮬로(mulo)는 이러한 소유물과 시신에 부착된 것으로 여겨진다. 이러한 영혼은 악의에 차 있어서 사회에서 제거되어야 한다. 이 영혼은 살아 있는 집시처럼 어떤 면에서 움직여 다니고, 이 영혼의 추방은 파괴와 분쇄를 통해 이루어진다. 고고학자들은 죽음은 삶을 역전시키기 때문에 죽은 이에 대한 취급을 직접적으로 해석하면 산 자의 세계를 잘못 이해하게 될 수도 있다는 주의를 주고는 하는데, 그러한 해석이란 결국 이데올로기적인 진술이라는 것이다(Shanks and Tilley 1982; Shennan 1982). 죽음에 대한 집시의 방식은 실제로 삶을 역전시킨다. 그러나 삶과 죽음 사이에는 전체적으로 연결된 관계가 있다. 일상 생활에서 사회 너머에 있고 집시 삶의 역인 것은 고지오이므로 죽은 이는 고지오 공동체에 합류한다. 산 자와 죽은 자 사이의 구분은 집시 그리고 고지오 세계와 관련하여 인지된다. 이 경우 사후의 취급에서는 산 자들 사이에서의 관행이 역전되지만, 이를 통해 고지오 세계 그리고 죽은 이를 다룸에 있어 산 자들이 지속적으로 취하는 분리와 회피라는 일련의 원리와 관행에 대한 식별 또한 가능하다. 이처럼 오클리의 연구는 사람다움, 종족성, 죽음 사이의 관계를 드러낸다. 집시는 산 자를 죽은 자로 변형함에 있어 집시 자신들과 고지오 사이의 관계에 초점을 두어 죽은 이를 명백히 종족화했다.

이처럼 죽음은 사람다움의 한 상태를 다른 상태로 대체하는데, 이는 산 자의 사람다움과 문제를 일으킬 수 있다. 죽은 이는 사회로 재통합되거나, 다른 공동체, 즉 외국인 또는 죽은 이들의 공동체, 영적 존재, 야생 동물과 장소의 공동체, 또는 이들의 혼합 공동체로 보내질 수 있다. 이 모든 활동은 영적이거나 종교적일 뿐만 아니라 사회적이고 정치적이며, 사람다움의 생성과 분산에 대해 많은 것을 드러낼 수 있다. 이러한 활동에서 죽은 이의 개인적 정체성이 직접적으로 인용되거나, 공동체에서 우세한 사람다움의 총체적 개념의 재구성을 가능케 하는 방식으로 시신이 제시되지는 않지만, 다른 곳에서 사람다움이 생성될 때 적용되는 것과 동일한 원리와 관행이 적용된다. 정확히 **어떻게** 매장 관행에서 사람다움이나 개인적 정체성이 인용되는지를 알 수 있는 표준적인 방법이란 없다. 샌스와 틸리(Shanks and Tilley 1982)의 연구에서는 죽은 이 처리가 산 경험을 역전한 이데올로기적 진술로 해석되었다. 샌스와 틸리는 신석기 시대 전반부 무덤방이 있는 무덤과 매장 구조에 있어서의 인골의 공동체화는 사후에는 모두 동등하다는 이데올로기적 주장의 일부였다고 본다. 위와 같은 이데올로기적 주장이 실제로 존재하는 사회적 불평등을 은폐하였다는 것이다. 이 시기 중남부 영국에서 죽은 이의 잔존물은 공동체 내에서 순환되는 경우가 많았다(Thomas 1999a). 무덤방이 있는 돌무더기, 매장 구조물이나 둑길이 돌아가는 울타리와 같이 사회적, 영적으로 경계적인 장소에서 잔존물을 통제한다는 것은 논쟁거리였을 수 있다. 그러나 인간의 잔존물은 이러한 맥락 밖에서도 발견되어 구덩이에서 깨진 물건 그리고 동물 뼈의 일부와 함께 섞여 있는 경우도 있다(Thomas 1999a: 68).

여러 맥락에서 인간의 잔존물은 퇴적 관행의 핵심적인 부분이었다. 죽음과 죽은 이가 다른 일상적 사회 관계와 이데올로기적으로 문제가 되어 따로 고립된 영역을 형성하지는 않았던 것으로 보일 수 있다. 실제로 죽은 이의 잔해를 통해 언급된 사람다움은 갈등과 차이를 은폐한다기 보다는 그에 대한 협상의 매개가 된다. 그 결과는 실제의 반영도 아니고 그에 대한 완전한 은폐도 아니다. 사자의 뼈에 접근하는 것은 영적 활동이었을 뿐만이 아니라 매우 정치적인 활동이기도 했을 것이다. 뼈는 산 자의 세계에 죽은 이의 현존을, 인골을 포함한 물질의 조합은 우주에서의 관계 재생에 필수적인 부분을 나타냈을 수 있다. 이러한 이유로 죽은 이의 처리에 대해 직접적인 해석을 하는 것에는 신중할 필요가 있지만, 죽은 이와의 상호작용을 이례적인 관행 또는 일회성의 사건으로 여기는 것역시 잘못된 결론을 낳을 수 있다. 모든 물질적 잔존물은 사회적, 정치적상호작용에서 반복적으로 사용되는 매개물이 되고, 상이한 사회적 분야에서 이루어지는 관행의 영향을 받는다(Barrett 2001). 유럽 선사시대에서죽은 이의 잔해는 종종 다시 접근되어 반복적으로 재사용되었는데, 때로는 최초의 퇴적 이후 여러 세기가 지난 후에 그렇게 되기도 하였다. 사람다움은 과거의 잔존물 재사용을 포함하여 물적 매체를 통해 지속적으로재협상되었다. 사람다움의 특성에 관한 사회적 정치를 위해(e.g. Fowler 2001; Thomas 1999a: 151), 심지어는 새로운 유력한 전체를 만들기 위해부분을 재구성하여 꾀한 영적 재생(5장 참조) 등의 여러 이유로 어떤 무덤방이 있는 돌무더기에서는 오래된 뼈의 재결집이 중요해지기도 하였다.이러한 방식으로 사람다움에 대한 논리가 숙고, 적용, 수정되었으며, 신석기시대 사람다움에 대한 지속적인 협상에서 죽은 이는 충분히 상호작용적인 역할을 하였다.

맺으며

죽음은 사람을 변형시키고, 이러한 변형에대한 개념은 사람다움을 이해하는데 필수적이다. 매장 관행에서는, 예를 들어, 가분성에서 분할성, 또는 불가분성에서 극단적인 분리에 이르기까지 사람다움이 조정된다. 그러나 이는 사람다움의 일반적인 양태의 일부이고 미리 형상화된 변형이다. 고고학적 연구에서는 사후 개인의 운명이 중시될 수 있지만 사람다움의 주요한 구조는 대개의 경우 개인성에 대한 고려를 압도한다. 사람의 분해와 재분배는 중요한 우주론적 결과를 지닌 공동체적 관심사인 경우가 많다. 이 장에서는 잔해 조작을 통한 죽은 이의 변형을 포함하여 죽은 이의 변형과 함께 산 사람들 사이의 인격적 관계가 어떻게 재가공되는지를 살펴보았다. 이에는 인간의 잔해뿐만 아니라 과거 삶의 다른 흔적들도 포함된다. 이러한 재분배는 보다 넓은 사회적 맥락에 대한 참조를 통해 비로소 이해될 수 있다. 사람의 해체와 재구성은 분할적 관계에 있는 사회적 삶의 항상적 특징이고, 죽은 이의 처리는 문자 그대로의 시신의 해체를 통해 이러한 논리를 드러내는 것에 불과하다. 사회와 우주 전체에 걸쳐 사람다움을 유지하게 하는 정수의 보다 광범위한 순환은 계속적으로 이루어지는데, 이는 다음 장의 주제이다.

5장
몸, 물질, 공동체

들어가며

　　　　　앞에서 물건이 어떻게 사람과 같은 특질을
지니고 사람과 같은 효과를 낼 수 있는지, 물건이 어떻게 사람으로부터
출현하고 또 그 자체로서 사람으로 나타날 수 있는지를 검토하였다. 죽
은 이의 구성 요소가 우주 전체에 걸쳐 어떻게 재배치되는지도 살펴보았
다. 필수적으로 충전된 물질과 특질은 삶 전체에 걸쳐 사람들과 상호적
으로 서로에게 깊숙이 스며들고, 그러한 흐름을 유지하는 것이 사람다움
의 유지와 변형에 얼마나 중요한지도 이미 살펴보았다. 이 장에서는 사
람의 관계적 개념이 강조되는 사회에서 인간과 비─인간 사이의 연관을
이해하기 위해 몸과 몸 사이에서의 물질의 전달 그리고 우주를 통한 물
질의 전달에 초점을 둘 것이다. 이제 보게 될 것처럼 이는 불가분적인 개

인과 가분적인 사람다움 사이의 가장 큰 차이 중 하나이다. 분할성은 멜라네시아 이외의 사회에서도 발견되는데, 사람과 우주에 대한 개념에 있어 다소 차이는 있다. 사람들의 일반적인 침투성 역시 마찬가지로 광범위하게 발견되는 현상이다. 전체적으로 관계적 사람다움과 분열적 사람다움에는 그로부터 사람들이 생성되는 정수의 지속적인 생산, 소비, 순환이 수반됨을 보일 것이다.

몸과 물질의 전달

물질의 통제와 순환은 사람다움의 생성과 조절에 근본적인 것이다. 이 절에서는 물질이 어떻게 생산되고 전달되는지에 따라 몸이 어떻게 별개의 존재 또는 서로에게 연결된 존재로 개념화되는지, 그리고 어떠한 특질이 몸과 세계의 물질로 귀속되는지를 살펴볼 것이다. 특정한 종류의 몸 개념과 생산은 고고학자들이 최근 관심을 갖게 된 주제이다(e.g. Chapman 1996, 2000; Fowler 2001; Hamilakis et al. 2002; Joyce 2000; Meskell 1996, 1999; Thomas 2002; Yates 1993). 몸의 경계가 중재되는 방식, 몸 사이의 연관이 발효되는 방식에 있어서의 패턴은 어떠한 문화적 맥락에서라도 사람다움에 대해 많은 것을 드러낸다. 물질과 정수에 대한 보다 정확한 정의는 나중에 제시하겠다.

물질, 형태, 공공의 몸

> '의인화'는 … 음식과 물건 그리고 사람을
> **다른** 사람으로 전환시키는 소비로서
> 보다 잘 이해될 수 있다.
>
> (Battaglia 1990: 191. 사발 섬의 사람다움을 논하면서)

몸의 형태와 내용물에 대한 관리는 대개 문화적 문제이다. 물질의 소비와 흡수는 몸의 외양을 통해 대개 공적으로 관리된다. 스트라던 (Strathern 1999: 45. 48-51)은 파푸아 뉴기니 부족 에토로인들이 어떻게 '너무 뚱뚱한' 아기의 몸을 주술의 증거 그리고 생명 에너지를 남몰래 저장한 증거로 여겨 그러한 아기를 죽이는지를 기술한다. 각 몸이 사회의 안녕을 나타내는 피지에서 사람들은 집단적인 사회적 실패의 지표인 몸무게 감소의 징후가 나타나는지를 보기 위해 서로의 몸을 주의 깊게 관찰한다(Becker 1995). 남부 인도의 마리아나드 마을에서 같은 그릇으로 함께 먹는 것은 남편과 아내 사이에 침이 오고 감에 있어 매개 역할을 한다 (Busby 1997. 1999). 몬태규(Montague 1989)는 카두바건인들이 그들 자신의 몸에 직접적으로 영양분을 공급하기보다는 죽은 카두바건인들을 포함하여 '서로를 위해 먹는' 방식을 기술한다. 즉 소비에 대한 감시는 몸에 대한 공공의 규제이고, 사람을 통해 지나가는 흐름은 사회적, 물리적, 주술적 효과를 나타낸다(Boyd 2002; Hamilakis 2002; Meskell 1999: 46-50 참조). 정체성은 또한 의복, 몸의 외양, 신체적 움직임의 상연을 통해서도 형성되고 변형된다(e.g. Joyce 2000). 뉴기니아에서 신체적 장식은 의례적 사건을 위한 특정한 정체성을 구성하고, 흔히 개인적 장식은 사람의 특성을 '전면적으로' 바꾼다. 모든 사회에서 몸이 사람의 주요한 측면으로 여겨지는 것은 아니고, 몸은 몸이 연관된 관계에 따라 재구성될 수 있지만 영혼은 불변의 것으로 기술되기도 한다(e.g. Csordas 1999: 143-144). 개인적 외모를 바꾼다는 것은 과거에 여러 차례 자아에 대한 상이한 관점과 의미를 얻기 위해 개인적 정체성을 바꿨다는 것이다. 몸에 옷을 입히고 신체적 경계를 관리하는 기술은 이러한 관계적 효과를 이해하는데 필수적이다. 살아 있는 자의 몸은 경계와 구멍을 보호하고 정수, 즉 사람이 어느 정도 침투 가능한 경우에만 필요한 무언가의 움직임을 조정하기 위해 종종 표시가 되거나 가려진다. 이는 구멍을 가리기 위해 옷을 입는 것(e.g. 다른 영혼이 씌는 것을 감시하기 위한 막으로서의 투아레그족의 베일, 남자와 여자 사이의 경계, 감정의 표현; Rasmussen 1995)에서부터 몸의 타고난 신성함과 효능의 영향을 제한하는 폴리네시아 타투(Gell 1993)에 이르기까지 다양한 방식으로 이루어질 수 있다. 여러 마오리 족장, 서열이 높은 여자와 사제는 매우 강력한 영향력을 지녀 문신을 하지 않고 에너지의 흐름에 대한 개방성을 지니는데, 그래서 우주의 위험한 교점이기도 하다(Gell 1993: 259-266). 한편 다른 족장들은 바로 이러한 고결함을 지니기 위해 문신을 한다(ibid.: 211). 문신은 효능이 새 나가 다른 이들에게 영향을 미쳐 몸이 오염되는 것을 막는다. 물질의 조작과 신체적 경계의 감시는 문화적이고 공적인 문제로서 사람의 개념에 중심적이다. 경계의 규제는 사람이 불가분적인 것으로 여겨져야 하는지, 침투성과 분할성이 공적 관심사인지를 이해하는데 핵심적인 지표이다. 고고학자들이 사람다움의 위와 같이 다른 분야에 대한 공동체적 협상을 간과하여 몸-형성 과정을 개인성의 표현으로 이해한다면 잘못된 결론에 이를 수 있다. 몸-형성 관행은 분명 개체화하지만 그러한 관행이 안에서부터 밖으로 개인성을 표현한 것은 아닐 수 있다.

물질과 불가분적인 몸의 출현

중세 유럽에서 사람은 복잡하고 꽤 가분적이며 침투적인 존재로 여겨졌다고 할 수 있다. 마음 그리고 정신과 별개의 것으로서 몸은 몇몇 체액을 포함한 용기였다. 이러한 체액은 몸 주변을 흐르며 (액체의) 가래, (흙과 같은) 흑담즙, (불과 같은) 황담즙, (공기와 같은) 피로 나타났다(Rawcliffe 1995: 33). 각각의 체액은 사람의 성격에 상이한 방식으로 영향을 미쳤다. 예를 들어 낙천적인 사람은 혈액이 많아서 우울하거나 심술궂기보다는 명랑한 것이다. 물질은 몸 안팎으로 쏟아져 들어오고 나간다. 사람들은 자신의 몸 안에 있는 물질의 균형을 변경하여 자신의 기분과 성격에 영향을 미치기 위해 피를 흘리거나 구토를 유발하는 혼합 음료를 마셨다. 이와 함께 점성술적 상황을 포함한 외적 상황에서의 변화가 몸에 영향을 미칠 수도 있었다(Rawcliffe 1995: 59-70). 그러한 물질과 상황의 변화에 영향을 받아 몸은 악마의 영향을 포함한 외적 영향의 침투에 노출되었다. 중세의 주술 피하기 수단 중에는 몸에 밀착되는 의복이나 몸의 **허물**(머리카락, 피부 세포, 손톱, 땀, 점액, 대소변, 성적 액체와 같이 몸의 부분이면서 몸으로부터 분리 가능한 것들)을 묻거나 그 주위에 벽을 쌓는 방법이 있었다. 주술이 염려되었던 사람들은 자른 머리카락이나 손톱을 태우는데 주의하였다. 주술은 신체적 물질과의 접촉을 통해 또는 사람에게 스며들어 번식력이나 정신 자체와 같이 사람의 보이지 않는 측면을 시들게 할 수 있었다.

과학혁명기에는 몸에 대한 위와 같은 요소적 관념이 몸 그리고 몸 안에 있는 속성에 대한 기계적 개념과 합쳐졌다. 데카르트가 몸의 물질을 세계의 물질로부터 구분했던 것처럼, 토마스 홉스(1588~1679)는 몸을 그 (현대 서구인들은 몸의 물리적 구성, 조직, 생리, 화학으로 볼) 구조에 의해 완전히 결정되는 개별적 기계로 보았다. 마음은 단순히 그러한 몸 구조의 연장이자 장기의 움직임에 따라 나타나는 속성이었고, 정신은 존재하지 않았다 (Morris 1991: 17). 홉스의 물질적 결정론은 사람의 성격을 생물학적으로 타고나, 몸의 물질과 형태에 의해 지배되는 무언가로 환원하였다. 이러한 관점은 인간의 유전적 물질을 통해 전달되는 일련의 필요에 의해 성격이 결정된다는 사고, 그리고 두뇌를 지니고 있는 몸은 모든 개인들이 공유하는 일련의 욕망으로 '짜여 있다'는 사고의 전조였다. 홉스는 기계로서의 몸 이해에 대한 새로운 유물론적 은유를 마련하고 있었던 것이다 (Morris 1991: 21). 전 세계가 그 물질의 속성으로 환원되어 이러한 유물론적이고 기계적인 방식으로 사고될 수 있었다. 이후의 몸에 대한 의학적, 생물학적 관심은 인간 해부를 통해 수행된 해부학으로 이어졌다. 특정한 장기의 크기와 형태-그리고 젠더-는 특정한 성격 특색에 대해 물질적 관련성을 지니는 것으로 여겨졌다(Jordanova 1989). 불가분적인 사람은 점차 몸에 갇혔다. 성격은 여전히 내적인 화학이나 역학 작용에 대한 외적 적응에 의해 영향을 받을 수 있었지만 말이다.

사회적 기술로서의 기계는 몸에 대한 기계적 개념의 유포와 함께 산업혁명 동안 우세해졌다. 한편 과거 200년 동안 몸에 대한 유기적 이해가 그 반복적 수정을 거쳐 지배적이게 되었다. 다윈(Darwin 1859)의 진화론은 유기체에 대한 혁명적인 이해를 가져왔고 유전학적 사고의 발달로 이어졌다. 진화에 대한 다윈의 이론은 생물학적 유기체에게만 해당되었지만, 그 이후 사회(Spencer 1857), 물질문화(e.g. 피트 리버스의 형식학적 방법; Gosden 1999: 28), 심지어 사상과 문화(Dawkins 1976; Dennett 1995; Sperber 1996)에 대한 연구에도 적용되었다. 이들 중 후자의 이론들은 유전자와 유사한 방식으로의 사고의 전달, 한 세대에서 다음 세대로의 형태의 전달에 관한 것이다. 이를 특정한 물질-부호의 전달, 즉 유전자에서 '문화인자'(memes: 사고의 단위)로의 이행에 대한 문화적 이론이라고 할 수 있다. '문화인자' 이론은 사고와 관행을 개인들 사이에 전달되는 매리어트의 물질-부호와 유사한 무언가로 인지하는 것처럼 보인다. 비록 이러한 개인들은 이 문제에 있어 발언권이 거의 없지만 말이다. 그러나 유전 이론은 혈통에 의한 몸에서 몸으로의 물질 흐름을 추적할 뿐이다.

혈통으로서의 물질 전달

서구의 개인들은 상대적으로 불가분적이므로 현대 서구인들이 그들의 물리적 일부를 나누어 주는 경우는 드물다. 헌혈, 장기 기증, 그리고 여타의 유사한 관행을 제외하면 현대 서구인들의 물질은 대개 생식을 통해 전달된다. 혈액 기증자와 수혜자 사이의 관계는 사적이거나 직접적이지 않다. 불가분적인 사람은 다른 이들과의 일반적 관계에서가 아니라 재생산을 통해 생식 물질을 전달한다. 아이들은 부모와 '혈액'을 통해 관계되고, 혈통은 족보를 통해 측정된다. 혈통에 대한 이러한 계산을 분기학 또는 수지학이라고 부를 수 있다. 분기학에서는 잉골드(Ingold 2000c: 136)가 관계됨의 계보학적 모델이라고 부른 단선적인 방식으로 일족과 직접적 혈통을 공간적으로 배치한다. 개인의 DNA와 같은 물질은 한 세대에서 다음 세대로 전달된다(Ingold 2000c: 137). 이러한 관계의 일방향성은 죽은 이와 실제적으로 관련을 맺거나 과거의 관계를 다시 회복하는 것은 불가능함을 의미한다. 모든 물질은 유형적이므로 지식을 물질로 칭하는 것은 이치에 어긋난다.

진행 중인 관계에서의 물질 전달

잉골드(Ingold 2000c)에 의하면, 여러 비-서구적 공동체에서는 다소 상이한 방식으로 몸과 몸 사이에 물질을 전달한다. 그러한 공동체에서는 사람들이 습관적으로 관여하는 사람들의 집합에 종종 동물, 죽은 이, 식물, 심지어 바위의 형태를 한 영적 존재가 포함되고는 한다. 생식적 특질과 물질은 한 세대에서 다른 세대로 생물학적으로 전달되는 것이 아니라 어떠한 시점에라도 공동체로 통합된 상이한 존재들 사이에서 교환된다(Ingold 2000c: 144-146). 잉골드는 들뢰즈와 가타리를 따라 그러한 관계를 상상의 식물 뿌리로 개념화하여 리좀이라고 칭한다. 리좀 뿌리 각각은 성장 과정에서 이전에 분리되었던 가지들을 재결합하여 다른 뿌리로 다시 자란다. 죽은 이는 사회에서 완전히 제거된 것이 아니고 모든 존재와의 상호작용은 대화적이다. 물질, 에너지, 지식은 살아 있는 인간 공동체 외의 출처로부터도 얻어져 생물학적 재생산을 통한 방법 외로도 전달될 수 있다. 예를 들어 피터 토마스(Peter Thomas 1999)는 남동 마다가스카르 테나맘본드로인들 사이에서의 친족과 임신에 대해 연구하면서, 한 세대에서 다른 세대로 젠더화된 정수를 전달하는 것은 이러한 물질의 지속적인 조작에 대한 실용적 지식의 전달에 비해 부차적인 문제라고 본다. 테나맘본드로인들에게는 한 세대에서 다음 세대로 지식, 그리고 무엇보다 관행과 기술을 전달하는 것이 생물학적 혈통의 직접적 계보에 있어 한 사람의 '피'를 전달하는 것보다 중요하다. 입양된 아이들은 흔하다. 사람들 사이에 특질의 흐름이 분명 일어나기는 하지만, 이는 계보의 혈통을 통해서보다는(즉 재생산을 통해서보다는) 일생 동안의 물건과의 접촉을 통해(예를 들어 끼니를 공유함으로써) 일어나기 마련이다. 이러한 상호작용을 어떻게 할 것인가를 알게 됨으로써 사람들 각각은 여타의 것과 관계를 맺을 능력을 얻게 된다. 여기서 일방향적이고 분기학적인 생물학적 혈통은 정체성의 특징이 전달되는 가장 중요한 관계가 아니다. 관계적 패러다임에서의 사람들은 단순히 '계보학적인 연관 또는 **관계됨**의 계통을 따라 서로에게 연결된, 재생산된 존재가 아니라 모든 것을 망라하는 **관계**의 장 안에 다양하게 배치된 번식적 활동의 중심'으로 이해되어야 한다(Ingold 2000c: 144, 강조는 Ingold에 의함). 인도네시아의 리오인들에게 '집' 공동체로부터 양도될 수 없는 영속적인 금제 가치품의 교환은 장기간에 걸쳐 결연을 통한 지속을 보장한다(Howell 1989). '집'은 혈통 집단으로 환원될 수 없는 사회적 단위이고, '집' 구성원에는 인간뿐만이 아니라 물건도 포함된다. 어느 한 공동체 구성원의 삶에서 주어진 선물의 혜택을 거두게 되는 것은 '집'의 미래 세대이다. 금에는 '집'의 정수가 깃들어져 삶의 갱신 과정 전체에서 양도될 수 없다. 이 경우, 그리고 여타의 경우, 혈통 계보가 여전히 어떤 역할을 **할 수도** 있으나 혈통 계보가 구조화되고 협상되는 방식은 유동적일 수 있고 물건과 죽은 이 모두 공동체에서의 필수적 에너지 갱신에 주요한 추동력이 될 수 있다. 즉 물건과 물질의 실제적 사용에 있어서의 패턴이 사회적 전달의 가장 중요한 면모일 수 있다.

이러한 형태의 생식이 지니는 함의와 비-서구적인 생식 논리 사이의 구분에 대해서는 이 장에서 나중에 다룰 것이지만, 이러한 사고 방식은 사람다움에 대한 차원 분열적이고 가분적인 개념에 적합하다. 이러한 관계는 원자적인 개인과 다소 다른 사람들을 낳는데, 비록 모든 관계가 협상 가능하기는 하지만 협상이 단순히 인간뿐만이 아니라 사람의 물질 자체에도 달려 있을 수 있기 때문이다.

은유와 차원 분열: 다른 것들 곁의 인골

생식적 특질을 지닌 물질은 인간 몸 사이에서 순환될 뿐만이 아니라 세계 전반에서도 순환되어 건물, 물건, 식물, 동물의 몸에 포함되어 발견될 수 있다. 따라서 가분적 관계는 인간들뿐만이 아니라 사람 안에 있는 세계의 모든 요소들을 결합시킴을 알 수 있다. 이 모두는 동일한 변형 패턴에 의해 연결될 수 있고, 인간 몸, 물질, 물건, 장소, 동식물을 연결하는 은유적 틀은 대개 명백하다. 동일한 논리가 모든 존재를 가로질러 모든 척도에 있어서의 거래에 적용되고, 이러한 논리는 은유적 구성에 의존한다(물질 세계 이해에 있어서의 은유의 역할에 대한 본격적인 고찰에 대해서는 Tilley 1999 참조). 스트라던(Strathern 1988, 1992a)은 인류학적 해석은 사람과 세계를 마찬가지로 설명하는 토착적 은유를 통해 가장 효과적이 될 수 있다고 제안한다. 이는 고고학자들에게 있어서는 감탄할 만한 목적이다 (Brück 2001a; Tilley 1996: 6장; Tilley 1999 참조). 은유는 특정 사회의 근본적인 사회적 기술 및 물질적 관행에서 분리 불가능하다. 이에는 식량 생산이 포함된다. 돼지와 근채 작물의 숨겨진 성장, 핵심적 교환에서의 드러냄, 종국적인 재분배는 멜라네시아 일부 지역에서 사람들의 발달에 핵심적인 매개물이 된다(e.g. Munn 1986; Strathern 1998: 145). 멜라네시아의 다른 지역에서 인간의 인생-주기는 발리 야자나무와 같은 식물의 성장과 비교해 측정될 수 있다(Giambelli 1998: 140-141). 야자나무의 물질은 상이한 신체적 물질과 비교 가능하고, 코코넛은 통과의례 동안 인간의 물질(e.g. 출생 이후의 태반, 화장 이후의 재)로 채워져 퇴적된다. 마스키오(Maschio 1994: 181)는 어떻게 코코넛 야자수가 라우토 죽은 이의 흉곽으로부터 길러지는지를 개괄한다. 나무 작물은 친족과 소속(e.g. 코코넛을 줌에 있어서의 소속) 관계를 표시할 수 있고, 나무 작물이 연합되는 사람들의 인생-주기에 따라 가공된다. 인간과 식물의 물질은 때로 서로 엮여 서로에게 먹이로 제공된다. 잉골드(Ingold 2000a)는 사람, 특히 어린이들과 동식물 모두에게 마찬가지로 확장된 성장 은유의 몇 가지 예를 기술한다. 활동에 있어서의 계절적 주기, 성장 속도와 노화 과정 모두 이러한 자연적 주기와 함께 또는 그에 대비되어 측정될 수 있다. 재생과 부활 또는 순환적 존재에 대한 사고는 인간의 물질, 사회적 재생과 토지의 비옥도 모두와 연결된다. 마다가스카르 메리나족 사이에서 축축한 '여성적' 살이 마을 가까이에 있는 흙으로 돌아가기 위해 시신이 묻히고, 그 후 그 시신은 임시적인 무덤에서 건조된다(상자 5-1 참조). 건조된 잔해는 조상의 무덤으로 옮겨져 남성적 뼈가 마침내 '흙'이 된다(Bloch 1982: 215). 토지의 생식 물질과 몸은 지속적인 주기에 함께 묶여 있다. 물질과 생식 과정의 위와 같은 비교 가능성은 금속 가공을 포함한 많은 사회적 기술로 확장될 수 있다(Tilley 199: 57-59). 사회적 활동에서의 경향성은 현대 서양인들이 구성할 수 있는 여느 주체-객체 구분에도 완전히 스며든다. 실제로 많은 경우에 있어 사람과 물건의 이러한 평행적 인생-주기는 전혀 은유가 아니다. 식물과 여타의 물질은 외부와의 상호 관계를 통해 이해 가능한 몸 내부를 만드는 전체적 체계에 통합된 것으로 개념화될 수 있다. 실제로 안과 밖에 대한 그러한 관념 자체가 교환과 소비를 통해 연속적으로 상이한 방식으로 연접될 수 있다(e.g. Strathern 1998). 한 사람은 다른 사람 '안에' 요소를 가지고 있을 수 있다(2장과 3장 참조). 그래서 차원 분열적 사람은 사회와 우주의 모든 구성 요소들을 잠재적으로 망라할 수 있다.

상자 5-1. 마다가스카르 섬 사람들의 집

마다가스카르 섬 사람들의 집은 사람과 등가물이고, 그 몸은 인간 및 그 관계와 유사하게 물질적으로 변형될 수 있다(Bloch 1995). 집은 결혼한 다음에 지어지는데, 이는 젊고 이동성이 매우 높은 사람들이 문자적, 은유적으로 정착하는 시점이다. 원래 집의 구조는 허술하고 중심 기둥을 제외하고는 생나무로 만들어진다. 이러한 구조는 몇 년에 걸쳐 점차 튼튼해지고 보다 영구적인 목재로 교체된다. 이러한 강화는 둘 또는 그 이상의 재료가 함께 모임으로써 나타나게 된 정체성이 점차 고정되는 과정을 부각시킨다(Bloch 1995: 214-215). 이는 마다가스카르 몸의 건조화와 비교될 수 있다. 아이의 몸은 허약하지만 신선하고 축축한 것으로 여겨진다. 아이의 몸을 구성한 액체는 아직 응고되지 않았다. 몸은 일생에 걸쳐 건조되고 강화된다. 사후에 돌이 죽은 조상을 기념하여 쌓일 수 있다. 이는 죽은 이 개인뿐만 아니라 죽은 사람을 생성했던 관계의 견고함을 나타낸다. 사람은 죽은 후에도 현존하여 사회의 상이한 부분들을 함께 연결한다. 집의 완전히 경화된 물질은 관계이기도 한 몸의 영구적인 특성을 나타내기도 한다(Bloch 1995: 214-215). 계통 사이의 그러한 관계가 길어질수록 그 관계가 더 굳건해진다. 동일한 구조화 원리가 인간 몸, 결혼, 집과 기념물을 포함한 물질적 구조물, 그를 통한 삶과 죽음의 순환에 관한 담론에 의해 활성화된다(Parker Pearson and Ramilisonina 1998 참조). 이들이 집을 짓고 사는 것은 사람과 가족의 일부가 되는 것이 무엇을 의미하는가에 대한 특정한 이해를 구체화한다. 개념으로서 이들은 서로로부터 완전히 분리될 수 없다. 마다가스카르 섬 사람들의 집은 관계의 응축물이지 몸에 대한 수동적 은유가 아니다. 등가의 물질이 사람과 집을 구성하여, 굳고 단단한 활엽수로 만들어진 집의 기둥은 뼈라고 불리고 집은 성장한 것이 된다. 집을 꾸민 장식물은 추상적인 의미를 지닌 상징물이 아니라 몸이 장식되는 것처럼 집을 아름답게 하는 표식물이다. 그래서 어느 정도는 집에 '사람'이라는 별칭을 붙이는 것이 문제가 되지 않는다. 이는 마다가스카르 섬 사람들의 사회적 삶 전체에서 핵심을 이루는 관계를 전달하여 단독의 사람보다 큰 척도에서 이들의 사람다움에 대해 보다 많은 것을 말해 준다.

중재되지 않은 교환, 가분성, 물질의 전달

다음으로 무엇이 물질로 여겨질 수 있는가, 물질이 어떻게 사람다움의 관계적 형태에서 전달될 수 있는가, 그러한 과정이 어떠한 효과를 낳는가에 대한 역학을 살펴보겠다. 스트라던은 하이랜드 뉴기니아 사회에서 중재된 교환과 중재되지 않은 교환을 구분한다(Strathern 1988: 178-207). 중재되지 않은 교환은 어떠한 외적인 물질문화도 수반하지 않는 가분적인 사람들 사이의 전달로 나타나는 교환이다. 몸 부분은 추출된 물건으로 변형되지 않는다. 그보다는 신체적 물질, 단어, 보이지 않는 영적 정수가 직접 전달된다. 중재되지 않은 교환은 대상화되고 단수화된 물건에 의존하지 않는다. 그 대신 중재되지 않은 교환이란 '선물 없는 선물 교환'(Strathern 1988: 179)이고, 자신의 사람에 직접적으로 영향을 미친다고 느끼는 수혜자에게 직접적인 효과를 지닌다. 먹이기, 키우기, 말하기, 성교처럼 중재되지 않은 관계는 이미 존재하는 관계를 재생산하기 위해 사용될 수 있고 이를 물리적으로 드러나게 할 수 있다. 아이는 부모의 가족들 간 관계에 대한 대체물 또는 직접적인 복제품이 된다. 이때 중재되지 않은 교환은 가족과 씨족 내 물질의 직접적인 전달 수단이다(e.g. 성인식에서 정수의 전달; Strathern 1988: 208-224). 전달의 연쇄는 원래의 생물학적 임신 동안뿐만이 아니라 한 세대를 다른 세대와 연결하여 가분적인 사람에게서 합체된다. 이를 통해 사람과 물건은 실질적 관계에 대한 분열적 통로로서 제시된다. 중재된 교환과 중재되지 않은 교환이 연결된다는 점 또한 강조될 필요가 있다. 실제로 스트라던(Strathern 1988: 264)은 선물의 희생을 조상 신 그리고 다른 세력과의 일종의 중재로 제시한다. 스트라던에 의하면, 희생은 중재된 교환과 중재되지 않은 교환을 연결한다. 선물은 물건으로 주어지지만 파괴되기 때문에 길러져 돌려보내질 수 없다. 대신 대가 선물은 중재되지 않은 형태를 띠어 산 자를 지탱하는 영적 존재의 힘으로 나타난다. 따라서 희생은 사회적 활동의 두 영역을 연결하는 변형이고 집단적, 공동체적 사업이다. 모든 형태의 멜라네시아 교환에서 번식력과 같은 정수나 특질은 인간 몸, 물질, 물건의 중재, 비-인간 세력과의 교환을 통해 마찬가지로 이동할 수 있다.

여기서 매리어트(Marriott 1976)의 물질-부호 개념이 함께 묶는, 특질과 물질 사이의 구분을 원상태로 되돌릴 필요가 있다. 인도의 사고에서 물질은 뜨겁거나 차가운 것, 남성 또는 여성으로 부호화된다. 그러나 멜라네시아에서 물질은 그 자체 안에 관계적이거나 모호한 힘, 남성 또는 여성이거나 양자 모두인 생식력을 지니고 있다. 멜라네시아의 물질은 잇따른 맥락에서 상이하게 부호화될 수 있고, 이들은 모호하면서도 예를 들어 남성 또는 여성으로 활성화된다. 지금까지 논의된 물질의 전달은 **물질 또는 요소를 통한 특질**의 전달로 다시 개념화될 수 있다. 예를 들어 체액은 혈액이나 담즙과 같은 물질을 통해 온후하거나 까다로운 특질을 전달한다. 유전학과 생체 화학에 대한 서구의 개념 역시 특질과 물질을 유사한 것으로 함께 취급한다. 스트라던의 인류학적 모델을 응용하여(예를 들어 물질을 매개되지 않은 교환의 매체로 위치시킴으로써) 중재된 교환과 중재되지 않은 교환 사이의 분석적 구분을 고고학에 적용 가능하도록 변경할 수 있다. 중재되지 않은 교환은 물질이 어떻게 특질을 전달하는지를 나타내기 위해 적용될 수 있다. 어떤 경우 물질의 효과와 '젠더'가, 술 마시는 것이 곧 열을 흡수하는 것인 인도의 물질-부호에서처럼, 물질에 고정될 수 있고, 다른 경우 멜라네시아 물질의 젠더화처럼 협상 가능한 문제일 수 있다. 그럼에도 불구하고 물질은 특질을 전달하고, 그에 대한 접근은 그러한 특질의 전달을 가능케 한다. 그러한 특질의 활성화는 맥락적 문제이다. 마지막으로 죽은 이 또는 심지어 살아 있는 사람의 정수와 같이 보이지 않는 힘이 살아 있는 사람 안으로 들어가거나 살아 있는 사람을 지배할 수 있고 또는 인간의 형태를 띨 수 있다. 이러한 전체적인 상황은 '영혼'과 같은 힘이 물질과 요소의 등가물로 여겨지고 심지어는 그러한 물질에 포함되어 있다고 여겨질 때 비로소 이해 가능하다. 서구의 해부학 역사에서 정신의 물질을 찾는 것이 불가능하기 때문에, 이는 현대 서구인에게 매우 이상해 보일 수 있다. 그러나 고고학자들은 몸과 그 부분(e.g. 팔, 다리, 머리, 도끼) 사이의 관계와 함께 몸과 그 물질(e.g. 살, 피, 뼈) 사이의 관계를 고려할 수 있고 실제로 자주 고려한다. 이는 다시 몸과 물질이 분할적이 되느냐에 대한 고려와 함께 물질이나 특질의 움직임에 의해 몸이 침투될 수 있는가에 대한 고찰을 가능케 한다. 다시 말해 고고학자들은 거래와 변형 자체에 초점을 둠으로써 현대적인 사람다움 양태의 특징과 비교하여 과거의 사람다움 양태를 틀 지을 수 있다. 따라서 고고학자들은 사람다움의 양태를 염두에 두고 '물질의 경제'(Thomas 1996: 164-168; 1999b)를 연구할 수 있다.

유럽 선사시대에서의 물질, 물건, 사람다움

뼈 하나는 물건이지만 뼈는 물질이다. 동물의 몸과 물질(e.g. Jones 1998; Jones and Richards 2003), 인간의 신체적 물질(e.g. Fowler 2001. 2002), 그리고 물건(e.g. Brück 2001a; Chapman 1996. 2000)은 모두 사회적 관계와 세계에 대한 개념의 매체로서 분석될 수 있다. 이러한 접근 중 몇몇에서는 몸의 분할성이 고려되었다. 산 사람에 의해 생성되는 신체적 물질을 포함한 날 것의 물질은 분할적 관계 또는 침투적 시신 사이의 교환을 통해 사람들 사이의 관계에서 이용될 수 있다. 최근 선사시대 연구의 초점이 물질을 그 자체로 고려하는 것, 그리고 색상, 광택, 영구성, 질감과 같이 물질 사이에 공유되는 특질로 옮겨갔고(e.g. Chapman 2002b; Cummings

2002; Fowler and Cummings 2003; Jones 2002a; Keates 2002; Parker Pearson and Ramilisonina 1998; Tilley 1996: 315-324), 물질 그리고 요소에 대한 일대기와 조작이 핵심적 문제가 되었다(e.g. Richards 1996; Thomas 1999b). 뼈가 언제 물건이고 언제 물질인가에 대한 문제는 맥락적으로 답해질 수 있는 문제이지만, 뼈를 양자 모두인 것으로 봄으로써 시작할 수도 있다. 실제로 피나 모유와 같은 신체적 물질에는 주어진 형태가 없지만 뼈에는 있다. 뼈는 물질이자 물건으로 측정될 수 있는 것이다. 무정형의 물질은 일생에 걸쳐 전달될 수 있지만, 형태가 있는 물질이 사람에게서 추출될 수 있는 것은 오직 사람이 죽은 이후이다(Chapman 2000: 180 참조). 문화적으로 그 구분이 엄격히 이루어질 수도 있지만 어떤 물질은 다른 물질보다 모호하다. 모유와 정액은 뼈를 형성하는 것으로 여겨지는 경우가 많아 뼈와 액체가 한 주기를 이루는 개념적 연속체의 양 끝을 형성하는 경우도 많다. 3장에서는 양도 불가능한 물건을 두 사람을 연결하는 실질적인 관계에 대한 대체물로 설명하였다. 이러한 물건은 뼈처럼 주어진 형태를 지니고 있다. 물건은 채프먼의 연구가 밝힌 형태의 파편화 및 관리에 대한 증거를 제공하기 때문에, 채프먼의 접근에서 물질보다는 물건이 강조되었다(Chapman 2000). 한편 신석기시대와 동기시대 유럽 남부에서는 물건보다는 물질이 중요했다. 토우는 깨지기 쉬운 진흙으로 만들어지고, 금속은 광석으로부터 액체 그리고 물건으로 변형되었다. 무덤 속 금속제 물건은 대개 얼굴에 나 있는 구멍이나 하계 또는 손과 결부되었고(Renfrew 1986: 148-149), 이 각각은 교환에서 역동적인 역할을 하였다고 볼 수 있다. 금속은 인간 신체의 물질처럼 흐르다가 경화된 광택이 나는 물질—부호였을 수 있다. 금속은 인간 정수에 보완적인 또는 대조적인

교환망을 통해 움직였을 수도 있다. 금과 같이 몸 밖에 있는 물질이 사람에게 흡수되거나 사회적 관계에서 양도될 수 없는 것이 되었을 수 있다(Howell 1989 참조). 예를 들어 키츠(Keates 2002)는 최근 이탈리아 동기시대 금속 가공에 대한 연구에서 구리의 광택이 나는 성질에 초점을 두었다. 그는 단검을 그 형태와 광택이 나는 물질이라는 점에서 남근의 등가물로서, 그리고 뼈 및 태양의 빛과 같은 것으로 제시한다. 죽은 이에게 단검을 제공하는 것은 광택이 나는 실체로서의 단검의 활성화와, 산에서의 현존이 돌기둥에 표시되는 밝고 신령스러운 조상으로의 변형이 시작되었음을 나타내었다. 이러한 돌기둥에는 단검과 태양의 빛이 표시되었는데, 그 중에는 갈비뼈가 있어야 되는 자리에 놓인 단검도 있다. 장식된 돌은 종종 '마멸되어' 익명의 조상적 물질의 들쭉날쭉한 덩어리처럼 서 있었다. 분명 유럽 선사시대 금속 가공은 인간의 몸 그리고 우주에서 발견될 만한 특별하고 광택이 나며 변형 가능한 물질과 연관되었다. 물질은 다른 방식으로 인간과 비-인간적 몸을 통해 방향 지어지기도 하였는데, 그 중에서도 소비 관행을 통한 것이 주를 이루었다. 예를 들어 남동부 유럽 신석기시대와 동기시대 맥락에서 티서 강의 토기와 같이 인간의 형태를 한 용기는 물질이 쏟아져 들어오고 나갈 수 있는 용기로서의 인간 몸을 묘사한다. 이러한 용기는 그 자체로서 중재자이고, 물질 흐름의 규제가 주목적이었던 사람으로서의 물건이었다고 할 수 있다. 이처럼 세계 전체에 걸친 특질의 침투는 전체적, 부분적 물건뿐만이 아니라 물질을 통해서도 조작되었을 것이다.

복합적 물건은 사람들처럼 여러 물질을 조합한다. 그러한 물건은 그 물질의 생성적 특질을 포함할 수 있는데, 이때 그러한 물질을 자신의 형태에 따라 포함함으로써 그 물질을 사람들로부터 약간 제거한다. 이동 가능한 물건뿐만이 아니라 건물도 그러하다. 영국 신석기시대에, 예를 들어, 흙, 불, 물, 돌을 포함한 가공되지 않은 요소 그리고 인간 잔해와의 접촉은 살아 있는 사람들에게 직접적인 영향을 미치는 것으로 여겨졌을 수 있다. 물이나 돌과 직접적으로 관여할 때 존재들 사이에서 정수가 매우 강력한 방식으로 전달되었을 것이다. 그러한 정수는 기념물을 건설하고 그리고 그를 통해 공동체를 건설할 때(Barrett 1994: 29-33 참조) 기념물 축조자가 특별한 특질과 접촉하도록 조작되었다(Richards 1996). 건축물은 그곳에 서서 앞으로의 특질 전달에 영향을 미치고 돌이나 석회암에 대한 접근을 규제하였다(Brück 2001b 참조). 신석기시대 기념물 건축과 퇴적물 만들기에 있어서의 원료 조합에 대한 연구가 증가하고 있다(e.g. Cummings 2002; Fowler 인쇄 중; Pollard 2001; Richards 1996; Thomas 1999b; cf. Owoc 2001). 이러한 물질에 포함된 핵심적 특질은 그 성격에 있어 생성적이고 변형적이었을 것이다. 예를 들어 신석기시대에는 변경 지대였던 해안가, 산 등에서 아일랜드 해를 따라 석영이 자연적으로 발견된다. 만 섬에서 석영은 둑길이 돌려진 울타리(Darvill 2001)와 무덤방이 있는 돌무더기(Fowler 2001, 2002, 인쇄 중)처럼 경계적인 장소에 퇴적된 경우가 많다. 석영은 또한 무덤방이 있는 돌무더기 축조에 사용되기도 하였는데, 특히 일부 방의 출입구를 표시하기 위해 사용되었고, 동시대의 석영 돌무더기가 최근 고지대에서 확인되었다(Davey and Woodcock 인쇄 중). 또 토기에는 석영 함유물이 포함되었다(Burrow 1997). 석영제 석기와 같은 석영 유물은 거의 만들어지지 않았다. 대신 석영은 물질로서 중요하게 여겨졌다. 석영은 인간의 몸을 구성한 물질(뼈, 지방, 모유, 정액), 경관의 특정 지대

(해변. 산)를 동시에 지칭했고, 그곳을 '축축하게' 만들어 핵심적 특질의 전달이나 생성을 위한 시간을 표시하기 위해 사용되었을 수 있다(Fowler 인쇄 중; Fowler and Cummings 2003). 이러한 활동 자체는 산 자와 죽은 자 그리고 오래 전의 물질 사이의 접촉을 가져왔다(Fowler 인쇄 중). 이러한 관행의 시기는 달의 위상이나 어쩌면 특정 계절의 국면과 관련되었을 수 있다(Darvill 2002). 그러나 석영의 구체적인 조작은 젠더 특정적이거나 연령 특정적인 지식과 경험에 따라 상이한 방식으로 고려되었을 것이다.

영국 신석기시대 일반으로 돌아가자면, 둑이 돌아가는 울타리와 그 이후의 헨지에서 벌어진 축제와 같이 공동체적인 축제는 물질을 몸으로 직접 전달하였고 그 영향은 감각적이었을 것이다(Hamilakis 2002 참조). 몸뿐만이 아니라 토기도 이러한 흐름에서 중요한 매개체였다. 예를 들어 신석기시대 말기의 무덤 중에는 장식된 비커가 표준 물품으로 포함되고 다른 여러 조합이 그에 더해진 경우가 많다(Thomas 1991; 1999a: 156-162). 비커는 시신과 함께 또는 단독으로 에이브버리 석재 기념물 주변 사르센석의 밑에 때때로 묻혔다(Thomas 1999a: 218-219). 비커는 각 사람의 핵심적 구성 요소, 물질이 시신을 통과하도록 하는 장치였을 수 있다. 어떤 경우에 비커는 시신과 함께 남겨졌고, 또 어떤 경우에는 시신에게는 허용되지 않는 특별한 효력이 있는 장소에 위치하였다. 어떤 비커의 파편들은 관리된 것처럼 보인다(상자 3-2 참조). 죽은 이의 몸에 대한 태도 역시 오늘날 서구에서 발견되는 그것과 뚜렷이 다르다. 죽은 이의 뼈는 대부분 연속적으로 접근되었고 때때로 순환되었다(e.g. Barrett 1988b; Fowler 2001. 2002. 인쇄 중; Richards 1988; Thomas 1999b, 2002; cf. Brück 1995). 동물 뼈 역시 감추어져 관리되었고(e.g. 소 두개골: Thomas 1999a: 28), 사람과 동물 사이의 상호관계가 영국 신석기시대 전체에 걸쳐 매우 중요했다(e.g. Ray and Thomas 2003; 철기시대의 예에 관해서는 Parker Pearson 1996, 1999b 참조). 이러한 잔존물에 대한 접근을 통해 공동체, 죽은 조상, 그리고 아마도 생식력 사이에 중재가 이루어졌을 것이다. 그러한 접촉은 여러 경우에 공동체의 한 부분에서 다른 부분으로 에너지를 전달하는 통로 역할을 하였을 것이다(Barrett 1988b; Fowler 인쇄 중). 죽은 인간 조상은 조상적 존재와 매우 달랐을 것이지만(Whitley 2002), 영혼, 조상적 존재, 인간 조상, 동물의 영혼이나 조상 등등이 모인 신석기시대 만신전은 복합적이었고, 교환의 전체적 체계에서 이러한 존재들 몇몇이 조합되었을 수 있다. 자루가 달린 도끼처럼 복합적인 신석기시대 유물, 또는 사람과 동물의 몸은 영적 존재와 공유하는 여러 중요한 정수를 포함했을 수 있다. 시신의 절단과 물건의 파쇄를 포함한 맥락적 행위는 이러한 물질을 차별적인 접근과 재분배에 개방시켰다. 이처럼 복합적인 몸 안의 물질은 의례적 관행이나 일상적 사용에서 여러 방식으로 활성화되었을 것이다. 마지막으로 쓰레기 버리기 관행은 비옥한 물질─부호, 공동체가 축적한 생식 에너지의 동질화된 풀을 생성했다고 할 수 있다(Fowler 2003; cf. Brück 2001a; Parker Pearson 1996: 125-127). 이때 몸과 물건은 시간이 지나면서 융합된 그들의 기본적 정수로 환원되었다.

위에서 물질의 영적 의미와 세계에 대한 상징적 개념의 중요성을 설명하였다. 물질, 물건, 몸 조작은 매우 정치적인 활동이기도 하였을 것이다. 장소, 물건, 사람의 재구성 과정에서 참조되어야 하고 설득되어야 하는 여러 사회적 행위자들이 있었다. 이 모든 경우에 물건, 장소, 동물은 사람처럼 생식적 관계와 혈통 관계 모두에서 핵심적 물질과 효과를 전달할 수 있다. 이러한 과정에서 이들이 담당한 역할이 수동적이지는 않았을 것이다.

특질의 전달 그리고 비-인간과의 관계

특질은 상이한 방식으로(e.g. 혈통이나 순환에 의해) 다양한 매체를 통해 전달되는데, 상이한 장소에서 기원할 수도 있다. 헴즈(Helms 1993)는 문화에 따라 세계의 중심과 신성한 힘이 기원했다고 여겨지는 장소가 다름을 밝혔다. 지금 여기는 발생의 한 장소이고, 먼 과거는 원초적인 다른 발생의 장소이다(Helms 1993: 173). 도시-국가는 대개 기본 방위를 따라 설계되어 도시 중심은 우주의 중심, 실제의 상이한 층위가 교차되는 장소가 된다. 생성적 특질은 이러한 중심점에서부터 퍼져 나온다. 서구 사회에서 각각의 개인은 그들 자신의 세계의 축이고, 재생산을 위한 생식적 잠재력은 각 개인 안에 위치한다. 다른 여러 사회에서 우주의 주요 에너지는 상이한 순위의 영혼, 장소, 자연적인 것, 그리고 상이한 종류의 사람들 사이에 불균등하게 분포한다. 생식적 잠재력은 특정한 장소 그리고 자주 마주치게 되는 물건과 동일시되는 조상적 존재의 과거 행위, 또는 존재 그리고 존재의 차원 사이에서 지속적으로 순환되는 생명-에너지에 위치할 수 있다. 시간적인 세상의 축은 샤먼과 여타의 의례 수행자들의 중재를 통해 창조되었을 것이다(Pentikäinen 1984). 각각의 경우에 에너지 전달은 상이한 기제를 통해 상이한 척도에서 이루어진다. 또한 지식과 물질의 역동적인 전달에 누가 포함될 것인가, 즉 누가 사람으로서 관계될 수 있는가에는 상이한 제한이 두어진다. 오로카이바 또는 아레아레 세계에서 자연적인 것, 물건, 장소, 동물에 관여하는 것은 곧 영적 존재 및 에너지에 관여하는 것이다. 이들 중의 일부는 항상 비-인간일 수 있지만 대개는 한때-인간이었다. 도끼, 패물, 또는 개인적 장식품과 같은 물건에 부착된 것들도 한때-인간이었다. 이러한 측면들 중 일부는 이들을 소유했던 생물학적 개인으로서의 정체성을 보유했지만, 대다수는 익명화된 세력이나 영혼이었다. 이 절에서는 어디에서 동물 그리고 인간이 아닌 다른 존재들이 물질이 전달되는 공동체의 일부로서 인지되는지, 그리고 이들이 누구와 관계적 정체성을 형성하는지를 검토할 것이다.

사람으로서의 동물과 여타의 자연적인 것들: 몸, 형태, 관계

현대 서구 사회에서 왜 어떤 동물이 다른 동물보다 사람과 유사한지를 설명하기는 쉽지 않다. 한 수준에서 사람은 동물계의 한 종인 인간으로 정의된다. 또 다른 수준에서 현대 서구인들은 자신들을 다른 동물들과 같지 않다고 생각한다. 그러한 구분을 하는데 선택되는 특색은 다르지만 말이다. 그러한 구분 기준이 인간의 자기-인식, 도구 사용 능력, 말할 수 있는 능력, 거짓말을 할 수 있는 능력, 웃을 수 있는 능력, 도덕적으로 행동할 수 있는 능력, 세계를 일정한 방식으로 해석할 수 있는 능력, 또는 물질문화를 이용하여 모든 환경에 적응할 수 있는 능력인가(Ingold 1988 참조)? 이러한 구분에서 대개의 경우 동물은 '등급'이 매겨져 일부는 복잡한, 유사-사람(e.g. 영장류)이고 반면 다른 동물(e.g. 아메바)은 그렇지 않다. 어떤 동물(e.g. 개)은 다른 동물(e.g. 여우)보다 인간 사회에서 환영을 받는다. 서구적 개념에서 인간 사회는 자연 세계 안에 존재한다. 비베이로스 드 카스트로(Viveiros de Castro 1996)가 주장하듯, 인간의 다-문화적 세계는 통합하는 인간 본성 안에 일련의 상이한 문화로 존재한다. 이러한 개념에서 인간의 본성은 고정되어 있고 모든 인간이 그를 공유한다. 그러나 인간은 문화적 차이를 지니고 있고 상이한 문화 사이를 이동할 수 있다. 비베이로스 드 카스트로는 여러 토착 남미 사회(비베이로스 드 카스트로는 이를 아메리칸 인디언으로 뭉뚱그린다)에서 세계가 상이하게 조직된다고 본다. 그들에게 세계는 다-자연적이어서 맥(tapir), 재규어, 또는 인간과 같이 상이한 본성을 지닌 존재들로 구성된다. 그러나 이 모든 상이한 자연적 종과 종류들이 단일한 사회 안에서 살며 문화적 세계를 공유한다. 또한 서구인들이 문화 사이를 오가기도 하는 것처럼 아메리칸 인디언들은 자연 사이를 오가며 형태를 바꾸기도 한다. 서구의 자연주의적인 다-문화적 맥락은 어떤 수준에서 자연 대 문화로 구분되는 현상들 사이에 소외적 불연속성을 낳기도 한다. 그러한 경계는 심지어 사람 안에 존재할 수도 있다. 그래서 사람의 특색 중 일부는 자연적 본능으로 묘사되고 다른 특색은 문화적인 것으로 묘사된다. 그에 반해 애니미즘의 다-자연적 관점은 모든 자연적 그리고 문화적인 것들 사이의 관계의 연속성에 기반한다. 과거에 인간은 동물로부터 기원하였지만, 아메리칸 인디언의 과거에서 동물, 특히 개는 한때 인간이었고 여전히 사람의 한 형식이다. 비베이로스 드 카스트로(Viveiros de Castro 1996: 473)는 모든 관계가 사회적이고 자연적 차이가 사회적 상호작용의 규칙에 포함되는 세계에 대해 기술한다. 사람들을 분류하는데 가장 문제가 되는 것은 사람들이 무엇을 하고 어떤 행위에 관여하고 있으며 어떠한 정체성을 수행하고 있는가이다. 이러한 활동을 통해 사람들은 특정한 주관적 위치, 관점, 정체성을 얻게 된다(ibid.: 474). 육식 동물은 인간을 포함한 다른 동물을 먹이로 본다. 먹이가 되는 동물은 인간을 포함한 다른 동물을 포식자로 본다. 인간 세계에서 영혼은 인간을 죽이려 하는 포식자이기 때문에 육식 동물은 영혼이기도 하다. 전체적인 결과로서 인간과 동물 모두 지각이 있는 존재가 된다. 일부는 사람이고 다른 일부는 영혼(그리고 잠재적으로 죽은 이의 영혼)이더라도 말이다. 다른 존재에 관여하는 것은 그 존재가 인간이건 아니건 마찬가지로 중요하다. 문제가 되는 것은 포식자와 먹잇감 사이의 관계와 같은, 관련된 존재들 사이의 관계의 종류이다. 다른 이의 관점에서 생각하는 것은 인간과 비−인간 관계의 부분이고, 모든 존재들은 서로 시점을 교환할 수 있다. 인간, 특히 샤먼은 동물이 될 수 있고, 육식 동물의 영혼은 인간의 형태를 띨 수 있다는 점 또한 주목할 만하다. 비베이로스 드 카스트로가 설명한 것처럼, 모든 존재는 같은 형식의 영혼을 공유하지만 그들의 몸은 다르다. 그래서 몸의 외형을 바꾸는 것은 관계에 대해 표명하는 것이며 인간을 한 '자연'이나 종류에서 다른 것으로 옮기는 것이다. 영혼과 같은 특질은 동물에게 확장되고 변하기 쉬운 물질적 몸보다 세계의 보다 기본적인 측면일 수 있다. 자연적 장소는 종종 동물이 지은 장소로 여겨진다. 예를 들어 맥이 모이는 물웅덩이는 맥 사람들의 의례적 주거로 사고된다. 동물, 물건, 건물, 장소, 그리고 심지어 몸이 없거나 신화적 창조물 안에 사는 영혼처럼 보이지 않는 힘도 모두 사람이 될 수 있다. 이러한 영적 존재는 사람에게 영향을 미치고 심지어는 사람의 일부가 되기도 하며, 어떤 경우에는 인간의 형태를 띠거나 살아 있는 사람의 몸을 점령할 수 있다. 이는 현대 서구인에게도 이해 가능하다. 그러나 인간, 동물, 물건 모두 일대기를 지닌 복합물이라는 점에서 이들 사이의 유사성이 인정된다 하더라도, 자연적 대상을 사람으로 보는 것은 보다 어려울 수 있다. 그러나 자연적 대상과 문화적 대상 사이의 이러한 구분은 서양 밖에서는 흔치 않다. 모리스가 주목했듯, 오지브와족은 어떤 것들은 단순히 생명이 없는 것으로 구분한다. 그에 반해

> 어떤 부류의 대상, 어떤 조가비나 돌은 특정한 경우 살아 있는 것으로 여겨질 수 있지만, 천둥, 태양, 달과 같은 자연적 현상은 … 이들에게 살아 있을 뿐만 아니라 사람으로 범주화되는 것이다. (Morris 1994: 9)

오지브와족과 세속적인 것들과의 상호작용은 이 세속적인 것들이 생명이 없는 대상, 생명이 있는 대상, 사람 중에 어느 것으로 분류되는가에 따라 달라진다(Howell 1996 참조). 자연적 현상, 동물, 물건, 식물, 장소와 관계하는 상이한 방식이 사람다움에 대해 무엇을 말해줄 수 있을까?

자연주의, 토테미즘, 애니미즘

비베이로스 드 카스트로는 서구의 자연주의적인 사회와 정령신앙이 존재하는 사회를 구분한다. 이는 세 가지 정체화 양태에 관한 데스콜라(Descola 1996)의 기술에서 유래하여 잉골드의 토템적 그리고 정령신앙적 존재 방식에 관한 분석에 영향을 미쳤다. 잉골드(Ingold 2000b)에 의하면

토템적인 인간과 세계 사이의 관계 그리고 정령신앙적인 인간과 세계 사이의 관계 사이에는 근본적인 차이가 있다. 기본적인 차이는 인간이 세계를 공유하는 동물 그리고 다른 존재들과 비교하여 자신을 정체화하는 방식에 있다. 토템적 관계는 조상의 에너지를 포함하는 장소와의 연결을 일컫는다. 인간과 어떤 동물의 계보는 대지에서 나올 수 있고, 그래서 이들 각각은 특정한 장소, 특정한 조상적 존재와 연합된 동일한 에너지를 포함한다(Ingold 2000b: 113). 잉골드에 의하면 토템적 관계에서는 한 세대에서 다음 세대로의 조상적 물질 흐름 유지에 있어 과거의 관행과 물질적 형태의 복제가 강조된다. 여기서 동물이나 다른 존재보다 대지와 특정한 장소가 모든 존재들 사이의 핵심적인 유대를 구체화하기 때문에 대지와 특정 장소가 가장 중요하다. 이러한 존재들은 가분적이고 그 구성에서 조상 물질의 일부를 공유한다. 한편 정령신앙에서의 관계는 **모든** 종류의 존재와 협상하는 형태를 띤다. 이들은 사회적 동료로 여겨지고 이러한 존재들 사이에 완전히 관계적인 상호작용이 이루어진다(Bird-David 1993, 1999). 인간은 이러한 다른 존재들과 함께 이 세계에 있고 자기 자신의 관점 이외의 관점에서 사물을 이해하려 한다(e.g. Ingold 2000d). 이러한 존재들이 취하는 형태는 이들이 다른 존재들과 취하는 관계에 따라 달라진다(Ingold 2000d: 109). 이러한 상호작용은 어느 한 존재의 죽음으로 끝나지 않고 인간과 동물 몸 부분의 조작을 포함할 것이다. 정수의 계속적인 전달을 보장하기 위해 죽은 몸의 구성 요소들은 일정한 방식으로 다루어져야 한다. 북부 유라시아의 여러 정령신앙적 공동체에서는 도살 후 도살된 동물의 몸 부분이 적절하게 공유되고 처리되어야 하는데, 이는 그 동물 종의 재생산을 위해 필요하다(Ingold 1986: 246-247). 물리적 분할성은 정령신앙적 체계에 존재하는 분할성의 한 기제이다. 샤먼은 동물 세계, 영적 세계와의 중재를 위해 필요한데, 사냥을 포함한 이들과의 상호작용은 인간의 기운을 빠지게 하는 것이기 때문이다 —샤먼은 타계에서 잃어버린 에너지, 심지어는 잃어버린 영혼을 되찾아 온다(Ingold 1986: 247; 2000b: 115). 그러나 토템체계에서 영적 특질은 몸에 상당 부분 고정되어 인간과 다른 존재들 사이에 샤먼적 중재가 필요 없다(Ingold 2000b: 115). 샤먼은 몸을 떠나 동물 영혼과 관여하지만, 토템적 사람은 그 또는 그녀 안에 이미 동물의 일부를 지니고 있고 그 역도 성립된다. 즉 토템적 사람과 동물은 물질을 공유한다. 토템체계에서도 동물 도살과 공유 과정에는 물질의 재분배가 수반되는데, 이는 공동체에서의 친족 관계 중심으로 이루어진다(ibid.: 117-119). 재분배 자체는 보다 많은 동물을 생성하지 않고, 사냥은 동물과의 대화라기보다는 조상을 기념하며 경관을 이동하는 행위이다.

애니미즘, 토테미즘, 자연주의에 대한 해석이 표 5-1에 요약되어 있다. 서로 다른 체계를 무비판적으로 뭉뚱그려 놓은, 토테미즘에 대한 레비-스트로스(Lévi-Strauss 1964)의 분석을 따라 데스콜라와 비베이로스 드 카스트로는 토템체계를 자연적 상징물(emblems)을 오직 관계에 대한 **상징**(symbols)으로만 사용(e.g. 사람의 한 집단을 까마귀로서의 다른 집단과 관련하여 독수리로 묘사)하는 분류체계로 정의한다. 그래서 데스콜라와 비베이로스 드 카스트로는 애니미즘(다-자연적인 사회적 세계)과 자연주의(다-문화적인 자연적 세계) 사이의 구분에 보다 주력한다. 여기서 중요한 점은 데스콜라(Descola 1996: 88)는 어떠한 공동체도 완전히 정령신앙적이거나 완전히 토템적일 필요는 없고 **이러한 관계 맺기 방식들은 상호 배타적이지 않음**을 짚고

표 5-1 애니미즘, 토테미즘, 자연주의
(Descola 1996, Ingold 2000b, Viveiros de Castro 1996의 해석에 기반하여)

	애니미즘(Viveiros de Castro, Descola, Ingold, Bird-David)	토테미즘 (Ingold)	자연주의(Descola, Viveiros de Castro)
정체성의 특성	존재의 상태는 협상 가능하다; 사람, 동물, 물건 사이의 관계는 대화적이다	동물, 사람, 물건은 기본적으로 '동물, 사람, 물건'이지만 서로 소통할 수 있다	정체성은 종에 의해 고정된다
생명 에너지	생명 에너지의 고정된 원천이란 없다; 에너지는 관계를 통해 순환되고 생성된다	조상은 에너지의 원천이고 세계의 형태를 형성하였다; 살아 있는 존재들은 대지로부터 에너지를 얻는다	에너지로서의 생명은 신, 자연, 또는 생화학적 과정에서 유래한다
형태 전달	형태의 변형은 존재들 사이의 상호작용에 필수적이다 – 상호작용 중인 존재 각각은 현재 관여하고 있는 관계에 적절한 형태를 띤다	전통적인 관행을 충실히 재생산하고, 무엇보다 대지 관리인의 임무를 충실히 하여 형태를 유지하는 것이 살아 있는 것들에게 에너지를 확실히 전달하기 위해 필수적이다	형태는 한 세대에서 다른 세대로 자연적 재생산에 의해 동일하게 재생산된다
공동체의 의미	비-인간 사람은 인간의 사회적 세계의 일부분이다; 자연은 사회이고, 종들은 상이한 사회적 집단을 형성한다; 그러나 종들은 자기 자신이 아닌 형태로 나타날 수 있다	인간 사람은 다른 존재와 함께 대지에서 사는데, 이 대지는 조상적 현존의 흔적이다; 인간 사회는 사회적 구분을 위해 자연적 형태를 참조한다	인간의 세계는 사회적 세계**이고**, 인간 사회나 문화는 자연의 일부이다
사람다움 획득	동물, 물건, 장소, 식물 모두 잠재적으로 사람, 그리고 사람의 부분이 될 수 있다	동물, 물건, 장소, 식물은 사람과 **같고**, 장소 그리고 그러한 장소에 현존하는 조상적 존재로부터의 계보에 대한 연결 공유를 통해 조상적 에너지를 공유한다	오직 인간 존재만이 완전한 사람이 될 수 있다; 동물, 물건, 장소, 식물은 엉뚱한 상상 안에서만 사람으로 여겨질 수 있다; 인간과 비-인간 사이의 어떠한 은유도 단순히 표상적인 것으로 간주된다

넘어갔다는 것이다. 어떤 사회에서는 이러한 분석적 구성물이 서로 어느 정도 조합된다.

자연주의, 애니미즘, 토테미즘은 세계 안에 있는 다른 것들과 함께 인간 사람이 놓여진 상황에 대해 생각해 볼 수 있는 참조들을 제공한다. 이러한 자기 발견적 방법을 통해 많은 경우 사회와 공동체는 일반적인 서구적 개념이 허용하는 것보다 그 폭이 훨씬 넓음을 알 수 있다. 그러한 관계는 사람다움의 핵심이 된다. 예를 들어 선사시대 사람들은 동물을 자신들의 공동체 안에, 심지어는 그들의 후손 집단 안에 포함했을 수 있다(Jones and Richards 2003; Ray and Thomas 2003). 동물은 분할성이나 침투성에 있어서의 맥락적으로 특수한 경향을 통해 형성되어 전체적인 공동체로부터 고립된 불가분적인 존재이고 자원으로 여겨지기보다는 인간 사람들처럼 가분적인 사람이었을 수 있다. 동물에 대한 이러한 방식의 사고는 선사시대 도살, 소비 선호, 가축이나 먹이와 관련된 일상, 그리고 퇴적 관행에 대해 유용한 시각을 제공한다. 죽은 인간과 동물 뼈와의 접촉은 영국 신석기시대의 중요한 특징이어서, 예를 들어 한 종류나 다른 종류의 등가성을 나타낸다(e.g. Jones 1998; Whittle et al. 1998). 동물 몸의 역할과 그들의 분할성에 대해서는 6장에서 사례 연구를 통해 다시 살펴볼 것이다.

먹이 관계, 보호, 호혜성: 타자에 대한 태도와 물질 획득 수단

데스콜라(Descola 1996)는 먹이 관계, 보호, 호혜성을 그의 정체화 양태와 교차하는 상이한 관계 양태로서 개괄한다. 이러한 관계 양태는 인간

이 비-인간 세계에 관여하는 태도를 나타낸다. 즉 먹이 관계는 폭력적으로 비-인간 세계에서 추출하는 방식, 보호는 비-인간 세계를 보존하고 유지하는 방식, 호혜성은 상호작용적으로 비-인간 세계에 관여하는 방식을 나타낸다. 이러한 태도는 생계 방식과 직접적으로 맞물리지 않는다. 생계 관행에는 사냥이 포함되더라도 이러한 사람들과 동물들 사이의 관계는 복수심에 가득 찬 행동이나 초연한 상태에서 이루어진 도살(먹이 관계)이라기보다는 공유된 계보(보호) 또는 존경할 만한 공존(호혜성) 중 하나일 것이다. 수잔 켄트(Kent 1989)에 의하면 식량을 사냥하는 사회에서는 먹잇감이 되는 동물을 지각이 있는 존재로 보는 반면 동물이 사육되는 사회에서 동물은 멍청한 것으로 여겨진다. 그러나 잉골드(Ingold 1994, 1996)가 지적했듯이 과거 사회에서 농경 관행이 착취적이고 사육화된 동물이 멍청하다고 여겨졌다고 미리 가정해서는 안 된다. 예를 들어 앞서 본 것처럼 멜라네시아에서 가축화된 돼지는 사람일 수 있다.

위와 같은 태도는 전체 세계와의 관계에 대한 기술이지만 고고학자들은 생계 관행을 훨씬 넘어 확장되는 자세한 맥락적 분석을 통해 그러한 태도를 가정할 수 있을 뿐이다. 인간 서로 간의 관계는 동일한 양태를 통해 잠재적으로 작동하는데, 데스콜라는 아메리칸 인디언 교환에서 먹이 관계의 역할을 강조한다. 여기서 결혼, 죽음, 식량 획득, 그리고 여타의 모든 교환은 그 성격에 있어 대개 먹이 관계적이다. 팔슨(Palsson 1996)은 데스콜라의 것과 형태적으로는 유사하지만 내용적으로는 상이한 오리엔탈리즘, 부권주의, 공동체주의라는 세 가지 태도를 제시한다. 이는 인간이 환경 전반과 맺는 관계에서 명확히 나타난다. 오리엔탈리즘은 자연 세계에 대한 지배, 착취적 관계로 여겨지고, 부권주의는 세계의 보호와 관리 그리고 환경과 사람 사이의 (지연된) 상호 호혜적 관계에 기반하며, 공동체주의는 세계와의 지속적인 대화적 공존에 기반한다. 이러한 각각의 관계가 팔슨의 설명에서는 인간과 환경의 조우에 적용되지만, 마찬가지로 인간 서로 간의 상호작용에 적용될 수도 있다. 아이슬란드의 어업 관행에 대한 팔슨의 논의는 정체화의 태도와 양태 사이에 친연성이 전혀 없을 수도 있음을 보여 준다. 아이슬란드의 어부는 현대의 자연주의적 사회에 존재하고 대구 전쟁(Cod Wars)과 어족 감소기까지 바다에 대해 포식자적 태도를 지녔다. 환경보호론자들 그리고 정부 기관과의 협동은 이들의 태도를 보다 보호적인 관계 그리고 심지어는 생태계를 염려하는 호혜적 관계로 변경시켰다. 이는 근대성에서 사람의 개인적인 측면이 우세하지만 구석구석까지 다 그러한 것은 아니며, 그래서 포식 활동이 자연주의적 맥락에서 주요하지만 모든 것에서 그렇지는 않음을 나타낸다. 다시 한번 절대적인 구분보다는 어느 정도의 문화적 경향성을 인정할 필요가 있다. 세계에 대한 태도는 환경에 대한 인간의 관여에서 고고학적으로 가시적으로 나타날 수 있고, 사람다움을 형성하는 관계의 종류, 사람들 사이의 상호작용과 거래의 종류를 드러낼 수 있다. 지배적인 사회적 태도라는 것을 고고학적으로 규명하기 매우 어렵다 하더라도 사람들 간 폭력의 정도와 성격, 생계 전략의 성격과 토지 사용 주기 모두 그 규명에 유용한 출발점이 될 수 있다. 정확히 어떻게 물질이 추출되어 순환되는지는 사회적 전략뿐만이 아니라 문화적 태도에 관한 문제이다. 선사시대 폭력에 대한 흔적은 공동체 사이의 분쟁뿐만이 아니라 사람다움이 어떻게 획득되고 특정 종류의 사람들과의 관계가 어떻게 협상되었는가와도 관련이 있다.

맺으며

불가분적인 사람의 세계에서 물질과 속성은 개인과 물건 안에 포함된다. 이 둘은 상식적으로는 서로를 침투하지 않는다. 그러나 가분적 존재는 물질과 핵심적 정수의 흐름에 의해 지속적으로 상호 침투될 것이다. 가분적인 사람들은 성찰적인 방식으로 관계의 변화를 예견하여 이러한 흐름의 방향을 조정한다. 다른 인간들뿐만이 아니라 인간 이외의 분할적 존재에 대해서도 말이다. 집이나 토기와 같은 비-인간적 몸은 인간 몸의 표상이 아닐 수 있지만, 대신 상이한 척도에서 인간이 아닌 사람의 척도 분열적 몸일 수 있다. 이는 동물, 기념물, 심지어는 전체 경관에 동일하게 적용될 수 있다. 이 모든 몸은 사회적 활동을 통해 다중적으로 생성되고 지속적인 변형 과정이 이 모든 몸에 나타난다. 그래서 사람다움에 대한 연구는 개인적인 몸뿐만이 아니라 전체 우주의 물질성이 관리되는 방식과 관련된다. 이는 고고학자들이 과거의 사람들이 동물, 돌, 물건과 사람으로서 상호작용했던 것으로 보는가 또는 단순히 자원을 착취했던 것으로 보는가의 문제와 별도로 중요한 의미를 지닌다. 선사시대 연구에 있어 사람다움에 대한 상이한 개념이 현대적 통념과 매우 다른 이해와 물적 세계에 대한 관여를 수반했을 가능성을 염두에 둘 필요가 있는 것이다.

앞의 네 장에서 몇 가지 연관된 개념들이 제시되었다. 관계를 형성하는 원리에 있어서의 세 가지 경향성, 즉 불가분적인 개인성, 가분성과 조정되는 분할성, 그리고 침투성이 논의되었는데, 그 각각은 사람의 고정된(불가분적인) 측면과 관계적인(가분적인) 측면이 상이한 방식으로 연접되었음을 나타낸다. 멜라네시아 민족지에서 유래한 분할성은 다른 맥락에서 사람다움의 관계에 적용 가능한 용어로 재구성되었다. 인도의 민족지에서 유래한 침투성은 세계의 정수에 침투 가능한, 경계 지어진 사람들을 기술할 수 있는 잠재력을 지니고 있다. 두 상이한 양태의 생식 또한 검토되었는데, 그 중 하나는 생식적 잠재력을 혈통을 통해 전달하는 것에 달려 있고, 다른 하나는 물질에 대한 성찰적이고 계속되며 개방된 순환에 달려 있다. 이들은 이전에는 생식 과정에서 사람들의 일부였다. 이들 중 첫 번째의 가장 극단적인 예는 불가분적인 사람다움을 나타내지만 대부분의 공동체에서 양자는 혼합적으로 작동한다. 두 번째 '리좀적' 패턴은 분할적이거나 침투적인 양태에서의 가분성을 뚜렷이 나타낸다. 인간과 비-인간 사이의 관계에서의 경향성을 기술하기 위해 정령신앙적, 토템적, 또는 자연주의적인 것으로서의 정체화 양태 또한 소개하였다. 애니미즘과 토테미즘 모두 차원 분열적이고 가분적인 사람다움을 수반하지만 상이한 방식으로 그러하다. 특히 애니미즘에는 인간이 아닌 사람들과의 개방된 협상을 포함하여 매우 관계적인 사람다움이 수반된다. 마지막으로 존재들 사이의 상호작용은 특정한 태도 안에서 일어난다. 동물, 식물, 바위가 사람이 될 수 있는 완전히 관계적인 사람다움에서 위와 매우 유사한 태도가 이 모든 사람들과의 상호작용으로 확장된다고 예상할 수도 있을 것이다. 이 모든 자기 발견적 방법은 6장에서 폭넓은 사례 연구를 통해 사람다움의 양태를 기술하면서 이용될 것이다.

6장
중석기시대 후반
스칸디나비아에서의 사람다움: 해석

들어가며

이 장에서는 앞서의 논의를 종합하여 기원 전 5400년과 4600년 사이 중석기시대 남부 스칸디나비아에서의 사람다움을 해석할 것이다.

시공간적 배경

에르트볼르의 위치

에르트볼르기 전반부인 기원전 5400~ 4600년은 토기가 없고 무덤으로 잘 알려진 시기이다. 내륙의 야영지에서는 링클로스터에서와 같이 모피 획득과 사냥에 대한 증거가 발견되었고, 브죄른솜과 에르테빌르의 해안가 모임 장소에는 패총이 쌓여 있다(도면 6-1). 아마도 당시 사람들은 다양한 동물과 식물을 이용하며 일시적인 야영지와 보다 장기적인 해안 취락 사이를 계절적 주기에 따라 옮겨 다녔을 것이다. 안정동위원소분석 결과와 고고학적 잔존물을 통해 볼 때 주요 식량 자원은 물고기, 장어, 조개와 같은 해산물이었다. 동시에 링클로스터와 같은 내륙 야영지에서는 가죽이 벗겨진 솔담비, 긴털족제비, 그리고 털이 있고 체구가 작은 다른 동물의 사체들이 발견되었다. 중석기시대 덴마크의 고고학적 기록은 매우 풍부하고(이에 대한 깊이 있는 연구에 대해서는 Strassburg 2000, Tilley 1996 참조), 침수된 유적에서는 목재와 섬유 잔존물이 확인되었다. 장식된 노, 길고 속이 빈 카누, 활과 화살, 작살, 어살, 어량 모두가 발견되었다. 도끼는 뿔로 만들어지거나 뿔로 된 자루가 달렸고, 여러 다양한 종류의 도구가 동물 뼈와 뿔로 만들어졌다. 기원전 4600년부터 토기가 만들어졌고 뼈 장식품이 포함되었다. 서부 지역에서는 들소와 다른 대형 포유류의 어깨뼈를 마연해 만든 팔찌가 발견되기도 하였다.

여기서 논의되는 몸과 사람들은 보다 이른 시기, 토기가 없는 에르테

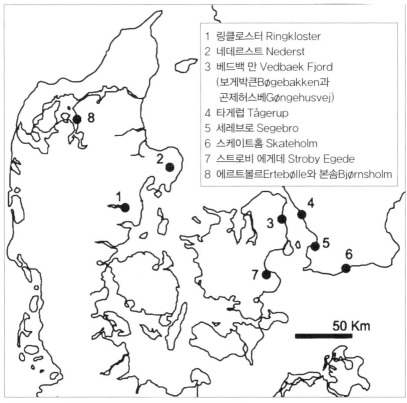

1 링클로스터 Ringkloster
2 네데르스트 Nederst
3 베드백 만 Vedbaek Fjord
　(보게박큰Bøgebakken과
　곤제허스베Gøngehusvej)
4 타게럽 Tågerup
5 세레브로 Segebro
6 스케이트홈 Skateholm
7 스트로비 에게데 Stroby Egede
8 에르트볼르Ertebølle와 본솜Bjørnsholm

50 Km

도면 6-1 남부 스칸디나비아의 주요 중석기시대 유적

뷜르를 배경으로 한다. 스커니아의 스케이트홈에는 두 주요 묘지가 있
는데, 그 중 하나는 기원전 5400~4900년의 것이고 다른 하나는 기원전
5400~4600년의 것이다(Larsson 1988, 1989a, 1989b, 1993). 스케이트홈Ⅱ
기가 가장 이른 시기이고 Ⅰ기가 가장 늦은 시기이다. 인간 사회의 잔재
가 두 유적 모두에 잘 남아 남녀노소 모두가 확인된다. 인간과 동물 사체
가 섞여 있는 경우도 있다. 두 유적에서 발견된 77기의 무덤 중 10기는 개

의 단독 무덤이고 7기의 인간 무덤에도 개의 잔해가 포함되었다. 베드백 보게박큰(이하 베드백)에 있는 묘지는 질랜드의 동쪽 해안에 있는 오레순트의 다른 편에 있다(Albrethsen and Brinch Petersen 1976). 이 묘지는 스케이트홈과 매우 유사하다. 양자는 잘 보존되지 않은 취락이 있는 해안가 묘지이고 대체적으로 같은 시기인 기원전 5400~4700년에 해당한다는 점에서 유사성을 보인다. 완전히 보존되지는 않았지만 최소 22기의 시신이 보고되었다. 대부분의 무덤에서는 서로 유사한 부장품이 발견되었고 시신 위에는 대개 황토가 뿌려졌다. 점유 잔존물 층이 베드백에서도 발견되었는데, 바다표범, 야생 돼지, 사슴, 물새, 물고기를 집중적으로 이용했음을 보여 준다. 이 밖에도 태거럽, 세게브로, 곤제허스배와 네데르스트 유적의 무덤군이나 묘지 등이 있다(도면 6-1). 이 유적들 각각에는 점유지나 모임 장소 그리고 인간과 개 무덤이 포함된다.

변형으로서의 매장 관행

에르테뷜르에서 죽은 이의 일부는 묘지에, 일부는 집 아래에, 일부는 보다 고립된 장소에 매장되고, 일부는 화장되었으며(Brinch Petersen and MeikleJohn 2003), 일부는 바다로 보내지거나 해변가에 고정된 배 안에 놓여졌다(Grøn and Skaarup 1991). 이들 중 후자의 활동은 죽은 이를 변형시키고 '움직여' 여행을 보낸 것이다. 묘지는 강과 협만의 머리 부분에 의도적으로 입지한 것으로 보인다. 해수면 상승으로 인해 때로는 묘지나 점유 장소가 침수되기도 했지만, 위와 같은 장소들은 지속적으로 이용되었다. 죽은 이는 육지, 바다, 하늘이 만나는 경계적인 지대 안에서 변형되었다. 화장은 하늘로 연기를 보내 사람의 부분을 퍼뜨리는데, 이는 대개 죽은 이의 몸이 경직되고 경련을 일으켜 똑바로 앉거나 심지어 폭발하게 되는 격렬하고 기억에 남을 만한 변형을 통해 이루어진다(H. Williams 인쇄 중). 스트라스버그(Strassburg 2000: 180-182)에 의하면, 이와 다른 매장 관행에서는 시신이 특정 장소에 단단히 고정되었고 몇몇 시신은 커다란 돌로 그들의 무덤 안에 고정되었다(e.g. 베드백 무덤 10호; Albrethsen and Brinch Petersen 1976: 12-13). 매장 관행에 큰 변이가 있었고, 이에는 묻힌 시신을 다시 꺼내 이차적으로 사용하거나 묻는 경우가 포함된다. 어떤 관행을 적용할 것인가에 대한 결정은 다중적이고 매우 가변적인 기준에 기반하여 이루어졌을 것이다.

시신은 무덤 안에 안치되었는데 가죽으로 쌓이거나 죽은 이에 대한 물질문화 수집품을 보여 준다. 매장 및 화장과 함께 발견된 유물은 비록 사회 관계를 나타내기 위해 이용되었다 하더라도 죽은 이의 불가분적인 삶의 직접적 지표로서만 여겨져서는 안 된다. 무덤은 대개 손상되지 않은 인간 몸에 관한 것으로서, 어떤 무덤에는 두셋 또는 그 이상의 시신이 포함되고(도면 0-1), 어떤 무덤에는 인간과 함께 개가 포함되었다. 예를 들어 베드백의 8호 무덤에서는 18세의 여성과 신생아가 발견되었다(도면 6-2; Albrethsen and Brinch Peterson 1976: 10-11). 붉은 사슴이나 멧돼지 이빨에 구멍을 뚫어 만든 190개의 구슬 또는 펜던트가 발견되었고, 구멍이 뚫린 달팽이 껍질이 성인 두개골 옆에 놓였다. 유사한 달팽이 껍질 모음이 사슴이나 바다표범의 이빨과 함께 성인 여성 골반 아래에서 발견되었다. 망칫돌이 성인 여성 머리의 다른 편에 놓여 있었다. 신생아 시신은 이 여성 어깨 부근, 백조의 날개 위에 옆으로 눕혀졌다. 시신은 황토로 덮였고 끝이 잘린 플린트 날이 그 무릎에 놓여졌다. 곤제허스베즈 7 의 한 퇴적물에서는 화장된 다섯 구의 시신 잔해가 발견되었는데, 이들 이 화장되었을 당시에는 서로 상이한 부패 단계에 있었던 것으로 보인다 (Brinch Petersen and MeikleJohn 2003). 이러한 다중적 매장은 여러 방식으로 설명될 수 있다. 즈벨레빌(Zvelebil 1997)은 시베리아의 일부 지역에서 겨울에 죽은 이들이 그해 죽은 이들 모두가 함께 묻히게 될 연간 모임까지 나무에 걸린 판자에 남겨지게 되는 방식을 기술한다. 여기서 매장을 위한 공동체적인 모임을 생각해 볼 수 있다. 공제허스베 7 퇴적물은 연간 모임 중 그러한 집단적인 화장용 장작의 잔재물로 구성된 것으로 보인다. 성장한 시신이 매장 주기 동안 또는 매장되기 전 잠깐 보여졌을 수 있다. 그러나 닐슨 스터츠(Stutz 2003)는 시신이 매장되었을 때 부패가 진행된 상태에 있지 않았고 무덤은 즉각 되메워졌음에 주목한다. 무덤 안에 채워진 흙 중에는 파편화된 물건과 식량 잔존물로 보이는 것이 포함되어 있었다(e.g. Larsson 1989b: 373; Strassburg 2000: 169-170). 스케이트홈이나 베드백에는 죽은 지 얼마 안 되는 시신이 절단된 경우가 한 사례뿐이다. 28호 무덤은 시신 부패가 상당히 진행된 단계 또는 그 후에 부분적으로 파헤쳐져 뼈 일부가 제거되었다. 유틀란트 반도 다이어홀멘에서는 몇몇 시신의 두개골을 절단하고 가죽을 벗겨냈다는 증거가 확인된다 (Tilley 1996: 43). 인간의 유해가 매우 파편화된 점유 폐기물 중에서도 발견되었는데, 이에는 베드백의 점유물에 있는 두 점의 유골이 포함된다. 또 인간 뼈를 절단해 만든 '유품'이 스트로비 에게이드에서 시신들과 함께 발견되기도 하였고(Strassburg 2000: 225) 폐기물 퇴적 더미에서 발견되기도 하였다(Tilley 1996: 43). 이처럼 파편화된 잔존물은 어디까지나 예외

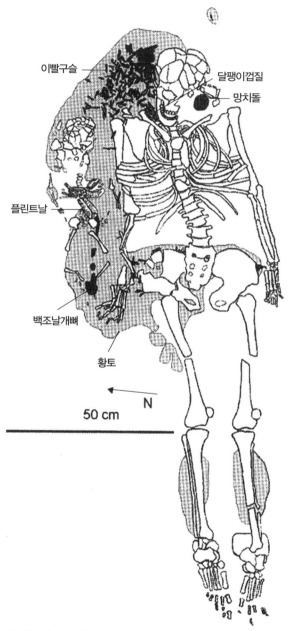

이빨구슬

달팽이껍질

망치돌

플린트날

백조날개뼈

황토

N

50 cm

도면 6-2 베드백 보게박큰 무덤 8호(Albrethsen and Brinch Petersen 1976 수정)

적인 것으로서 사회 구성원 모두가 무덤을 쓸 수 있었던 것은 아니다. 죽은 이들 대다수의 몸 부분 자체가 흩뿌려지거나, 순환되거나, 다른 장소에 퇴적되었을 수 있다. 이후의 구조화된 퇴적(e.g. 링클로스터와 곤제허스베즈 7: Andersen 1995; Brinch Petersen and MeikleJohn 2003)도 동물 몸의 일부를 보유하고 있는 것이 중요하였고 인간 퇴적과 동물 퇴적이 동일한 것으로 여겨졌을 가능성을 시사한다. 지금까지 살펴본 것처럼 매장 관행은 전체 교환 체계의 한 요소로서 어떤 경우 일종의 교환 또는 심지어 희생 의례로 여겨질 수 있다. 각 매장 관행은 죽은 사람과 산 사람 모두에게 영향을 미치는 사람의 변형이었을 것이다.

물질문화와 몸 부분

특정한 동물 몸 부분이 죽은 사람의 몸을 장식하기 위해 사용되었다. 오리의 발, 물새의 부리, 새의 날개(베드백의 백조, 니더스트 까마귀과의 한 새), 상어의 이빨, 멧돼지의 엄니, 갈색 곰의 뼈, 발톱, 이빨, 늑대의 이빨, 붉은 사슴, 노루, 개, 큰 뿔 사슴, 멧돼지, 유럽 들소의 이빨 모두가 인간 몸에 부착되어 또는 인간 몸과 함께 무덤에 묻혔다. 이빨로 만들어진 구슬 중에는 때로 인간의 것이 포함되기도 하였다. 베드백 무덤 19c호에서 발견된 약 50개의 이빨로 만들어진 체인 중에는 인간의 이빨이 세 개 있었다. 솔담비의 턱 그리고 모피가 있는 다른 작은 동물들이 때로 시신의 위에 놓여졌다. 사슴의 발굽도 시신과 함께 매장되었는데, 어떤 경우에는 동물 가죽이 존재했을 가능성을 보이기도 한다. 또 동물의 발은 그 자체로도 흥미를 끌었던 것으로 보인다. 스케이트홈Ⅱ의 XV호와 X호 무덤에 관한 자세한 화석화 과정 분석에 의하면, 이 시신들은 매장되기 전에 단단히 묶이거나 싸였고, 목걸이, 도구, 무기, 장신구들이 시신을 쌀 때 시신에 밀착되어 묶였던 것으로 보인다(Nilsson 1998). 파편화된 동물 몸 부분이 인간 몸의 특정한 부분과 결합되었다. 이빨과 턱은 종종 머리와 가슴 주변에 놓여져 인간 몸 중 이 부분들이 지닌 의미를 소비와 관련하여 일정한 범위로 좁혔을 수 있다. 구멍이 뚫린 이빨 구슬이 여러 길이의 줄에 꿰여 흔하게 발견되었다. 이빨은 또한 전시용 천이나 판자로 보이는 것들과 함께 때로 시신의 허리 위 또는 아래에 놓여졌다. 이것들이 의복으로 착용되었을 수도 있고 반드시 그렇지 않았을 수도 있지만, 어떤 신체적 구멍 위에 놓여졌다는 특징이 관찰된다. 이는 그러한 신체적 구멍이 몸이 변경되거나 다른 몸에 영향을 미칠 수 있는 출입구로 여겨졌기 때문일 수 있다(cf. Strassburg 2000: 196). 예를 들어서 입은 이야기, 소통, 소비, 호흡 그리고 또한 종종 영혼의 통로이다. 턱과 이빨은 입의 물질적 잔존물이다. 동물의 턱은 종종 죽은 이의 머리, 목, 가슴 부근에서 발견되는데, 이는 호흡, 소비, 말하기, 삶과 관련된 부분이었을 수 있다(ibid.). 발은 움직임과 관련되고, 날개는 지상에서 떠나 공중으로 날아오르기 위해 필요하다. 동물의 다리, 발톱, 날개는 동물이 움직였던 방식에 있어서의 패턴 또는 그러한 동물들을 모방했던 방식에 있어서의 상호작용을 나타낸다. 물새는 우주의 모든 영역을 움직여 다니며 육지, 바다, 하늘에서 존재할 수 있다(ibid.: 185). 뿔 도끼와 관대는 동물의 **껍데기**, 즉 동물이 살아 있는 동안에는 인간에 의해 벗겨져 사용될 수 있고 매년 재생되는 것들로 만들어졌다. 모피를 실제적으로 발견할 수는 없었지만 모피가 에르트뵐르 의복의 핵심적인 부분이었다고 추론해 볼 수는 있다. 사용된 동물의 몸 부분은 여러 경우에 있어 인간과의 관계 또는 동물 서로간의 관계에 있어 도구적인 역할을 한 부분, 동물이 도망치거나 싸우기 위해 사용하였던 것들이었다. 이러한 동물 몸의 부분은 그것을 착용하고 있는 사람에게 동물과 같은 특질을 수여했을 것이다. 동물뿐만이 아니라 세계 자체의 요소들도 죽은 이의 변형 과정에서 불러내졌다. 분명 황토는 죽은 이의 몸을 물들이고 그 시신을 대지의 물질과 연결시켰던 중요한 상징적 매체였다. 이는 죽은 이의 외형을 일시적으로 변형하고 보존했을 수 있다. 뼈로 만들어진 물건은 동일한 뼈 물질이 축소된 것이고 그래서 같은 뼈 조각으로 만들어진 다른 물건과 연결되었을 수 있다. 동일한 기원을 지닌 분할적 물건이 존재했을 가능성이 있는 것이다. 가지진 뿔은 원 상태에서 무정형적이고 여러 물건으로 쪼개어졌을 수 있다. 뼈는 자체의 형태를 지니고 있지만 그러한 형태는 물건 제작에서 분할적이 되었다. 석기 또한 다양한 세계의 부분과 정수를 사람과 통합시켰을 수 있다. 이러한 물건 중 어떤 것도 사람 그리고/또는 사람의 일부가 되었을 수 있고 식물과 먹잇감을 포함한 다른 존재들과의 사회적 관계를 중재했을 수 있다(cf. Strassburg 2000: 97-98).

관계 추적하기

복합적 물건과 재구성된 관계

크기를 감소시키거나 부분을 추출하는 기술을 통해 만들어진 분할적 물건뿐만이 아니라, 물건의 부분이 추출된 동물을 포함하여 인간과 비-인간 공동체 구성원들에 의해 다중적으로 생성되었다고 볼 수 있는 복합적 물건이 있다(Finlay 2003 참조). 관계의 연쇄는 이빨로 만들어진 구슬의 획득, 치장, 교환, 관리를 통해 추적되었을 수 있는데, 이빨의 주인공인 동물이 영적인 중요성을 지니고 있었다면 특히 그러했을 것이다. 이러한 목걸이, 줄, 판자는 최상의 복합적 물품이었고, 이빨 각각은 원래 세트의 일부였다가 나뉘어져 재분배되었다. 각각의 줄은 동물과 인간 그리고 인간과 인간 사이에서의 여러 거래의 산물이었고, 특히 사냥 거래의 산물이었다. 몇몇 무덤에는 몇 개 또는 단 하나의 구슬이 포함되었지만, 또 다른 몇몇 무덤에는 한 턱에서 나온 거의 완전한 이빨 세트가 포함되었다(아래 참조). 토기가 없는 에르테빌르의 주요 무덤 유적에서 이빨 장식 중 44%가 여성과 결합되고, 17%가 성인 남성, 그 나머지가 아이들이나 확인 불가능한 잔존물과 결합되었다(Knutsson 2000: 30; Schmidt 인쇄 중 참조). 베드백에서 가장 많은 수의 이빨 구슬이 이중 또는 삼중의 무덤 안에 있는 한 시신과 결합되었다. 이 경우 그러한 구슬들은 매장된 사람들 사이의 관계를 따라 전달되지 않았거나 집단묘에 복합물로 공헌된 것이었을 수 있다.

단독의 구슬뿐만이 아니라 목걸이, 팔찌, 그리고 여타의 줄로 엮인 구슬들이 다른 맥락에서 발견되었다. 일부는 죽은 이와 함께 매장되거나 화장되었지만 다른 것들은 산 자들의 공동체에서 보관되었다. 베드백에 있는 무덤 중 이빨 구슬이 포함된 것은 18%에 불과했다. 이빨은 또한 성격이 불분명한 유물로 발견되거나 점유 잔존물 중에서 발견되기도 하고 (e.g. 브죈솔름에서 발견된 붉은 사슴의 아래 턱: Andersen 1991: 83-84, 도면 23), 목걸이는 야영지와 호수에 퇴적되어 발견되기도 하였다(Strassburg 2000: 279). 목걸이는 복합적 물건이면서 편으로 분해될 수 있기도 하다. 동일한 원래의 체인에서 나온 다른 구슬들은 새로운 목걸이 그리고 새로운 관계의 연쇄를 만들기 위해 재분배되었을 수 있다. 끈으로 엮인 이빨들 중에는 사슴이나 들소의 이빨이 포함되었는데, 이러한 동물들은 당시 베드백과 스케이트홈 주변 지대에서는 드물거나 존재하지 않았다. 이들은 가치 있는 교환 물품이었을 수 있다. 드물거나 아마도 멸종한 동물의 이빨은 관리된 물품이었을 수 있고, 에르트뵐르의 어떤 무덤에서 나온 장식된 물건 중 일부는 당시에 이미 오래된 물건이 선정된 것이었다고 보기도 한다(e.g. Nash 1998: 13). 이러한 종류의 물건들은 동물 몸을 통해 과거와의 연결을 형성하였다. 죽은 이의 시신처럼 이러한 물건은 공동체에 속했고 공동체에서 양도될 수 없었다. 공동체의 한 구성원이 공동체로부터 분할 가능하게 되어 매장될 때마다 사회적 몸은 집단적으로 재가공되었다. 집단적인 사람의 상이한 부분은 매장을 위한 모임, 향연, 그리고 아마도 교환 중에 재분배되고 재구성되었을 것이다. 엄선된 동물 이빨, 인간 이빨, 그리고 인간과 비-인간 몸의 다른 부분 또는 물질을 통해 여러 관계가 추적되어, 보다 오래된 요소들을 조합하여 새로운 집단을 형성하였던 거래의 복잡한 서사가 드러났을 것이다. 분명 몸이 관계 관리의 핵심적인 매체 역할을 하였지만, 위와 같은 모든 활동이 몸에 초점을 둔 것은 아니었다. 뼈와 팔다리의 제거가 드물기는 하였지만 실행되었고, 화장 퇴적물은 많은 경우 부분적이어서 사람의 일부 요소가 물리적으로 다시 옮겨졌을 가능성이 있다. 스케이트홈 I에 있는 40기의 무덤들은 서로 상당한 거리를 두고 있음에도 불구하고 일부 무덤은 나중에 축조된 무덤에 의해 잘려졌는데, 이는 아마도 한 사람의 몸을 다른 사람의 잔존물에 의도적으로 더하기 위한 것이었을 수 있다(e.g. 무덤 46호와 47호). 여러 물질적 수단을 통해 과거의 관계를 다시 돌이켜 볼 수 있었을 것이다.

경로, 과업, 장소

인간 몸을 장식하기 위해 선택된 동물 몸의 부분은 특정한 장소나 생태학적 지대와 연관된다. 물새와 같은 동물은 이들이 서로 다른 지대를 움직일 수 있기 때문에 특별히 가치가 있는 것으로 여겨졌을 수 있다. 솔담비는 나무를 오르락내리락할 수 있고 육지에서 자유로울 뿐만 아니라 수영도 잘하고 밤에 활동적이기도 하다. 물에서 사는 달팽이의 껍질도 구슬로 사용되었는데 특정한 미시-환경과 연관을 지녔기 때문일 수 있고, 물고기는 무덤에서 흔히 발견된다(Jonsson 1986). 스웨덴 남부 어게로드의 습지에서는 헤이즐넛으로 만들어진 목걸이가 출토되어(Larsson 1983: 72) 끈으로 엮인 여타 썩기 쉬운 물질들이 매장 맥락에서 분실되었을 가능성을 나타낸다. 한 나무에서 나온 견과류는 하나의 인간 공동체처럼 하나의 자연적 세트를 형성했을 수 있다. 상이한 나무 종이 상이한 관행에서 사용되었을 수 있다. 무덤에 놓인 목재 물품 중에는 쟁반 그리고 아마도 관에서 나온 것이 있을 수 있다. 닐슨 스터츠(Nilsson Stutz 2003)는 일부 스케이트홈 I 무덤의 나무 잔존물은 관에서 나온 것이 아니라고 보지만 말이다. 공허스베즈 7 퇴적물 N에서는 죽은 이를 화장하기 위해 참나무가 사용되었고, 사과는 화덕에서 보다 빈번히 이용되었다.

식물, 나무, 광물뿐만이 아니라 동물 종은 특정 장소의 정체성에 있어 주요한 면모를 이룬다(Jones 1998). 날개와 같이 인간과의 결합을 위해 선택된 동물 몸의 일부는 각 동물이 주변 환경 그리고 다른 동물들에 관여한 방식을 잘 나타낸다. 턱, 부리, 이는 각 동물이 무엇을 먹었는지, 사냥을 했는지, 썩은 고기를 먹었는지, 풀을 뜯어 먹었는지를 나타낸다. 동물과 인간의 일대기는 상호 연관되었다. 특정한 음식 소비 그리고 사냥, 덫놓기, 털과 가죽 마련, 조개 채집, 어로와 같은 관행을 통해 장소와 참여자 모두에게 정체성이 부여되었다. 죽은 이와 함께 묻힌 도구는 보다 넓은 사회에 죽은 이를 위치시킴에 있어 그러한 일상적 과업의 중요성을 나타내고, **죽은 이가 생전 그러한 도구를 사용했던 아니던** 죽은 이에게 공동체 구성원 자격을 부여한다. 유아나 개와 함께 묻힌 도구를 통해 볼때 무덤이 반드시 죽은 개인의 실제 일대기를 반영하는 것이 아니라 주관적인 입장에 따라 죽은 이를 특정한 종류의 사람으로 나타내는 기회를 제공하였을 가능성이 있다. 특히 죽은 이와 함께 칼을 묻음으로써 죽은 이에게 식량을 잘라 배분하거나 사회적 관계를 절단하고 다시 연결할수 있는 능력을 부여했을 수 있다. 배꼽 부위에 놓인 칼의 위치 역시 중요했을 수 있다. 죽은 동물과 동반하는 영혼을 지닌 칼에 대한 윌리엄스(Williams 2002)의 연구도 고려해 볼 수 있다. 동물 몸의 일부와 함께 묻히는 것이 죽은 이가 산 동물처럼 움직이고 상호작용하는 것을 가능하게했을 수 있는 것처럼, 죽은 이가 살아 있는 인간의 활동을 모방할 기회가 제공되었다고도 볼 수 있다. 죽은 이에게 제공된 관계적 위치를 통해 죽은 이의 몸이 공동체에 속했고 사회적 상호작용을 통해 지속적으로 재생된 방식을 살펴볼 수 있다. 특별한 장소에 죽은 이를 묻는 것 그리고 특정한 과업을 물질적으로 나타내는 것은 살아 있는 이들의 공동체와 죽은 이들 그리고 또 동물들의 공동체 사이를 중재하기 위한 것으로 볼 수 있다. 이러한 퇴적물은 죽은 이를 특정한 관계와 시각으로 투영시켜 우주에서 죽은 이를 재배치, 그리고/또는 영혼과 같은 죽은 이의 측면을 이동하고 변형하기 위한 것일 수 있다. 아래에서 살펴볼 것처럼 이는 정수를 우주로 돌려보내 사슴 떼와 물고기 떼를 재생시키기 위한 것일 수도 있다.

　야영지 역시 동물 몸이 변형되었던 장소이고, 이는 아마도 인간 몸의 변형과 함께 이루어졌을 것이다. 이러한 야영지 중 다수가 인간 몸에 영양을 공급하고 인간 몸의 외형을 변형하기 위해 동물 몸으로부터 나온 것을 포함하여 물질을 모으는 과정에서 형성되었을 것이다. 특정한 종 (e.g. 오가르드의 흰 꼬리 독수리: Grigson 1989)에 대한 선호 역시 각 장소의 정체성이 그 장소에서 죽임을 당한 동물 종류와 엮이게 되었을 가능성을 나타낸다. 이처럼 야영지는 여러 몸과 형태의 변형에 중요한 장소였을 것이고 그러한 몸의 기념과 재생을 위한 장소였을 것이다. 지금까지 논의된 이론적 접근과 민족지적 유추를 종합하여 사람, 동물, 경관 사이의 연관, 그리고 이러한 공동체에서 사람다움의 양태에 핵심을 이루었던 관행을 보다 자세히 살펴볼 수 있다.

보다 자세한 해석? 유추, 맥락, 직접적인 역사적 접근

　　　　즈벨레빌(Zvelebil 1997, 2003)은 수렵-채집-어로인들에 의해 공유된 북부 유라시아 우주관의 한 예로서 서부 시베리아 켓츠에 대한 민족지적 유추를 제공하고, 이 공동체들과 선사시대 북부 유라시아 공동체들 사이에 직접적인 역사적 연관이 있을 가능성을 제시한다. 이러한 우주관에서 사람은 세 측면, 즉 물리적 몸, 몸-영혼, 자유로운 영혼으로 구성된다. 현대 서구인들은 사람을 불가분적인 것으로 개념화하기 때문에 사람을 하나의 불가분적인 영혼을 지니고 있는 것으로 생각하는 경향이 있다. 그러나 몸-영혼의 경우 '거의 무한히 분열 가능하고' 몸의 각 부분은 그에 해당하는 영혼을 지니며 '이러한 부분들은 무심결에 분실되거나 도난당할 수 있다'(Ingold 1986: 246). 인간, 곰, 사슴은 이러한 속성을 지녔다는 점에서 비교 가능하다(특히 샤먼은 이러한 세 형태 사이를 오갈 수 있다). 모피가 있는 동물, 물고기, 새의 자유로운 영혼은 대개 동물 주인이라고 칭해지는 영적 존재 안에 집단적으로 존재한다. 이들은 동물 주인의 현현일 뿐이다. 위와 같은 동물 종과 상호작용을 할 때 대화를 통해 접근해야 하는 것은 동물 주인이다. 가축화된 동물의 행위성은 인간 활동에 종속되기 때문에 가축화된 동물에게는 자유로운 영혼이 없다. 사실상 인간은 가축화된 동물의 동물 주인이 된다(Ingold 1986: 272-273). 모든 동물은 그 몸의 구성 요소에 존재하는 몸-영혼을 지니고 있다. 따라서 인간과 동물 모두의 영적 요소는 세계 전체에 분산되어 있고 이들이 한 몸 안에 응축되어 있는 상태는 유지하기 어려운 아슬아슬한 것이다. 잉골드에 의하면:

> 사냥꾼은 동물을 잡아먹음으로써 살아가는데 이에는 불가피하게 동물의 절단이 수반된다. 도살된 맹수의 취급과 관련된 의례의 대부분, 특히 뼈와 다른 먹지 못하는 부분들의 보존과 관련된 의례, 그리고 도살된 동물을 올바른 매체를 통해 정확한 순서로 퇴적시키는 것은 소비 목

적을 위해 해체된 조각들로부터 동물을 재구성하는데 도움이 되도록 하기 위한 것이고, 이를 통해 인간 삶의 재생을 보장하기 위한 것이다 … 인간 존재 역시 너무나도 쉽게 무너질 수 있는 덧없고 일시적인 구성물이다 … (Ingold 1986: 246-247)

동물을 죽이는 것은 희생적 행위의 일부로서 우주적인 갱신과 재생의 가능성을 열며 세계의 추출된 부분이 공동체 안에서 적절히 공유되어 나뉘어졌다는 것을 나타낸다(Ingold 1986: 10장). 동물을 죽이면 사냥꾼은 동물의 사체를 다른 이들과 함께 나누어 물질을 공동체 전체에게 되돌려 보내는데, 이는 이 동물이 공동체를 대신하여 목숨을 잃었기 때문이다(Ingold 1986: 227). 고기 연결부의 사회적 재분배에는 사람 일부분의 추출이 수반된다고 할 수 있는데, 사람은 동물 주인으로부터 짐승 고기를 취하여 섭취하였기 때문이다. 이러한 부분을 나누어 줌으로써 공동체에 있는 다른 인간들, 그리고 동물 세계와 우주 전체에 진 빚을 청산할 수 있다. 죽이는 것은 재생을 위해 필요하다(Ingold 1986: 250).

이 북부 유라시아 공동체의 우주는 세 부분으로 나뉘어져 있어, 지구는 중앙에 위치하고 그 아래 죽은 이들의 역전된 세계가 위치하며 지구 위에 천상계가 위치한다(Ingold 1986: 246; Zvelebil 1997). 물고기와 물새는 위와 같은 세계들 사이의 이동을 중재하고, 물이 있는 곳은 특히 산 자의 세계와 죽은 자의 세계 사이의 중요한 교차 지점이다. 자유로운 영혼은 때로 새나 몸으로부터 멀리 날아갈 수 있는 그림자로 개념화된다(Lopatin 1960: 28-34). 우주적 강은 서로 다른 세계 사이를 흐르는데, 이 역시 나무나 기둥으로서 수직적으로 개념화된다. 샤먼은 서로 다른 세계 사이의 축을 따라 이동하는 중요한 사회적 협상가이다. 케트 경관 이용에 대한 연구에서 즈벨레빌(Zvelebil 1997)은 강을 따른 계절적 이동과 생계 경제에 대한 전체적인 사회적 주기를 위와 같은 우주관 및 의례적 활동과 통합하였다.

이는 몇 가지 특징에서 남부 스칸디나비아 중석기와 비교된다. 이에는 수로를 따라 해안으로 가는 계절적 이동 패턴 가능성, 강과 피오르드 머리에서의 사회적 모임, 피장자의 연령이 높을수록 감소하는 부장품, 사슴, 곰, 물고기, 물새에 대한 상징적 강조가 포함된다. 우주를 지하세계, 지구, 지상세계로 구분하는 것은 북유럽 신화의 공통적인 주제인데, 이에는 스칸디나비아 청동기와 철기 시대가 포함된다고 보기도 한다(e.g. Bradley 2000: 142-143; Parker Pearson 1999a: 70; M. Williams 2001). 여러 시기의 스칸디나비아 암각화에는 팔다리와 같은 몸 부분이 인간과 동물의 몸 전체와 함께 묘사되어 있다(e.g. Yates 1993). 극지대의 우주관에 대한 일반적 유추가 극북 유럽의 선사시대 해석에 어느 정도 적용될 수 있다. 올레네오스트로브스카 모지닉의 훨씬 이른 시기의 유적에 대한 즈벨레빌의 해석이 있지만, 민족지에 기반한 이러한 해석은 지나치게 샤먼에 치중하는 경향이 있다. 사회의 다른 구성원들도 사람다움에 대한 동일한 구조화 원리와 개념을 통해 세계에 관여하였다. 샤먼이 동물과의 조우에서 잃어버린 사람의 일부를 되찾는데 도움을 줄 수는 있지만, 힘 센 동물과 정규적으로 관계하는 것이 샤먼뿐인 것은 아니다. 스트라스버그 (Strassburg 2000) 또한 불가분적인 상태에 대한 단순한 독해 대신 물질과 파편화된 몸 부분을 중요한 불가분적인 관계로 파악하고, 무덤은 샤먼처럼 위험하거나 '괴상한' 개인들과 관련되었다고 본다. 필자도 최근의 북유라시아 샤먼 및 우주관과 관련되었거나 유사한 중석기시대 샤먼과 우주관이 존재했을 가능성이 있다고 생각한다(cf. Schmidt 2000). 아래에서는 앞에서 다룬 개념적 틀을 통해 파악된 완전히 대화적인 관계의 세계에서 사람다움이 무엇을 의미하는지를 보다 넓은 시각에서 고찰해 보겠다.

에르트볼르 사람다움에 있어서의 패턴

인간과 동물

시신에게 옷을 입히고 시신을 싸고 묻는 과정에 있어서의 어느 시점에 모아 놓은 시신에게 색을 입히기 위하여 황토가 종종 사용된다. 마연된 뼈와 플린트 도구가 시신에게 쥐어지거나 착장되고, 때때로 구슬이 수백 개씩 놓여진다. 이러한 전시는 매우 휘황찬란한 효과를 가져와 시신이 동물, 장소, 다른 인간들과의 다양한 관계로 구성되었음을 나타내 보였을 수 있다. 그래서 각각은 관계의 차원 분열적인 복합물로서 제시되어 전체 공동체와 우주를 그들의 사람 안에 한데 모았을 것이다. 그렇다면 동물은 사후 어떻게 제시되었을까?

중석기시대 세계에서 개는 모호한 존재였다. 개는 가축화되어 인간 사회에서 살았지만 인간을 위해 다른 동물을 사냥하고 죽이는 중재자 역할을 하기도 하였다(Tilley 1996: 65). 개는 발달된 후각과 청각을 통해 사람들이 할 수 없는 방식으로 세계를 지각할 수 있다. 개(또는 적어도 개 이빨)는 때로 중석기시대 발트해에서 장거리에 걸쳐 교환되기도 하였다(Eriksson and Zagorska 2003). 동물 종 중에서는 개만 유일하게 몸 전체가 인간처럼 또는 인간 옆에 묻혔다(이에 대한 흥미로운 예외가 곤제허스베즈 7 화장묘 위에 놓인 새끼 노루이다: Brinch Petersen and MeikleJohn 2003: 489). 스케이트홈 I 과 Ⅱ의 77기 무덤 중 17기가 개의 무덤이거나 인간과 함께 개를 포함한다. 몇몇 개는 자기 자신만의 무덤에 묻혔고, 일부는 상대적으로 풍부한 부장품을 지니고 있었다. 스케이트홈 Ⅱ에 있는 21호 무덤은 모든 무덤들 중 부장품이 가장 풍부한 무덤이다. 개는 웅크려 왼쪽으로 눕혀졌다:

> 붉은 사슴의 뿔이 개의 척추를 따라 놓였고, 세 점의 플린트 날이 엉덩이 부근에 놓여졌는데, 이와 같은 것들이 남성 무덤에 묻힐 때도 정확히 위와 같은 방식으로 묻힌다. … 장식된 뼈 망치는 개의 가슴 위에 놓여졌다. (Larsson 1993: 53)

인간의 시신이 위와 같이 취급되는 경우는 드물고 성인의 무덤에 부장품이 없는 예도 많다. 인간과 마찬가지로 개는 많은 부장품과 함께 묻히거나 부장품 없이 묻혔고 종종 황토가 뿌려졌다. 대부분의 개는 굴신장으로 묻혔는데 이러한 관행이 나중에는 스케이트홈 I 의 인간, 특히 여성에게로 확장되었다. 그러나 개는 다른 동물의 이빨과 함께 발견되지 않았고, 스케이트홈 I 의 개 무덤은 대개 인간 무덤과 약간 떨어져 마련되었다(Larsson 1990: 155-156). 개와 사람 모두 때로는 난폭하게 살해되었다. 개는 종종 목이 잘려 두개골과 몸 중 하나가 또는 두개골과 몸 모두 단독으로 무덤에 묻히거나, 머리가 잘린 큰 개가 여자의 다리 위에 놓인 스케이트홈 Ⅱ의 13호 무덤에서처럼 인간과 함께 묻혔다(Larsson 1989a, 1990). 어떤 시신에서는 뼈에 박힌 화살촉을 포함하여 폭력의 흔적이 발견되었다(e.g. 19a호 무덤). 스케이트홈 I 의 33호 무덤에서는 금이 갔지만 치료된 두개골을 지닌 성인 남성이 발견되었는데, 스케이트홈 I 에서는 최소 3기의 무덤에서 이러한 폭력의 흔적이 발견된다(Strassburg 2000: 163). 33호 무덤의 남성 역시 오른쪽 무릎을 다쳤다. 이 시신은 머리부터 무덤 안으로 던져졌고 무덤 안으로 화살이 쏘아졌다(ibid.). 여러 에르트볼르 무덤 안의 시신이 화살을 맞았지만 이것이 죽음의 원인이었는지 사후 시신의 의례적 죽임을 나타내는 것인지는 알 수 없다. 개의 두개골은 뼈 파편 그리고 플린트와 함께 33호 무덤 위에 놓여졌다. 매장과 관련된 것으로 보이는 맥락에 개가 절단되거나 손상된 채로 묻힌 경우가 있는데, 이는 부분적으로 절단된 시신이 있는가 하면 아예 매장되지 않은 시신도 있는 인간의 경우에도 마찬가지이다.

개와 인간 사이의 유사성에는 일정한 한계가 있지만 라스 라슨(Larsson 1989a, 1990)이 제기한 것처럼 분명 어떤 개에서는 인간의 특징이 관찰되기도 한다. 개는 사람들 그리고 아마도 공동체, 집단적 사람에게 포함된 것으로 볼 수 있다. 사냥이나 새끼를 지키는 것과 같은 사회적 활동은 개 자체의 문화적 경향과 태도, 공동체 구성원 자격을 나타낸다. 유라시아 북부인들에 대한 현대 민족지에 의하면 개는 자유로운 영혼이 없는 가축군에 속한다; '가축의 영혼은 외부에서 그를 통제하는 인간의 영혼이다' (Ingold 1986: 255). 개는 이러한 공동체에서 흔히 희생물로 사용되고 난폭한 취급을 당한 일부 에르트볼르 개 역시 이러한 측면에서 이해될 수 있다. 사실상 개는 사람에게 포함된, 사람의 일부였다. 개를 제물로 바치는 것은 사람과 공동체의 일부를 바치는 것이었을 것이다.

인간이 다른 동물과 맺는 관계는 다소 달랐다. 파편화와 결합에 대한 몇몇 상반된 전략이 종을 가로지른 관계 생성에서 명확히 나타난다. 인간은 종종 동물 가죽 안에 손상되지 않은 채로 묻힌 반면, 솔담비는 가죽이 벗겨지고 몸은 버려졌다. 이처럼 가죽이 벗겨진 동물의 몸이 링클로스터에 있는 야영지 근처 호수에서 발견되었다(Andersen 1995: 51). 어떤 인간 무덤에서는 골반의 퇴적 양상이 두드러지는데, 링클로스터에서는 7점의 사슴 골반이 서로 포개져 퇴적되었다(ibid.: 28). 거의 모든 종이 사냥되고, 죽임을 당하고, 먹히고, 완전한 상태로 묻히거나 비유적 또는 병렬적 방식으로 파편화되어 재분배될 수 있다. 존재가 어떠한 형태든 취할 수 있는 관계적인 맥락에서 동물이 인간 형태를 하고 있는 것인지, 인간이 동물 형태를 하고 있는 것인지를 구별하기는 어렵다. 현대 극지대 사회에 사는 주요 동물 종은 척도와 모양을 바꾸어 솔담비와 사슴이 잠재적으로 같은 것이 될 수 있다(Ingold 1986: 251 참조). 그러한 모호함이 에르트볼르 사회의 일부였다면, 이를 통해 동물 세계에서의 인간 몸의 위치와, 경우에 따라 죽은 이를 인간과 동물 몸의 부분으로 구성된 통합적 존재로 변형한 행위가 설명될 수 있다. 에르트볼르 사냥꾼은 사냥한 동물의 뼈를 다시 모으지 않지만 복합적 몸을 만들어 그 중 일부를 묻거나 태움으로써 극지대 민족지에 기술된 것과 유사한 재생과 보상 행위의 효과를 낳았을 수 있다. 이러한 측면에서 갈라진 뿔과 솔담비 사체를 링클로스터 물가에 퇴적시킨 것은 봉헌적 의미를 지닌 것으로 볼 수 있다(Bradley 2000: 1장 참조). 잔존물의 구조화된 퇴적뿐만이 아니라 도살 기술과 고기 공유에 대한 연구가 인간의 사회적 관계를 동물에 대한 영적 관여와 함께 연구하는데 특히 생산적일 수 있다. 마지막으로 서로 다른 동물 종은 서로 다른 형태의 사회성을 보인다. 사슴은 일반적으로 떼를 지어 다니는데, 짝짓기 철이 되어 수컷이 여러 암컷을 거느리려 하는 늦

여름까시 수컷과 암컷은 서로 다른 집단에서 생활한다. 갈색 곰은 군거하지 않고, 흰꼬리독수리는 번식을 위한 쌍을 이룬다. 그래서 동물 종은 사람들 사이의 사회 관계를 상징했을 수 있고, 사회 주기의 상이한 시점은 예를 들어 소떼, 양떼, 또는 물고기떼의 결집과 비교되었을 수도 있다 (Tilley 1996: 65 참조). 동물 세계에 내재된 인간 존재의 특성으로 인해 인간의 사회적 활동은 동물의 사회성을 참조하여 이해되었을 수 있다.

정체성과 관계적 사람다움을 연접하기

사람의 가분적인 특징이 인지되고 몸의 부분이 개인적 정신의 요소를 포함하였다면, 동물과 사람 몸을 다룬다는 것은 분명 중요한 영적 문제였다. 남부 스칸디나비아 중석기시대 전반기에는 인간과 동물 몸에 대한 표상이 많았다. 에르트볼르에는 설득력 있는 예가 거의 없는 대신 실제 몸과 그 부분이 사회적 담론에서 사용되었는데, 이러한 경향은 북부 유럽 신석기시대 활동에서 지배적이게 되었다. 실제적인 것의 부분과 전체에 대한 재현이 아니라 **현현**이 문제가 되었던 것이다. 각 사람은 전체 우주 요소의 모음집, 가분적이기도 했던 차원 분열적 사람이었다. 이러한 가분성은 교환, 먹잇감과의 상호작용, 또는 사람이 한 집단에서 추출되어 다른 집단에게 주어지는 매장 관행 중의 식량 공유 동안 일종의 분할적 관계를 통해 변경될 수 있었다(cf. Strassburg 2000: 96-97). 죽은 이의 어떤 측면은 인간 공동체 내에서 순환되었고 다른 측면은 동물과 영적 공동체에 합치되었는데 그 영혼의 또 다른 측면은 다른 세계로 여행을 떠날 수 있다. 몸의 각 부분은 영적 요소를 포함하고 있었기 때문에 몸의 경계 관리는 매우 중요했을 것이다. 사람다움이 분할적이었다면, 잃어버린 부분, '몸-정신'의 새어나감에 대한 보상은 동물 몸 부분을 지니고 있는 방식을 포함하여 사회 집단이 여러 가지 방식으로 추구하였던 사회적 관심사였을 것이다.

사람다움의 한 상태에서 다른 상태로의 변형은 통과의례나 공동 무도회에서와 같이 삶 전체에 걸쳐 반복적으로 이루어졌을 것이다. 이러한 변형에서의 한 가지 은유는 가죽과 동물 가죽으로 된 인간 의복의 제거였을 것이다. 외피 변경은 정체성 변경을 나타냈을 수도 있다. 죽은 이 중 일부에게 뿔을 제공하는 것은 유사한 의미를 지녀 대화적 조우에서 사슴을 흉내 낼 수 있는 능력을 부여했을 수 있다(Conneller 2001; Conneller and Yarrow 2002 참조). 모방과 대화적 행동은 행동과 태도 패턴에 특정 정체성이 맥락적으로 수반되었을 가능성을 제시하는데, 각 행동은 특정 존재에 관여하기 위한 특유의 방식이었을 수 있기 때문이다. 그래서 바구니를 짜는 것은 사슴을 사냥하는 것이나 솔담비를 덫을 놓아 잡는 것과 매우 다른 존재 상태를 생성했을 수 있다. 일련의 행동을 통해 한 생물학적 개인을 따라가 볼 수 있지만, 현재의 활동에 의존한, 완전히 맥락적이고 관계적인 에르트볼르 사람다움을 고려해 볼 수도 있다. 상이한 관행은 사람들을 상이한 방식으로 취하여 사람의 상이한 측면이 나타나게 되었을 수 있다. 영속적인 개인적 정체성은 정체성이 누적적이기보다는 맥락적으로 나타나는 변동적이고 일시적인 상호관계를 통해 조율되었을 수 있다.

사람다움과 사회적 전략: 젠더와 연령

남부 스칸디나비아에서의 남성과 여성 몸에 대한 전체적인 젠더 구분은 표준화되지 않았지만(Schmidt 인쇄 중), 특정한 연령대 **내에서의** 남성과 여성 사이의 분화는 베드백에서 관찰된 바 있다(Strassburg 2000; Tilley 1996: 40-41). 인간과 동물 몸은 수행적 또는 실질적으로 젠더화되었을 수 있고, 아마도 양자의 혼합을 통해 젠더화되었을 가능성이 가장 크다. 뿔은 계절에 따라 다시 자라나 물질의 재생 가능한 자원이 된다. 뿔이 있는 수사슴은 뿔이 없는 사슴과 매우 다른 존재였을 수 있고, (뿔. 이빨. 모피/털. 피 등과 같은) 각각의 물질에는 특정한 방식으로 '감정이 불어넣어졌을' 수 있다. 몸은 다중적인 방식으로 젠더화되었다고 할 수 있는데, 인간과 동물 몸의 부분과 물질 그리고 몸 안에 있는 것과 몸에 부착된 것 모두 이들의 특정한 함의와 역사를 통해 젠더화되었다. 이러한 물질—부호의 고정성이나 모호성에 대해서는 논란의 여지가 있지만, 삶 전체에 걸쳐 신체적인 젠더에 어떤 영속적인 고정성이 있다고 가정하는 경우에 있어서의 문제처럼, 전체 몸만 남성과 여성으로 젠더화한다면 잘못된 결론에 이를 수 있다(Hollimon 2000, Prine 2000, Schmidt 2000). 교환 관행에서 이러한 물질을 획득함으로써 인간과 비—인간 교환 상대로부터 부분을 끌어낼 수 있는 효능을 증명했을 수 있는데, 그러한 교환 상대로는 동물 주인과 같은 존재도 포함되었을 것이다. 예를 들어 모피, 구슬, 뿔로 만들어진 도끼 교환과 유사하게 젠더화된 교환 체계(Strathern 1988, Weiner 1992), 그리고/또는 그러한 것들이 교환 주기에서 젠더 경계를 가로질러 전달된 연결 체계를 생각해 볼 수 있다. 이는 남성 또는 여성으로 사람이 젠더화된 부분이거나, 특정한 활동과 연관되어 남성적 또는 여성적 방식으로 나타났을 수 있다. 사람들은 상이한 거래 전략을 추구하였고, 이러한 거래에서의 어느 정도의 변이성이 매장 관행과 죽은 이의 의복에서의 다양성에서 관찰될 수 있다. 젠더화를 다룸에 있어 한가지 주요한 문제는 유라시아 샤먼은 종종 자신 안에 남성과 여성의 역할, 물질과 의복을 함께 포함하였다는 점이다(Schmidt 2000. Zvelebil 1997). 시신의 일부 또는 전부가 의례 전문가의 것이라면 둘 또는 그 이상의 젠더에 대한 해석이 매우 복잡해질 것이다.

이러한 전략은 젠더뿐만이 아니라 연령과도 많은 관련을 가졌던 것으로 보인다. 연장자들에게는 대량 생산된 제품이 거의 없다. 이는 아마도 사람다움이 일생에 걸쳐 변화되어 연장자들은 덜 다–자연적이고 다원적으로 젠더화된 존재가 되어 사람들이 사냥하는 무명의 동물 무리처럼 되었음을 나타낼 수 있다. 역으로 어떤 어린이들의 무덤에는 어린이들이 사용할 수 없는 플린트 도구를 포함하여 많은 부장품이 부장되었다. 사람들이 특정한 연령대를 거침에 따라 일련의 물질이 그들의 몸에 더해졌다 제거되었고, 이러한 과정을 매장 관행에서도 거쳤을 가능성이 있다 (Alvi 2001). 연장자들은 아마도 주지만 받지 않는 삶의 단계에 있었을 수 있다. 이러한 연장자들은 동물 무리, 나이 든 수사슴의 새로 난 뿔, 과업 특정적인 형태가 없는 순수한 물질과 동일시되었다. 이는 또한 원 생식 물질을 다룰 수 있는 '생식기 이후의' 젠더와 같이 이 연령 집단의 특정한 젠더를 나타냈을 수 있다. 사람다움을 변형하고 유지함에 있어 세계의 정수를 다루기 위해 사람들이 어떠한 전략을 일생 동안 추구하였든 간에 이는 상호적으로 생성되었다. 특정한 연령대의 사람들이 상이한 방식으로 수거나 받는 것처럼 다른 이들도 마찬가지로 이들에게 주거나 이들로부터 받았을 것이다. 죽은 이의 경우도 다르지 않아 그 관계적 정체성의 특정 측면에 대한 정보를 제공할 수 있다.

죽음

앞 장에서 살펴본 것처럼 몸의 형태를 바꾸는 것은 존재의 특성을 바꾸는 것일 수 있다. 토기가 없는 에르트볼르에서의 관계에는 다–자연적인 논리와 같은 것이 적용되어 몸이 사회적 경계를 가로질러 이동되었을 수 있다. 아마도 에르트볼르 공동체들은 원래 인간이었든 동물이었든 모든 사람을 서로 간의 상호작용을 통해 형태를 바꿀 수 있는 것으로 보았을 것이다. 에르트볼르 사람들은 가변적인 몸을 지녔고 이들의 인간 측면 중 하나는 사후 동물이 되었다고 볼 수 있다. 물건은 상호작용에 핵심적이지만 공동체의 연장자들은 일련의 상이한 관점을 취하는 것에 숙달되어 최소한의 물적 조력으로도 이들의 신체적 변형이 충분히 가능했을 것이다. 다른 이들에게 있어서는 턱, 이, 그리고 그 외의 몸 부분이 각기 상이한 방식으로 정수의 흐름을 매개하였다. 무덤 안에 물고기를 묻는 것은 지하세계로의, 새를 묻는 것은 지상세계로의 움직임을 용이하게 했을 수 있다. 죽은 이를 제공하는 것, 그리고 연장자의 경우 공동체 핵심 구성원의 특질을 인간에게서 사슴 떼로, 사냥꾼에게서 먹잇감으로 전달하는 것 자체가 관계 재생에 핵심적이었을 것이다. 동물 세계는 사람의 어느 한 요소의 목적지였고 또 다른 어느 요소는 다른 공동체로 떠났을 수 있다. 우주에 대한 삼원적 모델에서 화장은 특정한 영적 구성 요소를 하늘로 보냈을 수 있고 대지나 수중에 마련된 무덤은 정수를 산 사람의 세계에 보관하여 간직하거나 지하세계로 보냈을 수 있다. 매장 관행에서는 그러한 정수가 어디로 보내져야 하는가에 관한 공동체적 논의가 이루어졌을 것이다(cf. Strassburg 2000: 229-234). 이는 부분적으로 죽은 이의 개인적 연대기에 기반했을 수 있지만, 이들이 갑자기 죽었는지 아닌지와 같은 연대기의 면모는 이들의 개인성과 별 관련이 없을 수 있다. 죽은 이는 산 자와 죽은 자, 한 세계와 다른 세계, 인간과 다른 동물 사이의 관계를 중재함에 있어 매우 구체적인 역할을 하였다. 또한 이와 관련하여 모든 사람들이 일생에 걸쳐 동물과 상호작용했고, 사람 안에 동물의 일부를 유지하거나 관계적 조우에서 추출된 사람의 일부를 되찾기 위해 사냥 기념물로 동물을 가져갔을 수 있다. 샤먼은 죽은 이에게 동물 몸의 부분을 기증하여 그 사람이 완전히 흩어지기 전에 통합적 행동에서 그 사람이 잃어버린 부분을 돌려보냈을 수 있다. 매장 관행은 사람을 '완성하여' 다른 존재 질서로의 해체 기반을 제공하였고, 이에는 상이한 형태로 지속된 사람다움이 포함되었을 수 있다. 사람다움이 어떻게 획득되고 유지되어야 하는가에 일정한 부호가 적용되었을 수도 있다. 그러한 논리에 관여하기 위한 전략은 다양했지만 말이다. 순장에 대한 힌두 개념과 유사한 의미에서라도 에르트볼르에서의 인간을 위한 순장 역시 제외될 수 없다. 마지막으로 매장이 공동체적 모임 중에 이루어졌고 이때 향연이 수반되었다면, 매장 교환 체계에 대한 추론이 가능하다. 이처럼 사람이 구성 부분으로 분해되는 과정은 융합과 사회적 갱신 행위에 통합되었는데, 그러한 구성 부분 중 일부는 구슬과 같은 물질이었고 아마도 나름의 사람다움을 획득했을 것이다.

태도

분명 야생 동물은 먹잇감이 되어 사냥되고 덫에 걸렸지만 이는 그 자체로 먹이 관계를 나타내지는 않는다. 이러한 사냥 관행은 에르트볼르 유적에 묻힌 꽤 높은 비중의 인간이 살해되고 상처를 입은 것과 함께 맥락화될 수 있다. 인간, 동물, 물건을 망라하여 이들은 난폭하게 그리고 또한 호혜적으로 다루어진다. 이러한 공동체들이 동물을 사냥하기는 했지만 지나치게 착취적이거나 약탈적인 방식으로 하지는 않았다. 동물이 죽임을 당하고 잡아먹혔지만 인간도 (일종의 사람인) 동물 그리고 아마도 영혼에 의해 살해되고 잡아먹히기도 하였을 것이다. 인간의 죽음에는 어떤 경우 동물의 죽음이 수반되었고(e.g. 여자와 함께 묻힌 스케이트홈Ⅱ 13호 무덤의 목이 잘린 개), 한편 특정한 인간 존재의 죽음을 요구하였던 무언가도 있었던 것처럼 보인다. 이러한 종류의 호혜성 뒤의 폭력은 데스콜라(Descola 1996: 90)가 남미 일부에서의 먹이 교환과 동일시하는 종류의 폭력과 유사할 수 있다. 자비로운 교환이란 매우 드물고 교환에는 빚과 의무가 따른다. 어떤 경우에는 인간 세계와 비-인간 세계 사이의 교환이 폭력적인 희생의 형태를 띠었을 수 있다. 또한 교환 체계는 호혜적이고 광범위한 것처럼 보일지라도 선물-증여에서의 관계 양태는 공격적일 수도 있다. 선물-증여는 노골적인 폭력 없이도 갈등을 중재할 수 있지만, 사람과 동물로부터 정수를 난폭하게 추출하는 것 자체가 중요한 목적이었을 수도 있다. 이처럼 호혜적 관계와 먹이 관계가 혼합되었을 수도 있다. 개와 함께 하는 인간의 삶 역시 상호적 보호로 여겨졌을 수 있다. 가축화된 동물인 개는 인간의 먹잇감이 된 것이 아니라 죽은 후 인간과 같은 주목을 받으며 처리되었다. 그러한 '주목'이 폭력적일 수는 있었지만 말이다.

맺으며

이 장에서는 개인성과 별도로 사람다움의 면모에 초점을 두는 것이 어떻게 개인성에 대한 접근을 보완하거나 그에 대한 대안이 될 수 있는지를 살펴보았다. 과거의 사람들을 문화적 결정론에서의 잘 속아 넘어가는 사람이나 경계 지어지고 자기-표현적인 개인주의자로 제시하는 대신 이들을 관계적인 시각에서 생각해 볼 수 있는 방식을 보여 주는 해석을 제시하였다. 에르트볼르 묘지에 묻힌 사람들은 다중적 요소로 구성되었는데, 그러한 다중적 요소의 통합 그리고/또는 실제적 사용은 그 요소의 성격을 변형하였다고 보았다. '부장품'은 사회적 위치의 단순한 표시물이 아니라 여러 사회적 존재 사이의 관계 중재에 중심적이다. 인간 공동체는 물건, 식물, 동물, 심지어는 장소를 사람, 유사-사람, 또는 초-자연적, 초-인간적 존재로 여길 수 있다. 고고학자들은 그와 같은 존재를 이러저러한 종류의 사람이라기보다는 물건이거나 '어리석은' 동물이라고 단정하는 대신 그러한 사람다움이 형성, 변형, 심지어 승화되는 맥락을 고려할 수 있다. 과거의 사람다움을 정의하고자 한다면 단지 인간 몸에만 초점을 두어 다른 종류의 몸에 대한 처리를 간과해서는 안 된다. 후자 역시 사람이거나 사람의 부분일 수 있기 때문이다. 이 장에서 제시된 해석은 단지 하나의 가능성일 뿐으로서 유추를 위한 참조 대상에 따라 크게 바뀔 수 있는 것이지만, 선사시대 사람다움이 경험, 인용, 해석되고 적극적으로 조작되었던 관행에서의 경향성을 연구하여 어떠한 성과를 얻을 수 있는지를 보여 준다.

맺으며:
관계적 사람다움의 맥락화

들어가며

　　사람다움에 대한 고고학에서는 인격적 거래, 관계, 상호작용, 변형에 대해 연구한다. 사람다움은 일생을 통해 지속적으로 변하는 정체성이 몇몇 사람들 사이의 소규모 상호작용을 통해, 대규모 공동체 사건에서, 식량 공유, 조리, 먹기를 통해, 죽음과 해체를 통해, 그리고 매장 교환 및 조상과 관련된 의례를 통해 중재되는 방식에 형상을 부여한다. 개인들만 사람이 될 수 있는 것이 아니고 사람다움이 개인성의 문제인 것만도 아니다. 때로 한 존재가 사람으로 여겨지고 때로는 그렇지 않다. 때로는 개인적 일대기가 전면에 내세워질 수 있고, 또 다른 경우 사람은 매우 분열적이고 심지어 특정한 역할을 수행하는 '전형적인' 사회적 인물로서 부각되기도 한다. 사람다움은 충분히 문화적임과 동시에 정치적 상황과 사회적 전략을 통해 획득된다. 사람다움에 있어서의 경향성은 사회적 상호작용을 위한 틀을 제공하지만 사람다움의 획득 자체에는 젠더, 성별, 성적 관행, 종족성, 카스트, 종교, 신성과 같은 정체성의 다른 면모의 통합이 수반된다. '정체성'은 다양하게 적용될 수 있는 매우 폭넓은 용어이다. 정체성은 여러 가지 방식으로 사용될 수 있지만, '사람다움'은 사람이라는 상태에 대한 해당 공동체의 개념화를 특정하게 나타내는 용어이다. 이러한 상태는 젠더화, 카스트 등에 대한 가능성을 구조화하기도 하는, 개념적이고 관행적인 틀을 제공하는 사람다움의 양태를 통해 이해되고 정형화된다. 사람다움과 같이 매우 기본적인 것도 변하기 쉽고 맥락적이며, 지금 한 가지 측면에서는 명백하지만 그 이후 인간 존재, 공동체, 동물, 또는 물건의 일대기를 통해 변형되거나 심지어 부재할 수 있다. 사람다움은 정체성의 다른 요소들과 복잡하게 뒤엉켜 있기 때문에 모든 맥락에 적용되는 단일한 정의나 사람다움이 획득되는 단일한 과정이란 있을 수 없다. 이러한 이유로 사람다움에 대한 별도의 고고학을 주창하기보다는, 사람다움이 생성되는 경향이 과거의 정체성에 대한 퍼즐 맞추기와 같은 고고학적 이론화 작업에서 중심적인 조각을 형성함을 보였다. 이처럼 분할성, 물질의 전달과 같은 관행에서의 원리는 사람다움뿐만이 아니라 정체성 일반을 이해하는데 필수적이다. 이 책에서 살펴본 연구들은 정체성의 다른 면모와 함께 사람다움의 중요성을 나타내고, 가장 파편화된 잔존물에 대해서도 생산적이고 흥미로운 방식으로 해석할 수 있는 길을 열어 준다.

민족지적 기초에서 고고학적 틀로

　　　　　　멜라네시아 분할성의 구체적인 기제와 그
에 따른 세계 이해는 멜라네시아에 특정할 수 있지만, 분할성을 수반한
선사시대 나름의 경향성이 있었다는 생각이 그리 억지스러운 것은 아니
다. 이는 분명 자신들을 불가분적인 개인들로 여겼던 선사시대 사람들
이 있었을 가능성과 마찬가지로 가능성이 있다. 파편화되고 분배된 과거
의 몸, 그리고 비-자본주의 세계에서의 대인적 교환에 대한 증거를 고려
할 때, 필자는 그 가능성이 매우 높다고 생각한다. 북부 유라시아 우주관
에서 사람들이 동물들과의 관계에서 자신들의 일부를 잃게 될 위험을 무
릅쓴다는 것은 사람다움의 관계적이고 가분적인 특징이 얼마나 널리 퍼
져 있는가에 대한 한 가지 예에 불과하다. 가분성은 분명 과거에도 사람
다움의 한 면모이었을 수 있다. 사람다움에 대한 민족지 연구를 단순화
하긴 하였지만 그래도 가능한 원래의 연구에 충실한 형태로 인용하면서,
중재된 교환과 중재되지 않은 교환, 그리고 침투성과 분할성에 대한 개
념을 고고학적으로 재구성하였다. 과거의 맥락에서 분할적 사람들과 함
께 침투적인 사람들을 통한 물질의 흐름을 생각해 볼 수 있었다. 이는 멜
라네시아에서의 물질의 흐름은 분할성의 요인이라는 점에서 두 민족지
적 구성물 사이의 명백한 차이를 간과하는 것처럼 보일 수 있다. 그러나
고고학적 시각에서 봤을 때 이러한 구조화하는 원리와 문화적 변동 가능
성에서의 명백한 차이, 그리고 일견 서로 갈라지는 것처럼 보이는 경향
들간의 중복을 인지하는 것이 중요하다. 과거의 사람들이 개인으로 물화
될 수 없는 것처럼 과거의 사람들을 분할적이거나 침투적이라고 물화해

서는 안 된다. 그들은 그저 사람이었을 뿐이다. 대신 몸의 침투성에 대한 보다 극단적인 버전으로서 분할성과 같은 사회적 관행에 초점을 두어, 사람의 분할성, 침투성, 또는 불가분성이 상이한 방식으로 강조되었던 관계 작동에 있어 사람들이 추구하였던 전략을 논할 수 있다. 침투적이고 분할적인 사람다움에 있어서의 경향성을 과거의 개인성과 함께 존재했던 것으로 보았지만 이 모든 개념은 현대 사회에 대한 매우 특정한 해석에서 유래한 것임을 유념해야 한다. 고고학자들은 이러한 민족지적 구성물을 분석적으로 이용하면서도 그러한 구성물이 과거에 대한 고고학자들의 시각에 영향을 미치는 방식을 간과해서는 안 된다. 개인성만으로는 근시안적이어서 눈의 초점을 맞추기 위해서는 또 다른 렌즈가 필요하다. 아마도 지난 십 년 동안 고고학자들은 이러한 과정의 시작을 본 것에 지나지 않을 수 있다.

보다 일반적으로 과거의 사람들은 개인성과 가분성을 여러 상이한 방식으로 협상했다고 보았다. 이 책에서 취한 기본적인 입장은 리푸마 (LiPuma 1998)와 채프먼(Chapman 2000)의 입장에 대체로 동의하여 서구의 개인성 그리고 극단적으로 관계적인 사람다움이라는 **사고의** 두 극단적 입장이 있지만, 모든 사회에는 사람들이 두 가지 면모 모두를 협상하기 위한 틀이 존재한다는 것이다. 이에 일정 범위의 발견적 방법을 제시하였다. 이러한 스펙트럼에는 그 한끝에 양도될 수 없는 관계와 연합된 관계적이고 가분적이며 차원 분열적인 사람다움, 다른 한끝에 표상적인 은유 및 양도 가능한 관계와 연합된 고정되고 개인적인 사람다움이 위치한다. 사람다움의 양태로 통칭된, 가능성에 대한 문화적 장은 이들 사이의 협상에 틀을 지어 종종 연속체의 중심을 그 한쪽으로 기울게 한다. 양도 불가능성, 가분성, 척도 분열적 사람다움은 매우 광범위한 수준에서 동일한 현상을 기술하는, 서로 병렬적인 개념이지만(Chapman 2000: 29-32, 48 참조) 각각은 사람다움에 대한 여러 상이한 전략과 논리를 포함할 수 있다. 이러한 접근이 함의하는 바는 사람에 대해 어떻게 생각하는지를 넘어 세계의 나머지를 어떻게 이해하는가로 확장된다. 과거의 사람다움을 유추하기 위해 논의된, 사람다움을 구조화하는 원리는 과거의 사람들을 세계로부터 개체화되어 완전히 외화된 타자와의 관계에 관여하고 있는 것으로 보는 시각에 대한 대안을 제공한다.

사람다움, 행위성, 개인

개인을 부수적으로 다루는 것은 과거를 비인간화하기 위한 것이 아니라 인간이 세계에 어떻게 놓여 있는가를 보다 잘 나타내어 인간 경험은 그러한 세계의 특징을 매우 유의미한 방식으로 내화한다는 점을 인지하기 위한 것이다. 사람다움의 구조와 형태에 반복적으로 주목하는 것은 지나치게 결정론적인 것으로 보일 수 있다. 이 책에서는 주로 사람다움의 조건과 사람다움이 실현되는 방식에 있어서의 경향에 초점을 두었다. 이러한 문화적 조건은 상이한 종류의 상호작용을 가능케 하고, 그 중 일부는 다른 조건들과 달리 개인성을 조장한다. 그러나 사람 자체는 상호적으로 사건을 협상하고, 궁극적으로는 사람다움 자체를 해석하고 수정한다. 사람은 그 자체로 사람다움의 양태를 반영하지 않는다. 대신 사람다움의 양태가 사람들이 서로 관여할 수 있는 참조틀을 제공한다. 사람다움의 양태는 사람다움을 지탱하는 사회적 경향과 마찬가지로 성찰되는데, 때로는 비판적으로 성찰된다. 이 책은 고고학적인 측면에서는 과거의 개인들, 인류학적인 측면에서는 현재의 개인들 중 어느 특정한 개인의 삶에 대해 이해하려 하지 않았다는 점에서 비판 받을 수도 있다. 이는 이 책의 목적이 아니지만, 그렇다고 하여 그러한 설명이 가치가 없다는 것은 아니다. 개인성을 넘어서는 사람다움은 개인이 없는 사람다움과 같은 것이 아니다. 개인적인 사람은 사람의 여러 현현 중 하나, 여러 단계 중 하나, 여러 측면 중 하나라고 할 수 있다. 과거의 개인들을 없앨 필요는 없지만, 사람다움의 다른 측면들이 연구되지 않은 채로 남아 있을 때 과거의 사람들에 대한 개체화가 지나치게 강조될 필요는 없다. 개인적 삶과 경험에 관심이 있다면 불가분적인, 침투적인, 가분적인, 분할적인 삶 모두에 대한 연구를 최대한 활용할 수 있다.

공동체가 사람 각각에 내화되고 사람 각각이 다른 사람의 일부를 포함하는 차원 분열적인 세계에서 개인성과 공동체 사이의 긴장이 항상 가장 적절한 긴장인 것은 아니다. 이러한 사고에서는 사람이 장소와 관행에 스며들기도 하는 보다 관계적인 사람다움과는 그다지 관련이 없는 방식으로 사람다움의 안과 밖이 상정된다(e.g. Ingold 2000d). 고고학에서는 많은 경우 이러한 긴장이 지나치게 부각되었다. 이를 대신하여 사람다움에 있어서의 경향성이 어떻게 개인과 집단 그리고 비-인간적 존재에게 가능성과 동기의 영역을 제공했는지가 고려될 수 있다. 이들이 서로에게 어떠한 방식으로 침투해 있었든지 간에 말이다. 친족 집단, 연령 집단, 남성들의 교단과 같이 성별에 따른 집단, 카스트 집단 등 사회가 조직되는 상이한 축은 각 사회적 맥락에서 다양한 중요성을 지닌다. 이와 같은 축은 사람다움이 획득되고 유지되는 생식 관계, 그리고 각 하부-공동체와 사람의 동기에 핵심을 이루었을 수 있다. 사람들은 사람다움에 대한 개념을 마음에 두고 기존 관계의 틀과 경향 안에서 행동한다. 이들의 행동은 사람다움을 생성하지만 모든 행동은 상호작용적이어서 각각의 사람다움을 단독적으로 형성하지는 않는다.

모호성, 사람다움, 공동체, 우주

사람다움에 대한 고고학적 연구는 과거 행동의 매체와 잔존물 그리고 그러한 매체의 반복적인 사용에 적용된 전략을 해석하는 것에 달려 있다. 부분과 전체에 대한 방법론적 접근은 그러한 접근의 중요한 특징이 되고, 무엇이 부분과 전체를 구성하는가에 대한 개념 자체가 맥락적임에 대한 인정 역시 그러하다. 물질문화가 사람다움에 대한 관계 참조에 이용되지만 물질문화는 결코 사회적 실제의 반영물이 아니다. 사람 모양의 토기나 칼 또는 원형 주거지가 사람으로 여겨졌는지, 언제 그러하였는지, 누구에 의해 그러하였는지, 또는 그러한 정체성에 대해 어떠한 논쟁이 있었는지를 확실히 알 수는 없을 것이다. 사람다움에 대한 현대적인 개념은 그리 유연하지 않다. 이는 과거에도 그러했을 수 있는데, 그러한 개념의 기본적 형태는 아마도 대개의 경우 현대적인 것과 매우 달랐을 것이다. 필자는 문제는 과거의 사물이 확실히 사람이었는지 아닌지가 아니라 과거의 사물이 사회적 관계에 낳는 효과라고 보았다. 또한 이러저러한 종류의 사람다움이 어떤 상황에서는 나타날 수 있지만 다른 상황에서는 그렇지 않을 수도 있음을 보았다. 사람다움은 반드시 특정 존재에 자동적으로 속하거나 속하지 않는 특질이 아니다. 오로카이바 돼지는 사람일 수 있다. 유년기 입사식 동안 돼지는 사람이 남은 삶 동안 먹을 수 있는 별개의 범주로 구분되어 나오지만 사람과 돼지 사이의 이러한 구분은 죽으면 다시 없어진다(Barraud et al. 1994: 36-37). 인간과 동물의 상태는 사람다움에 있어서의 변형을 통해 상호 연결되고, 위와 같은 구분은 사람다움이 관련된 자들에게 새로운 차원을 띠게 됨에 따라 살아 있는 동안 수정된다. 애니미즘 사회로 묘사되는 사회와 같이 매우 관계적인 세계에서 사람다움은 매우 일시적이고 조건적이어서 그 형태에 기반한, 무엇이 사람이고 사람이 아닌가에 대한 어떠한 고정 관념도 거의 무의미할 것이다. 물건, 동물, 그리고 비-인간적 존재가 사람으로 이해되게 하는 것은 이와 같은 존재들이 무엇을 **하는가**이다. 그렇다면 결국 사람다움은 사람들, 그리고 사람과 물건, 물질, 건축물, 동물, 그리고 다른 존재들 사이의 거래에 대한 해석을 통해서만 이해 가능할 것이다. 사람다움의 어떠한 양태는 세계에 사람들을 스며들게 하여 사람들의 물질이 세계의 물질이 되고 사람들의 공동체가 우주의 공동체가 되게 한다. 몸의 분해와 몸 부분의 재분배는 모든 살아 있는 것들 사이의 에너지 순환에 필수적일 수 있다. 죽음과 삶의 재생 그리고 우주 전체를 통한 물질의 순환에 대한 논의 없이 과거의 사람다움에 대해 책을 쓰는 것은 불가능했다. 넓게 보았을 때 관계적이고 차원 분열적인 세계에서는 모든 현상을 사람, 잠재적 사람, 사람의 구성물로 보게 하고 인간을 '관계의 총체적 장'에 스며들게 한다(Ingold 2000d: 108). 이러한 사고 방식은 어떤 맥락에서는 적절하고 다른 맥락에서는 그렇지 않을 것이지만 유럽 선사시대 해석에는 분명 쓸모가 있다.

사람다움과 고고학적 사고

고고학자들은 인간의 과거에 관심을 가지고 있다. 과거를 인간화한다는 것이 단순히 '개인을 더해 섞는 것'을 의미하지는 않는다. 사람다움을 해석함에 있어 과거에 대한 인간화된 관점을 제시하는 것이 필요하지만, 과거를 인간과 인간이 아닌 존재, 의인화된 장소, 물건, 공동체, 조상, 영혼 등으로 채우는 것 또한 중요하다. 고고학자들은 점점 더 물질적 현상에 행위성에 있어서의 인간의 동반자 지위를 부여하려 하고 있다. 과거의 인간이 물질적인 것들을 사회 세계에서의 동반자로 여겼다고 보는 것이 불합리하지는 않다. 고고학자들은 과거 관행, 과거 물질 세계에 있어서의 패턴을 통해 사람다움의 전 범위를 이해하려고 계속적으로 시도하여 다른 사회과학에 많은 것을 제공할 수도 있다. 이는 고고학자들이 과거뿐만이 아니라 현재의 여러 맥락을 가로지르고자 할 때, 그리고 보편적인 것과 구체적인 것, 일반적인 것과 특수한 것, 장기적인 것과 일시적인 것 사이의 쉽지 않은 중재라는 짐을 지려할 때만 성취 가능하다. 결국 사람이 무엇일 수 있는가 그리고 무엇이 사람이었을 수 있는가에 있어 겉으로 보기에는 어떠한 제한도 없어 보인다.

과거의 사람다움에 대한 다양한 가능성을 탐색하기 위한 고고학적 사고의 기반은 풍부하고, 이 책에서는 이러한 탐색을 위한 분석적 틀이 어떻게 구체적인 형태를 띨 수 있는지를 제시하였다.

참고문헌

Albrethsen, S. and Brinch Petersen, E. (1976) 'Excavation of a Mesolithic cemetery at Vedbaek, Denmark', *Acta Archaeologica* 47: 1–28.

Alvi, A. (2001) 'The category of the person in rural Punjab', *Social Anthropology* 9 (1): 45–63.

Andersen, S. (1991) 'Bjørnsholm. A stratified køkkenmodding on the Central Limford, North Jutland', *Journal of Danish Archaeology* 10: 58–96.

—— (1995) 'Ringkloster: Ertebølle trappers and wild boar hunters in eastern Jutland', *Journal of Danish Archaeology* 12: 13–59.

Appadurai, A. (1986) 'Introduction: commodities and the politics of value', in A. Appadurai (ed.) *The Social Life of Things: Commodities in Cultural Perspective*, 3–63. Cambridge: Cambridge University Press.

Barley, N. (1995) *Dancing on the Grave: Encounters with Death*. London: John Murray.

Barraud, C., de Coppet, D., Iteanu, A. and Jamous, R. (1994) *Of Relations and the Dead: Four Societies Viewed from the Angle of their Exchanges*. Oxford: Berg.

Barrett, J. (1988a) 'Fields of discourse: reconstituting a social archaeology', *Critique of Anthropology* 7 (3): 5–16.

—— (1988b) 'The living, the dead and the ancestors: Neolithic and early Bronze Age mortuary practices', in J. Barrett and I. Kinnes (eds) *The Archaeology of Context in the Neolithic and Bronze Age*, 30–41. Sheffield: Department of Prehistory and Archaeology.

—— (1994) *Fragments from Antiquity: An Archaeology of Social Life in Britain, 2900–1200 BC*. Oxford: Blackwell.

—— (2000) 'A thesis on agency', in M.-A. Dobres and J.E. Robb (eds) *Agency in Archaeology*, 61–8. London: Routledge.

—— (2001) 'Agency, the duality of structure, and the problem of the archaeological record', in I. Hodder (ed.) *Archaeological Theory Today*, 141–64. Cambridge: Polity Press.

Battaglia, D. (1990) *On the Bones of the Serpent: Person, Memory and Mortality in Sabarl Society*. Chicago: Chicago University Press.

—— (1991) 'Punishing the yams: leadership and gender ambivalence on Sabarl Island', in M. Godelier and M. Strathern (eds) *Big Men and Great Men*, 83–96. Cambridge: Cambridge University Press.

—— (1995) 'Problematizing the self: a thematic introduction', in D. Battaglia (ed.) *Rhetorics of Self-making*, 1–15. Berkeley: University of California Press.

Bazelmans, J. (2002) 'Moralities of dress and the dress of the dead in early medieval Europe', in Y. Hamilakis, M. Pluciennik and S. Tarlow (eds) *Thinking Through the Body: Archaeologies of Corporeality*, 71–84. London: Kluwer/Academic Press.

Becker, A. (1995) *Body, Self and Society: The View from Fiji*. Philadelphia: University of Pennsylvania Press.

Bird-David, N. (1993) 'Tribal metaphorization of human–nature related-ness – a comparative analysis', in K. Milton (ed.) *Environmentalism: The View from Anthropology*, 112–25. London: Routledge.

—— (1999) '"Animism" revisited: personhood, environment, and relational epistemology', *Current Anthropology* 40: 67–92.

Bloch, M. (1971) *Placing the Dead*. London: Seminar Press.

—— (1982) 'Death, women and power', in M. Bloch and J. Parry (eds) *Death and the Regeneration of Life*, 211–30. Cambridge: Cambridge University Press.

—— (1989) 'Death and the concept of the person', in S. Cederroth, C. Corlin and J. Lindstrom (eds) *On the Meaning of Death*, 11–29. Cambridge: Cambridge University Press.

—— (1995) 'Questions not to ask of Malagasy carvings', in I. Hodder, M. Shanks, A. Alexandri, V. Buchli, J. Carman, J. Last and G. Lucas (eds) *Interpreting Archaeology*, 212–15. London: Routledge.

Bloch, M. and Parry, J. (1982) 'Introduction: death and the regeneration of life', in M. Bloch and J. Parry (eds) *Death and the Regeneration of Life*, 1–44. Cambridge: Cambridge University Press.

Bordo, S. (1987) *The Flight to Objectivity: Essays on Cartesianism and Culture*. Albany: State University of New York Press.

Bourdieu, P. (1977) *Outline of a Theory of Practice*. Cambridge: Cambridge University Press.

—— (1990) *The Logic of Practice* (trans. R. Nice). Cambridge: Polity Press.

Boyd, B. (2002) 'Ways of eating, ways of being in the later Epipalaeolithic (Natufian) Levant', in Y. Hamilakis, M. Pluciennik and S. Tarlow (eds) *Thinking Through the Body: Archaeologies of Corporeality*, 137–52. London: Kluwer/Academic Press.

Bradley, R. (1998) *The Significance of Monuments*. London: Routledge.

—— (2000) *The Archaeology of Natural Places*. London: Routledge.

—— (2002) *The Past in Prehistoric Societies*. London: Routledge.

Braidotti, R. (1991) *Patterns of Dissonance*. Cambridge: Polity Press.

Brinch Petersen, E. and MeikleJohn, C. (2003) 'Three cremations and a funeral: aspects of burial practice in Mesolithic Vedbaek', in L. Larsson, H. Kindgren, K. Knutsson, D. Leoffler and A. Åkerlund (eds) *Mesolithic on the Move*, 485–93. Oxford: Oxbow Books.

Brück, J. (1995) 'A place for the dead: the role of human remains in the Late Bronze Age', *Proceedings of the Prehistoric Society* 61: 245–77.

—— (1999) 'Houses, lifecycles and deposition on Middle Bronze Age settlements in southern England', *Proceedings of the Prehistoric Society* 65: 145–66.

—— (2001a) 'Body metaphors and technologies of transformation in the English Middle and Late Bronze Age', in J. Brück (ed.) *Bronze Age Landscapes: Tradition and Transformation*, 149–60. Oxford: Oxbow.

—— (2001b) 'Monuments, power and personhood in the British Neolithic', *Journal of the Royal Anthropological Institute* 7: 649–67.

Burrow, S. (1997) *The Neolithic Culture of the Isle of Man*. Oxford: British Archaeological Reports British Series 263.

Busby, C. (1997) 'Permeable and partible persons: a comparative analysis of gender and the body in South India and Melanesia', *Journal of the Royal Anthropological Institute* 3 (2): 261–78.

—— (1999) 'Agency, power and personhood: discourses of gender and violence in a fishing community in south India', *Critique of Anthropology* 19 (3): 227–48.

Butler, J. (1990) *Gender Trouble: Feminism and the Subversion of Identity*. New York: Routledge.

—— (1993) *Bodies that Matter: on the Discursive Limits of 'Sex'*. New York: Routledge.

—— (1994) 'Bodies that matter', in C. Burke, N. Schor and M. Whitford (eds) *Engaging with Irigaray: Feminist Philosophy and Modern European Thought*, 142–67. New York: Columbia University Press.

Carrithers, M., Collins, S. and Lukes, S. (eds) (1985) *The Category of the Person: Anthropology, Philosophy, History*. Cambridge: Cambridge University Press.

Chapman, J. (1996) 'Enchainment, commodification, and gender in the Balkan Copper Age', *Journal of European Archaeology* 4: 203–42.

—— (2000) *Fragmentation in Archaeology: People, Places and Broken Objects in the Prehistory of South-Eastern Europe*. London: Routledge.

—— (2002a) 'Partible people and androgynous figurines in the Balkan Neolithic', Paper presented at University of Manchester TAG 2002, session entitled 'Personhood and the Material World'.

—— (2002b) 'Colourful prehistories: the problem with the Berlin and Kay colour paradigm', in A. Jones and G. MacGregor (eds) *Colouring the Past*, 45–72. Oxford: Berg.

Clarke, D.V., Cowie, T. and Foxon, A. (1985) *Symbols of Power at the Time of Stonehenge*. Edinburgh: HMSO.

Cohen, A. (1994) *Self Consciousness: An Alternative Anthropology of Identity*. London: Routledge.

Conneller, C. (2001) 'Becoming deer: corporeal transformations at Star Carr', Paper presented at University College Dublin TAG 2001, session entitled 'Construction Sites'.

Conneller, C. and Yarrow, T. (2002) 'Assembling animals', Paper presented at University of Manchester TAG 2002, session entitled 'Personhood and the Material World'.

Connerton, P. (1990) *How Societies Remember*. Cambridge: Cambridge University Press.

Csordas, T. (1999) 'Embodiment and cultural phenomenology', in G. Weiss and H. Faber (eds) *Perspectives on Embodiment: The Intersections of Nature and Culture*, 143–62. London: Routledge.

Cummings, V. (2002) 'Experiencing texture and touch in the British Neolithic', *Oxford Journal of Archaeology* 21: 249–61.

Darvill, T. (2001) 'Neolithic enclosures in the Isle of Man', in T. Darvill and J. Thomas (eds) *Neolithic Enclosures in North-west Europe*, 77–111. Oxford: Oxbow.

—— (2002) 'White on blond: quartz pebbles and the use of quartz at Neolithic monuments in the Isle of Man and beyond', in A. Jones and G. MacGregor (eds) *Colouring the Past*, 73–92. Oxford: Berg.

Darwin, C. (1859) *On the Origin of Species*. London: John Murray.

Davey, P. and Woodcock, J. (in press) 'Rheast Buigh, Patrick: middle Neolithic exploitation of the Manx uplands?', in I. Armit, E. Murphy, E. Nelis and D. Simpson (eds) *Neolithic Settlement in Ireland and Western Britain*. Oxford: Oxbow Books.

Dawkins, R. (1976) *The Selfish Gene*. Oxford: Oxford University Press.

De Coppet, D. (1981) 'The life-giving death', in S. Humphreys and H. King (eds) *Mortality and Immortality: the Anthropology and Archaeology of Death*, 175–204. London: Academic Press.

Deetz, J. (1977) *In Small Things Forgotten: The Archaeology of Early American Life*. New York: Anchor.

Dennett, D. (1995) *Darwin's Dangerous Idea*. Harmondsworth: Penguin Books.

Derrida, J. (1986). 'Différance', in M. Taylor (ed.) *Deconstruction in Context: Literature and Philosophy*. Chicago, Ill.: University of Chicago Press.

Descola, P. (1996) 'Constructing natures: symbolic ecology and social practice', in P. Descola and G. Palsson (eds) *Nature and Society: Anthropological Perspectives*, 82–102. London: Routledge.

Devisch, R. (1993) *Weaving the Threads of Life: The Khita Gyn-eco-logical Healing Cult among the Yaka*. Chicago, Ill.: University of Chicago Press.

Dobres, M.-A. (1999) *Technology and Social Agency*. Oxford: Batsford.

Douglas, M. and Ney, S. (1998) *Missing Persons: A Critique of Personhood in the Social Sciences*. Berkeley: University of California Press.

Edmonds, M. (1997) 'Taskscape, technology and tradition', *Analecta Praehistorica Leidensia* 29: 99–110.

Eriksson, G. and Zagorska, I. (2003) 'Do dogs eat like humans? Marine stable isotope signals in dog teeth from inland Zvejnieki', in L. Larsson, H. Kindgren, K. Knutsson, D. Leoffler and A. Åkerlund (eds) *Mesolithic on the Move*, 160–8. Oxford: Oxbow Books.

Featherstone, M. (ed.) (2000) *Body Modification*. London: Sage.

Finlay, N. (2003) 'Microliths and multiple authorship', in L. Larsson, H. Kindgren, K. Knutsson, D. Leoffler and A. Åkerlund (eds) *Mesolithic on the Move*, 169–76. Oxford: Oxbow Books.

Fortes, M. (1987) *Religion, Morality and the Person: Essays on Tallensi Religion* (edited by J. Goody). Cambridge: Cambridge University Press.

Foucault, M. (1977) *Discipline and Punish*. Harmondsworth: Penguin.

—— (1984) On the genealogy of ethics: an overview of work in progress, in P. Rabinow (ed.) *The Foucault Reader*, 340–72. New York: Pantheon Books.

Fowler, C. (1997) 'Experiencing the future: flashback, vivid memory and the materialisation of temporality in Melanesian societies', *Diatribe* 7: 69–82.

—— (2000) 'The subject, the individual, and archaeological interpretation: reading Judith Butler and Luce Irigaray', in C. Holtorf and H. Karlsson (eds) *Philosophy and Archaeological Practice: Perspectives for the 21st Century*, 107–35. Gothenburg: Bricoleur Press.

—— (2001) 'Personhood and social relations in the British Neolithic, with a study from the Isle of Man', *Journal of Material Culture* 6 (2): 137–63.

—— (2002) 'Body parts: Personhood and materiality in the Manx Neolithic', in Y. Hamilakis, M. Pluciennik and S. Tarlow (eds) *Thinking Through the Body: Archaeologies of Corporeality*, 47–69. London: Kluwer/ Academic Press.

—— (2003) 'Rates of (ex)change: decay and growth, memory and the transformation of the dead in early Neolithic southern Britain', in H. Williams (ed.) *Archaeologies of Remembrance – Death and Memory in Past Societies*, 45–63. New York: Kluwer Academic/ Plenum Press.

—— (in press) 'In touch with the past? Bodies, monuments and the sacred in the Manx Neolithic', in V. Cummings and C. Fowler (eds) *The Neolithic of the Irish Sea: Materiality and Traditions of Practice*, Oxford: Oxbow Books.

Fowler, C. and Cummings, V. (2003) 'Places of transformation: building monuments from water and stone in the Neolithic of the Irish Sea', *Journal of the Royal Anthropological Institute* 9: 1–20.

Gatens, M. (1992) 'Power, bodies and difference', in M. Barrett and A. Phillips (eds) *Destabilizing Theory: Contemporary Feminist Debates*, 120–37. Cambridge: Polity Press.

Gell, A. (1993) *Wrapping in Images: Tattooing in Polynesia*. Oxford: Clarendon.

—— (1998) *Art and Agency: An Anthropological Theory*. Oxford: Clarendon.

—— (1999) 'Strathernograms, or the semiotics of mixed metaphors', in E. Hirsch (ed.) *The Art of Anthropology: Essays and Diagrams: Alfred Gell*, 29–75. London: Athlone.

Gero, J. and Conkey, M. (eds) (1991) *Engendering Archaeology: Women and Prehistory*. Oxford: Blackwell.

Ghosh, S. (1989) *Hindu Concept of Life and Death*. New Delhi: Munshiram Manoharlal.

Giambelli, R. (1998) 'The coconut, the body and the human being: metaphors of life and growth in Nusa Penida and Bali', in L. Rival (ed.) *The Social Life of Trees: Anthropological Perspectives on Tree Symbolism*. Oxford: Berg.

Giddens, A. (1990) *The Consequences of Modernity*. Cambridge: Polity Press.

—— (1991) *Modernity and Self-identity*. Cambridge: Polity Press.

Gilchrist, R. (1999) *Gender and Archaeology: Contesting the Past*. London: Routledge.

Glob, P. (1969) *The Bog People*. London: Faber and Faber.

Godelier, M. (1999) *The Enigma of the Gift* (trans. N. Scott). Chicago, Ill.: University of Chicago Press.

Godelier, M. and Strathern, M. (eds) (1991) *Big Men and Great Men: Personifications of Power in Melanesia*. Cambridge: Cambridge University Press.

Goodenough, W. (1969) 'Rethinking "status" and "role": Toward a general model of the cultural organization of social relationships', in S. Tyler (ed.) *Cognitive Anthropology*, 311–30. New York: Holt, Rinehart and Winston.

Gosden, C. (1994) *Social Being and Time*. Oxford: Blackwell.

—— (1999) *Anthropology and Archaeology: A Changing Relationship*. London: Routledge.

Grigson, C. (1989) 'Bird-foraging patterns in the Mesolithic', in C. Bonsall (ed.) *The Mesolithic in Europe*, 60–72. Edinburgh: John Donald.

Grøn, O. and Skaarup, J. (1991) 'Møllegabet II: a submerged Mesolithic site and a boat burial from Aerø', *Journal of Danish Archaeology* 10: 38–50.

Hamilakis, Y. (2002) 'The past as oral history: towards an archaeology of the senses', in Y. Hamilakis, M. Pluciennik and S. Tarlow (eds) *Thinking Through the Body: Archaeologies of Corporeality*, 121–36. London: Kluwer/ Academic Press.

Hamilakis, Y., Pluciennik, M. and Tarlow, S. (eds) (2002) *Thinking Through the Body: Archaeologies of Corporeality*. London: Kluwer/Academic Press.

Hebdige, D. (1979) *Subcultures: On the Meaning of Style*. London: Methuen.

Hekman, S.J. (1990) *Gender and Knowledge: Elements of a Postmodern Feminism*, Boston, Mass.: Northeastern University Press.

Helms, M. (1993) *Craft and the Kingly Ideal: Art, Trade and Power*. Austin: Texas University Press.

Hirsch, E. (1990) 'From bones to betelnuts: processes of ritual transformation and the development of "national culture" in Papua New Guinea', *Man* 25: 18–34.

Hodder, I. (1982) *The Present Past*. Oxford: Batsford.

—— (1986) *Reading the Past: Current Approaches to Interpretation in Archaeology*. Cambridge: Cambridge University Press.

—— (2000) 'Agency and individuals in long-term processes', in M.-A. Dobres and J. Robb (eds) *Agency in Archaeology*, 21–33. New York: Routledge.

Holck, P. (1987) *Cremated Bones: A Medical Anthropological Study of an Archaeological Material on Cremation Burials*. Oslo: University of Oslo.

Hollimon, S. (2000) 'Archaeology of the *'Aqi*: gender and sexuality in prehistoric Chumash society', in R. Schmidt and B. Voss (eds) *The Archaeology of Sexuality*, 179–96. London: Routledge.

Howell, S. (1989) 'Of persons and things: exchange and valuables among the Lio of eastern Indonesia', *Man* 24: 419–38.

—— (1996) 'Nature in culture or culture in nature? Chewong ideas of "humans" and other species', in P. Descola and G. Palsson (eds) *Nature and Society: Anthropological Perspectives*, 127–44. London: Routledge.

Ingold, T. (1986) *The Appropriation of Nature: Essays on Human Ecology and Social Relations*. Manchester: Manchester University Press.

—— (1988) 'Introduction', in T. Ingold (ed.) *What is an Animal?*, 1–16. London: Routledge.

—— (1993) 'The temporality of the landscape', *World Archaeology* 25: 152–74.

—— (1994) 'From trust to domination: an alternative history of human–animal relations', in A. Manning and J. Sperbell (eds) *Animals and Human Society: Changing Perspectives*, 1–22. London: Routledge.

—— (1996) 'Growing plants and raising animals: an anthropological perspective', in D. Harris (ed.) *The Origins and Spread of Farming in Eurasia*, 12–24. London: UCL Press.

—— (2000a) 'Making things, growing plants, raising animals and bringing up children', in T. Ingold, *The Perception of the Environment: Essays in Livelihood, Dwelling and Skill*, 77–88. London: Routledge.

—— (2000b) 'Totemism, animism and the depiction of animals', in T. Ingold, *The Perception of the Environment: Essays in Livelihood, Dwelling and Skill*, 111–31. London: Routledge.

—— (2000c) 'Ancestry, generation, substance, memory, land', in T. Ingold, *The Perception of the Environment: Essays in Livelihood, Dwelling and Skill*, 132–51. London: Routledge.

—— (2000d) 'A circumpolar night's dream', in T. Ingold, *The Perception of the Environment: Essays in Livelihood, Dwelling and Skill*, 89–110. London: Routledge.

—— (2000e) *The Perception of the Environment: Essays in Livelihood, Dwelling and Skill*. London: Routledge.

Irigaray, L. (1985) *This Sex Which Is Not One* (trans. C. Porter, with C. Burke). London: Athlone Press.

Iteanu, A. (1988) 'The concept of the person and the ritual system: an Orokaiva view', *Man* 25: 35–53.

—— (1995) 'Rituals and ancestors', in D. de Coppet and A. Iteanu (eds) *Cosmos and Society in Oceania*, 135–63. Oxford: Berg.

Jones, A. (1998) 'Where eagles dare: landscape, animals and the Neolithic of Orkney', *Journal of Material Culture* 3 (3): 301–24.

—— (2002a) 'A biography of colour: colour, material histories and personhood in the early Bronze Age of Britain and Ireland', in A. Jones and G. MacGregor (eds) *Colouring the Past*, 159–74. Oxford: Berg.

—— (2002b) *Archaeological Theory and Scientific Practice*. Cambridge: Cambridge University Press.

Jones, A. and Richards, C. (2003) 'Animals into ancestors: domestication, food and identity in late Neolithic Orkney', in M. Parker Pearson (ed.) *Food, Culture and Identity in the Neolithic and Early Bronze Age*, 45–51. Oxford: BAR International Series 1117.

Jones, S. (1997) *The Archaeology of Ethnicity*. London: Routledge.

Jonsson, L. (1986) 'Fish bones in late Mesolithic human graves at Skateholm, southern Sweden', in D. Brinkhuizen and A. Clason (eds) *Fish and Archaeology: Studies in Osteometry, Taphonomy, Seasonality and Fishing Methods*, 62–79. Oxford: BAR International Series 294.

Jordanova, L. (1989) *Sexual Visions: Images of Gender in Science and Medicine between the Eighteenth and Twentieth Centuries*. London: Harvester-Wheatsheaf.

Joyce, R. (2000) *Gender and Power in Prehispanic Mesoamerica*. Austin: University of Texas Press.

Keates, S. (2002) 'The flashing blade: copper, colour and luminosity in north Italian Copper Age society', in A. Jones and G. MacGregor (eds) *Colouring the Past*, 109–27. Oxford: Berg.

Kent, S. (1989) 'Cross-cultural perceptions of farmers as hunters and the value of meat', in S. Kent (ed.) *Farmers as Hunters*, 1–17. Cambridge: Cambridge University Press.

Kirtsoglou, E. (2002) 'Objects of affection: material tales of the Greek periphery', Paper presented at University of Manchester TAG 2002, session entitled 'The Uses and Abuses of Ethnography'.

Knapp, A. and Meskell, L. (1997) 'Bodies of evidence on prehistoric Cyprus', *Cambridge Archaeological Journal* 7 (2): 183–204.

Knutsson, H. (2000) 'Two technologies: two mentalities', in H. Knutsson (ed.) *Halvvägs kust till kust: stenålderssamhällen I förändring*, 11–41. Gothenburg: Department of Archaeology.

Kopytoff, I. (1986) 'The cultural biography of things: commoditization as process', in A. Appadurai (ed.) *The Social Life of Things: Commodities in Cultural Perspective*, 64–91. Cambridge: Cambridge University Press.

Lakoff, G. and Johnson, N. (1980) *Metaphors We Live By*. Chicago, Ill.: University of Chicago Press.

Larsson, L. (1983) *Ageröd V*. Lund: Acta Archaeologica Lundensia.

—— (1988) (ed.) *The Skateholm Project I: Man and Environment*. Stockholm: Almqvist and Wiksell.

—— (1989a) 'Big dog and poor man. Mortuary practices in Mesolithic societies in southern Sweden', in T. Larsson and H. Lundmark (eds) *Approaches to Swedish Archaeology*, 211–23. Oxford: BAR International Series 500.

—— (1989b) 'Late Mesolithic settlements and cemeteries at Skateholm, southern Sweden', in C. Bonsall (ed) *The Mesolithic in Europe*, 367–78. Edinburgh: John Donald.

—— (1990) 'Dogs in fraction: symbols in action', in P. Vermeersch and P. van Peer (eds) *Contributions to the Mesolithic in Europe*, 153–60. Leuven: Leuven University Press.

—— (1993) 'The Skateholm project: late Mesolithic coastal settlement in southern Sweden', in P. Bogucki (ed.) *Case Studies in European Prehistory*, 31–62. London: CRC Press.

Last, J. (1998) 'Books of life: biography and memory in a Bronze Age barrow', *Oxford Journal of Archaeology* 17, 43–53.

Lévi-Strauss, C. (1964) *Totemism*. London: Merlin Press.

Lewis, G. (1980) *Day of Shining Red: An Essay in Understanding Ritual*. Cambridge: Cambridge University Press.

LiPuma, E. (1998) 'Modernity and forms of personhood in Melanesia', in M. Lambek and A. Strathern (eds) *Bodies and Persons: Comparative Views from Africa and Melanesia*, 53–79. Cambridge: Cambridge University Press.

Lopatin, I. (1960) *The Cult of the Dead Among the Natives of the Amur Basin*. The Hague: Mouton and Co.

Lucas, G. (1996) 'Of death and debt: a history of the body in Neolithic and Early Bronze Age Yorkshire', *Journal of European Archaeology* 4: 99–118.

Lukes, S. (1973) *Individualism*. Oxford: Blackwell.

McKinley, J. (1997) 'Bronze Age "barrows" and funerary rites and rituals of cremation', *Proceedings of the Prehistoric Society* 63: 129–45.

Marriott, M. (1976) 'Hindu transactions: diversity without dualism', in B. Kapferer (ed.) *Transaction and Meaning: Directions in the Anthropology of Exchange and Symbolic behaviour*, 109–37. Philadelphia, Pa.: Institute for the Study of Human Issues.

Maschio, T. (1994) *To Remember the Faces of the Dead: The Plenitude of Memory in Southeastern New Britain*. Madison: University of Wisconsin Press.

Mauss, M. (1990) *The Gift: The Form and Reason for Exchange in Archaic Societies* (trans. W. Halls). New York: Norton.

Meskell, L. (1996) 'The somatisation of archaeology: institutions, discourses, corporeality', *Norwegian Archaeological Review* 29: 1–16.

—— (1999) *Archaeologies of Social Life.* Oxford: Blackwell.

Miller, D. (1987) *Material Culture and Mass Consumption.* Oxford: Blackwell.

Mitford, N. (1998) *The American Way of Death Revisited.* New York: Alfred A. Knopf.

Mizoguchi, K. (1993) 'Time in the reproduction of mortuary practices', *World Archaeology* 25 (2): 223–35.

Montague, S. (1989) 'To eat for the dead: Kaduwagan mortuary events', in F. Damon and R. Wagner (eds) *Death Rituals and Life in the Societies of the Kula Ring*, 23–45. DeKalb: Northern Illinois University Press.

Moore, H. (1986) *Space, Text and Gender: An Anthropological Study of the Marakwet of Kenya.* Cambridge: Cambridge University Press.

—— (1994) *A Passion for Difference.* Cambridge: Polity Press.

Moore, J. and Scott, E. (eds) (1997) *Invisible People and Processes: Writing Gender into European Prehistory.* London: Leicester University Press.

Morris, B. (1991) *Western Conceptions of the Individual.* Oxford: Berg.

—— (1994) *Anthropology of the Self: The Individual in Cultural Perspective.* London: Pluto Press.

Mosko, M. (1992) 'Motherless sons: "divine kings" and "partible persons" in Melanesia and Polynesia', *Man* 27: 697–717.

—— (2000) 'Inalienable ethnography: keeping-while-giving and the Trobriand case', *Journal of the Royal Anthropological Institute* 6: 377–96.

Munn, N. (1986) *The Fame of Gawa: A Symbolic Study of Value Transformation in a Massim (Papua New Guinea) Society.* Durham, N.C.: Duke University Press.

Murray, D.W. (1993) 'What is the Western conception of the self? On forgetting David Hume', *Ethos* 21 (1): 3–23.

Nash, G. (1998) *Exchange, Status and Mobility: Mesolithic Portable Art of Southern Scandinavia*, Oxford: BAR International Series 710.

Nilsson, L. (1998) 'Dynamic cadavers: a field anthropological analysis of the Skateholm II burials', *Lund Archaeological Review* 4: 5–17.

Nilsson Stutz, L. (2003) 'A taphonomy of ritual practice, a 'field'-anthropological study of late Mesolithic burials', in L. Larsson, H. Kindgren, K. Knutsson, D. Leoffler and A. Åkerlund (eds) *Mesolithic on the Move*, 527–35. Oxford: Oxbow Books.

Oestigaard, T. (1999) 'Cremations as transformations: when the dual cultural hypothesis was cremated and carried away in urns', *European Journal of Archaeology* 2 (3): 345–64.

—— (2000) 'Sacrifices of raw, cooked and burnt humans', *Norwegian Archaeological Review* 33 (1): 41–58.

—— (in press) 'Kings and cremations: royal funerals and sacrifices in Nepal', in T. Insoll (ed.) *Archaeology and Religion.* Oxford: BAR.

Okely, J. (1979) 'An anthropological contribution to the history and archaeology of an ethnic group', in B. Burnham and J. Kingsbury (eds) *Space, Hierarchy and Society: Interdisciplinary Studies in Social Area Analysis*, 81–92. Oxford: BAR International Series 59.

Owoc, M.A. (2001) '"The times they are a changing": experiencing continuity and development in the Early Bronze Age funerary rituals of southwestern Britain', in J. Brück (ed.) *Bronze Age Landscapes: Tradition and Transformation*, 193–206. Oxford: Oxbow Books.

Palsson, G. (1996) 'Human–environmental relations: orientalism, paternalism and communalism', in P. Descola and G. Palsson (eds) *Nature and Society: Anthropological Perspectives*, 64–81. London: Routledge.

Parker Pearson, M. (1996) 'Food, fertility and front doors: houses in the first millennium BC', in T. Champion and J. Collis (eds) *The Iron Age in Britain and Ireland: Recent Trends*, 117–32. Sheffield: Sheffield University Press.

—— (1999a) *The Archaeology of Death and Burial.* College Station: Texas A&M Press.

—— (1999b) 'Food, sex and death: cosmologies in the British Iron Age with particular reference to East Yorkshire', *Cambridge Archaeological Journal* 9: 43–69.

Parker Pearson, M. and Ramilisonina (1998) 'Stonehenge for the ancestors: the stones pass on the message', *Antiquity* 72: 308–26.

Parry, J. (1982) 'Sacrificial death and the necrophagus ascetic', in M. Bloch and J. Parry (eds) *Death and the Regeneration of Life*, 74–110. Cambridge: Cambridge University Press.

—— (1994) *Death in Banaras.* Cambridge: Cambridge University Press.

Pentikäinen, J. (1984) 'The Sámi shaman: mediator between man and universe', in M. Hoppál (ed.) *Shamanism in Eurasia. Part 1*, 125–48. Göttingen: Edition Herodot.

Prine, E. (2000) 'Searching for third genders: towards a prehistory of domestic space in middle Missouri villages', in R. Schmidt and B. Voss (eds) *The Archaeology of Sexuality*, 197–219. London: Routledge.

Rainbird, P. (2002) 'Marking the body, marking the land: body as history, land as history: tattooing and engraving in Oceania', in Y. Hamilakis, M. Pluciennik and S. Tarlow (eds) *Thinking Through the Body: Archaeologies of Corporeality*, 233–47. London: Kluwer/Academic Press.

Rasmussen, S. (1995) *Spirit Possession and Personhood Among the Kel Ewey Tuareg*, Cambridge: Cambridge University Press.

Rawcliffe, C. (1995) *Medicine and Society in Later Medieval England*. Stroud: Sutton.

Ray, K., and Thomas, J. (2003) 'In the kinship of cows: the social centrality of cattle in the earlier Neolithic of southern Britain', in M. Parker Pearson (ed.) *Food, Culture and Identity in the Neolithic and Early Bronze Age*, 45–51. Oxford: BAR International Series 1117.

Reay, M. (1959) *The Kuma: Freedom and Conformity in the New Guinea Highlands*. Melbourne: Melbourne University Press.

Renfrew, C. (1986) 'Varna and the emergence of wealth in prehistoric Europe', in A. Appadurai (ed.) *The Social Life of Things: Commodities in Cultural Perspective*, 141–68. Cambridge: Cambridge University Press.

Richards, C. (1988) 'Altered images: a re-examination of Neolithic mortuary practices', in J. Barrett and I. Kinnes (eds) *The Archaeology of Context in the Neolithic and Bronze Age: Recent Trends*, 42–56. Sheffield: University of Sheffield.

—— (1996) 'Henges and water: towards an elemental understanding of monumentality and landscape in late Neolithic Britain', *Journal of Material Culture* 1: 313–36.

Riches, D. (2000) 'The holistic person: or, the ideology of egalitarianism', *Journal of the Royal Anthropological Institute* 6: 668–85.

Robb, J. (2002) 'Time and biography: osteobiography of the Italian Neolithic lifespan', in Y. Hamilakis, M. Pluciennik and S. Tarlow (eds) *Thinking Through the Body: Archaeologies of Corporeality*, 153–71. London: Kluwer/Academic Press.

Rumsey, A. (2000) 'Agency, personhood and the "I" of discourse in the Pacific and beyond', *Journal of the Royal Anthropological Institute* 6: 101–15.

Russell, L. (in press) ' Resisting the production of dichotomies; gender race and class in the pre-colonial period', in E. Casella and C. Fowler (eds) *The Archaeology of Plural and Changing Identities: Beyond Identification*. New York: Kluwer/Plenum.

Sax, W. (2002) *Dancing the Self: Personhood and Performance in the Pandav Lila of Gharwal*. Oxford: Oxford University Press.

Saxe, A. (1970) 'Social dimensions of mortuary practices', Ph.D. thesis, University of Michigan.

Schmidt, R. (2000) 'Shamans and northern cosmology: the direct historical approach to Mesolithic sexuality', in R. Schmidt and B. Voss (eds) *Archaeologies of Sexuality*, 220–35. London: Routledge.

—— (in press) 'The contribution of gender to personal identity in the southern Scandinavian Mesolithic', in E. Casella and C. Fowler (eds) *The Archaeology of Plural and Changing Identities: Beyond Identification?* New York: Kluwer Academic/Plenum Press.

Shanks, M. and Tilley, C. (1982) 'Ideology, symbolic power and ritual communication: a reinterpretation of Neolithic mortuary practices', in I. Hodder (ed.) *Symbolic and Structural Archaeology*, 129–54. Cambridge: Cambridge University Press.

—— (1987a) *Reconstructing Archaeology: Theory and Practice*. London: Routledge.

—— (1987b) *Social Theory and Archaeology*. Polity Press: Cambridge.

Shennan, S. (1982) 'Ideology, change and the European Early Bronze Age', in I. Hodder (ed.) *Symbolic and Structural Archaeology*, 155–61. Cambridge: Cambridge University Press.

Shilling, C. (1993) *The Body and Social Theory*. London: Sage.

Sofaer Derevenski, J. (2000) 'Rings of life: the role of early metalwork in mediating the gendered life course', *World Archaeology* 31: 389–406.

Sørenson, M.-L. S. (2000) *Gender Archaeology*. Cambridge: Polity Press.

Spencer, H. (1857) 'Progess: its law and causes', *The Westminster Review* 67: 445–65.

Sperber, D. (1996) *Explaining Culture: A Naturalistic Approach*. Oxford: Blackwell.

Spiro, M. (1993) 'Is the Western conception of the self "peculiar" within the context of world cultures?', *Ethos* 21 (2): 107–53.

Strassburg, J. (2000) *Shamanic Shadows: One Hundred Generations of Undead Subversion in Mesolithic Scandinavia*. Stockholm: University of Stockholm Press.

Strathern, A. (1981) 'Death as exchange: two Melanesian cases', in S. Humphries and H. King (eds) *Mortality and Immortality: The Archaeology and Anthropology of Death*, 205–23. London: Academic Press.

—— (1982) 'Witchcraft, greed, cannibalism and death: some related themes for the New Guinea Highlands', in M. Bloch and J. Parry (eds) *Death and the Regeneration of Life*, 111–33. Cambridge: Cambridge University Press.

Strathern, M. (1988) *The Gender of the Gift: Problems with Women and Problems with Society in Melanesia.* Berkeley: University of California Press.

—— (1991a) 'Introduction', in M. Godelier and M. Strathern (eds) *Big Men and Great Men: Personifications of Power in Melanesia*, 1–4. Cambridge: Cambridge University Press.

—— (1991b) 'One man and many men', in M. Godelier and M. Strathern (eds) *Big Men and Great Men: Personifications of Power in Melanesia*, 197–214. Cambridge: Cambridge University Press.

—— (1992a) *After Nature: English Kinship in the Late Twentieth Century.* Cambridge: Cambridge University Press.

—— (1992b) *Reproducing the Future: Essays on Anthropology, Kinship and New Reproductive Technologies.* New York: Routledge.

—— (1996) 'Cutting the network', *Journal of the Royal Anthropological Institute* 2: 517–35.

—— (1998) 'Social relations and the idea of externality', in C. Renfrew and C. Scarre (eds) *Cognition and Material Culture: The Archaeology of Symbolic Storage*, 135–47. Cambridge: MacDonald Institute for Archaeological Research.

—— (1999) *Property, Substance and Effect: Anthropological Essays on Persons and Things.* London: Athlone.

Tainter, J. (1978) 'Mortuary practices and the study of prehistoric social systems', *Advances in Archaeological Method and Theory* 1: 105–37.

Tarlow, S. (2000) 'Comment', in C. Holtorf and H. Karlsson (eds) *Philosophy and Archaeological Practice. Perspectives for the 21st Century*, 123–6. Gothenburg: Bricoleur Press.

—— (2002) 'The aesthetic corpse in nineteenth-century Britain', in Y. Hamilakis, M. Pluciennik and S. Tarlow (eds) *Thinking Through the Body: Archaeologies of Corporeality*, 85–97. London: Kluwer/Academic Press.

Thomas, J. (1991) 'Reading the body: Beaker funerary practice in Britain', in P.Garwood, D. Jennings, R. Skeates and J. Toms (eds) *Sacred and Profane*, 33–42. Oxford: Oxford Committee for Archaeology Monograph 32.

—— (1996) *Time, Culture and Identity: An Interpretive Archaeology.* London: Routledge.

—— (1999a) *Understanding the Neolithic.* London: Routledge.

—— (1999b) 'An economy of substances in earlier Neolithic Britain', in J. Robb (ed.) *Material Symbols: Culture and Economy in Prehistory*, 70–89. Carbondale: Southern Illinois University Press.

—— (2000a) 'Death, identity and the body in Neolithic Britain', *Journal of the Royal Anthropological Institute* 6: 603–17.

—— (2000b) 'Reconfiguring the social, reconfiguring the material', in M. Schiffer (ed.) *Social Theory in Archaeology*, 143–55. Salt Lake City: University of Utah Press.

—— (2000c) 'The identity of place in Neolithic Britain: examples from south-west Scotland', in A. Ritchie (ed.) *Neolithic Orkney in its European Context*, 79–90. Cambridge: McDonald Institute.

—— (2002) 'Archaeology's humanism and the materiality of the body', in Y. Hamilakis, M. Pluciennik and S. Tarlow (eds) *Thinking Through the Body: Archaeologies of Corporeality*, 29–46. London: Kluwer/Academic.

—— (2004) *Archaeology and Modernity*. London: Routledge.

Thomas, P. (1999) 'No substance, no kinship? Procreation, performativity and Temanambondro parent–child relations', in P. Loizons and P. Heady (eds) *Conceiving Persons: Ethnographies of Procreation, Fertility and Growth*, 19–45. London: Athlone.

Tilley, C. (1989) 'Interpreting material culture', in I. Hodder (ed.) *The Meanings of Things*, 185–94. London: Unwin Hyman.

—— (ed.) (1990) *Reading Material Culture*. Oxford: Blackwell.

—— (1994) *A Phenomenology of Landscape*. Oxford: Berg.

—— (1996) *An Ethnography of the Neolithic: Early Neolithic Societies in Southern Scandinavia*. Cambridge: Cambridge University Press.

—— (1999) *Metaphor and Material Culture*. Oxford: Blackwell.

Turner, B. (ed.) (1984) *The Body and Society: Explorations in Social Theory*. London: Sage.

Turner, V. (1967) *The Forest of Symbols: Aspects of Ndembu Ritual*. Ithaca, N.Y.: Cornell University Press.

—— (1969) *The Ritual Process*. Chicago, Ill.: Aldine.

Van Gennep, A. (1960) *The Rites of Passage*. London: Routledge and Kegan Paul.

Vitebsky, P. (1993) *Dialogues with the Dead: The Discussion of Mortality Among the Sora of Eastern India*. Cambridge: Cambridge University Press.

Viveiros de Castro, E. (1996) 'Cosmological deixis and Amerindian perspectivism: a view from Amazonia', *Journal of the Royal Anthropological Institute* 4: 469–88.

Wagner, R. (1991) 'The fractal person', in M. Strathern and M. Godelier (eds) *Big Men and Great Men: Personifications of Power in Melanesia*, 159–73. Cambridge: Cambridge University Press.

Watson, J. (1982) 'Of flesh and bones: the management of death pollution in Cantonese society', in M. Bloch and J. Parry (eds) *Death and the Regeneration of Life*, 155–86. Cambridge: Cambridge University Press.

Weiner, A. (1992) *Inalienable Possessions: The Paradox of Keeping-While-Giving*. Berkeley: University of California Press.

Whitley, J. (2002) 'Too many ancestors', *Antiquity* 76: 119–26.

Whittle, A. (1997) *Sacred Mounds, Holy Rings: Silbury Hill and the West Kennet Palisade Enclosures*. Oxford: Oxbow.

Whittle, A., Pollard, J. and Grigson, C. (1998) *The Harmony of Symbols: The Windmill Hill Causewayed Enclosure*. Oxford: Oxbow Books.

Williams, H. (in press) 'Death warmed up: the agency of bodies and bones in early Anglo-Saxon cremation rites', *Journal of Material Culture*.

—— (2001) 'Lest we remember', *British Archaeology* 64: 20–3.

—— (ed.) (2003) *Archaeologies of Remembrance: Death and Memory in Past Societies*. London: Kluwer Academic/Plenum.

Williams, M. (2001) 'Shamanic interpretations: reconstructing a cosmology for the later prehistoric period of north-western Europe', Ph.D. thesis, University of Reading.

—— (2002) 'No nature, no culture, no difference. Swords in the later prehistory of north-western Europe', Paper presented at University of Manchester TAG 2002, session entitled 'Composing Nature'.

—— (2003) 'Tales from the dead: remembering the bog bodies of the Iron Age of north-western Europe', in H. Williams (ed.) *Archaeologies of Remembrance: Death and Memory in Past Societies*, 89–112. London: Kluwer Academic/Plenum.

Wolff, J. (1981) *The Social Production of Art*. New York: St Martin's Press.

Woodward, A. (2002) 'Beads and beakers: heirlooms and relics in the British Early Bronze Age', *Antiquity* 76: 1040–7.

Yates, T. (1993) 'Frameworks for an archaeology of the body', in C. Tilley (ed.) *Interpretative Archaeology*, 31–72. Oxford: Berg.

Yates, T. and Nordbladh, J. (1990) 'This perfect body, this virgin text', in I. Bapty and T. Yates (eds) *Archaeology after Structuralism*, 222–37. London: Routledge.

Zvelebil, M. (1997) 'Hunter-gatherer ritual landscapes: spatial organisation, social structure and ideology among hunter-gatherers of Northern Europe and Western Siberia', *Analecta Praehistorica Leidensia* 29: 33–50.

—— (2003) 'Enculturation of Mesolithic landscapes', in L. Larsson, H. Kindgren, K. Knutsson, D. Leoffler and A. Åkerlund (eds) *Mesolithic on the Move*, 65–73. Oxford: Oxbow Books.

색 인

• **저자 크리스 파울러(Chris Fowler)**는 뉴캐슬대학교 조교수이다. 그는 영국 신석기시대와 고고학이론 전공자로서 사람에 대한 개념과 과거의 정체성에 대한 접근에 초점을 두어 연구하고 있다.

• **역자 우정연**은 한국학중앙연구원에서 조교수로 재직하며 물질문화가 과거와 현재의 사회 및 인간 구성에서 어떠한 역할을 하는가에 대해 비교문화적으로 연구하고 있다.

고고학과
인류학을 통해 본
'사람다움'

초판인쇄일   2018년 11월 27일
초판발행일   2018년 11월 30일
지 은 이   크리스 파울러(Chris Fowler)
옮 긴 이   우정연
발 행 인   김선경
책 임 편 집   김소라
발 행 처   도서출판 서경문화사
        주소 : 서울시 종로구 이화장길 70-14(204호)
        전화 : 743-8203, 8205 / 팩스 : 743-8210
        메일 : sk8203@chol.com
신 고 번 호   제1994-000041호
ISBN   978-89-6062-211-1   93900

정가 14,000